# 赢法

**Heading for Victory Or Getting The Most Out Of Life**

**再向前迈一步，你就会成为冠军**
**再坚持 5 分钟，你就会赢得战斗**

【美】马登Orison Swett Marden◎著

王少凯 赵唱白◎译

文匯出版社

图书在版编目（CIP）数据

赢法/（美）马登著；王少凯，赵唱白译.-上海：文汇出版社，2013.5

ISBN 978-7-5496-0877-5

Ⅰ.①赢… Ⅱ.①马… ②王… ③赵… Ⅲ.①成功心理-通俗读物 Ⅳ.①B848.4-49

中国版本图书馆CIP数据核字（2013）第084718号

# 赢法

作　　者 / 【美】马登
翻　　译 / 王少凯　赵唱白
责任编辑 / 乐渭琦
特约编辑 / 瑞　霞
装帧设计 / 多多设计

出 版 人 / 桂国强
策　　划 / 光　南

出版发行 / 文匯出版社
上海市威海路755号
（邮政编码200041）
经　　销 / 全国新华书店
印刷装订 / 深圳市永利达印刷有限公司
版　　次 / 2013年5月第1版
印　　次 / 2013年5月第1次印刷
开　　本 / 720×960　1/16　字数 / 220千　印张 / 16.25

书　　号 / ISBN 978-7-5496-0877-5
定　　价 / 35.00元

本书献给那些不想把一生画得一塌糊涂的人，因为上天本希望每个人的人生都是一幅杰作。

本书献给那些决心有所作为的人，那些不满足于取得廉价成功的人 ，那些从未停止奋斗、直至尽展才华、一鸣惊人的人。

本书献给所有相信低微的起点决不会阻碍成就伟大事业的人，相信任何风险、宿命或霉运都决不会挫败，怀有一颗决然之心的人，相信生活中有比对金钱的追逐更美好的人，相信永远存在着更幸福生活的人。

# 目录

本书献给那些早已功成名就的人——像约翰·华纳梅克、查尔斯·施瓦布、贾奇·林赛、爱德温·马卡姆、赫德森·马克西姆、卢瑟·伯班克以及数以百计各个领域的风云人物，他们正是从马登的书里获得灵感和帮助的。同时，本书也献给借助此书捕捉到机遇的灵光、发现自己的潜能、从而改变人生轨迹的那些人。

本书献给每位男男女女，只要他们决心为世界奉献绵薄之力，使世界更美好、更纯洁、更文明。

## 赢法定律 1 ／ 健康改变一个人的气质和魅力

若是一个孱弱、无力的身体对理想的火焰无动于衷，即便是天才或是多大的努力都不能去弥补。对于世人，我只有一个建议，成为自己的主人。

——拿破仑

爱默生说过一句很有意思的话，他说："给我健康与时日，我将让所有帝皇那虚伪的尊贵显得荒唐可笑。"这句话言下之意，我们可以这样去理解：所有成功与幸福的基础都是建立在一个健康的身体上的。

拥有健康除了意味着自信与沉稳、浑身散发出充满希望的气息外，还意味着有活力、有力量以及有能力。这是因为，**健康能让我们拥有更多的机会，健康让我们获得主动、效率、成功与幸福**。我们生活的一切都是如此依赖于一个健壮的身体。因此，我们首先要做的就是让自己的身体时刻处于一种最佳状态，一种充满活力，神采奕奕，散发出力量、活力、刚气，魅力在无形中散发的最佳状态。这是让人取得成功的第一要素。

所以，我们应该清楚，单纯让自己摆脱身体上的疼痛或是一些压抑的症状是远远不够的。只有当身体处于最佳状态时，才能称之为真正意义上的健康。正是这种健康让我们的眼睛炯炯有神，之前沉重的脚步变得轻盈，让我们的心智不断得到磨炼，仿佛在我们的血液中加进了铁质，在脊梁上装上了钢架，在阴郁的性情上投上阳光。正是这种健康让青春充满生机与活力，让生活洋溢着乐趣。而年轻的力量就在于这种健康的力量。在这个世上，还有什么能比站在人生的门槛时觉得自己充满活力、年轻力壮、前程似锦、有能力去应对一切紧急情形，更让人觉得欣慰的呢？

可是，另一种情形就大不一样了。比如，当我们自觉无趣或是感到痛苦时，我们原先梦想的颜色会很快变化，原先那些美丽的心灵图像一下子变得呆滞、无聊，原先的理想如被重重的幕布遮住了，美好的理想在这个过程中逐渐消融。这是因为，当我们的身体机能活力下降时，所有的心理机能都会处于一种下降状态，然后自己就会变得抱怨一切，整个生活都会因此蒙上一层厚厚的阴影。

不过，对于那些身体健壮的人来说，上述情形则是完全相反的，那种时刻能感受到每根神经与身体纤维活动的兴奋感是那么让人神往，更为神奇的是，这种感觉无论是在中年、老年还是在年轻的时候，都是如此。

这种健康生活的丰富内涵超过所有人的想象，因为，它能让我们使用80到100年。当我们在50到60岁时，生命也就处于一种最重要的兴趣发展阶段，人生的视野在无限拓展，行为也越来越无拘无束。到了那时，无论自身之前多么自律或是温和，你的身体都会仍有更多让自己前行的活力，不会失去让心灵获得更大满足感的能力。

如果我们不能处于这种最佳状态，我们就无法积极地去应对生活所带来的一切。例如，在银行工作的人都知道，银行的储备金是极其重要的。在金融危机或是困难时期，正是之前的储备金让银行渡过难关，让商人免于失败、企业免于倒闭。同样的道理，正是这种健康的活力让我们的身体不会处于崩溃的边缘，能时刻从容地面对生活中的各种挑战。

记得有一次，我在游览卡莱德船厂的时候，看到一台巨大的机器在很厚的钢板上穿洞，机器的钢梭子很轻巧自如地穿过钢板，仿佛一个厨子曼妙地用手指揉捏着面团。在整个过程中，机器的其他部分没有出现任何震动或是抖动。这种安静力量背后的秘密就在于有一股巨大的力量储存在某一地方。而且，也正是这股力量，驱使梭子做出一些看似是奇迹的动作。

同样的道理，对于人而言，正是这种巨大身体力量的储备让人拥有了一种泰山崩于前而面不改色心不惊的气质，让人能够从容自如地去做很多事情，从容地面对危机。

所以说，世上再也没有其他东西更能像健康那样去改变一个人的气质与魅力了。因而，**一种出众的气质在成功的事业中扮演着重要的角色。**

个人的魅力是成功的一个重要因素。其实，这在很大程度上也取决于我们的身体，而我们身体的“储备”则在很大程度上决定我们身体的状况。一个人的魅力是无法通过金钱来获得的，因为这是一种自我力量的散发。我们的身体越健康，我们就会变得越具有魅力。托马斯·W·西金森曾说过：“那些大凡身强体壮之人皆能站在天国自在地呼吸空气，双脚自由地站在上帝的地盘上，感谢上帝带给他们的这种简单存在的乐趣。”正是这种充满力量的健康让我们充满活力，神采奕奕，富有魅力，洋溢着欢乐的幸福。

一个人因为理想的矮化、生活的桎梏、成就的渺茫，自己原本的天赋用于做平庸的事情，而受到的无尽伤害谁能去估量呢？更不用说这个过程中他所遭受的不安与痛楚了。而这些不安与痛苦只能给他带来体质的下降、活力的丧失。想想那些站在人生起跑点上的人想着自己要开创事业，但是自己却没有处于最佳状态的身体，真是让人遗憾啊！这好比在短路的情况下去使用电力，其所带来的结果，最终只能是着火燃烧。诸如此类的比喻不可胜数。

“世上没有什么能比得上一个健康的身体更能给人带来成就感。这就好比挖到了一块天然的金块，或赚到了百万大奖。”卡莱尔曾经这样呼吁着。而他的生活与事业正是被不良的健康所桎梏与矮化了。

一个人若是拥有卡莱尔那样天才的脑袋，却是消化不良的受害者，光想想就让人感到十分痛心。然而，正是由于缺乏对身体的照顾方法，这位大师不得不浪费许多心智去忍受因疾病所带来的种种痛苦。当别人因为卡莱尔杰出的作品而去恭喜他的夫人时，卡莱尔的夫人说：“但是，你们要想一下，若是他能正常消化的话，他会变得怎样啊？”

可见，健康是最宝贵的财富。没有什么能比得上一个充满活力与健壮的身体更美好、更通过其自己的才华得到释放的事物了。

既然健康如此重要，我们又该如何去做呢？我们可以在科学方法的帮助下，多吃一些天然的食物，以正常的生活方式生活，少些歪念邪想，这样我们身体流动的血液就自然是纯净的，我们也就能远离那些随时会袭击我们健康的一系列敌人。

我们血液的数量及质量完全取决于我们的食物。拿破仑有一句至理名言：军队的能力在于吃下去的食物。这对军队而言是正确的，对于普通人而言也是适用的。

我们大脑的所想所思都取决于我们吃下去的食物所产生的能量。我们都知道没有了食物我们会变得怎样，确实，即使是过一两天没有食物的日子，都是让人难以忍受的。除非我们习惯了斋戒，减少身体的能量消耗以及心理活动。

身体的能量是心智能力的基础，尽管这并不一定意味着它总是更优秀于大脑，但它却更有营养滋养大脑，让我们取得最大的成就。这是因为，我们的血液若不能流通大脑，大脑将是无能为力的。此外，食物的纯度不仅取决于正确的食物种类，更取决于一种正确的生活方式、纯净的空气、充足的阳光、健康的消遣、自由的玩耍以及一种和谐的人生。

大脑、勇气、自信以及决心都不是污浊的血液能支持的。当我们大脑的活力被耗尽时，我们就会变得无能为力，理想也就成了虚无缥缈的事情。身体的其他机能都会与大脑所处的水平保持一致。若是我们让身体处于一种最佳状态，大脑自然也会处于一种相应的最佳状态，能够去做自己能量范围内最重要的事情。换言之，你自己在生理上更加强壮，你就会变得更有智慧，也将会取得更大的成就。

西奥多·罗斯福就是让自身身体与大脑和谐合作的最佳例子。罗斯福很清楚地知道，世间所有成就的基础都在于一个良好的身体以及持久的活力。他从一开始就深深明白这一点，在年少时，身体素质不佳的他决定通过勤奋与系统锻炼去铸就自己健壮的身体。这就是他时刻充满力量，感觉总有用不完的能量，取得众多成就的重要原因之一。

关于病秧子并非只能一事无成的例子也数不胜数。我认识一些人，他们天生就颇有才华，只是因为先天性遗传疾病，让他们只能努力地想办法去保养自己的身体，在生活中有规律有节制地活着。这样与他们的同事或是朋友相比，他们反而会更长寿，也会取得更大的成就。而他们的朋友在一开始虽然都拥有先天的好身子，却因为他们认为自己可以做到任何事情，结果将自己的身体搞垮了。好在后来，他们发现了挥霍身体是最重大也是最愚蠢的浪费，正所谓“亡羊补牢，为时未晚”。

在这里，我还想补充一点，尽管我们很多大学的同学都是拥有健康与强健体魄的人，但是一些人为了挤出更多的时间去学习而放弃体育锻炼，这真让人感到很悲哀。当这些了无生气、没有活力的学生在为高分、高排位而呕心沥血地努力时，他们就是在以榨干自己的身体为代价去满足大脑的能量需求。更让人担忧的是，他们压根不想去锻炼，在大学生活里也没有获得多少玩耍与娱乐。他们常常没有吃饱，他们吃的也并非健康的食物，这样的后果就是造成身体的损伤与崩溃。

**任何损害身体能量或是精力的事情迟早都会让心智的敏锐度减弱，让人变得拖沓**。在这个世界上，很多工作之所以草草收场，都是因为很多人根本没有处于做某件事的最佳状态。若是某人自我感觉不好，所吃食物不佳或是自身的行为习惯不良，缺乏正常的锻炼与娱乐，睡眠不足，那么他的心智能力就会急剧下降。

我们到处可以见到那些满怀资质的男男女女，大脑思维敏捷，却在做着次级的工作。他们百分百的力量只能产生一半的力量，个中原因就是因为他们缺乏活力以及身体不健康。

无论你的天资多么聪颖，若是没有让自己的肚子吃饱，让自己的肺部呼吸新鲜的空气或是让其他的身体机能得到相应调整，若是你不想方设法去提升大脑的功能，你就很难得到自己想要的结果。今天，许多人都是在自身拥有天赋大脑的情形下获得二等的结果，因为他们没有良好的身体以及好的体质去支撑。

生活中最大的奖赏属于那些身强体壮的人，属于那些有着强大心肺功能以及身体机能的人。什么也没法取代这些成功的因子。后天的教养是无法做到这一点的，智力无法做到，教育也不行。任何一种缺陷都会让你举步维艰，让你处于不利的局面。这种情形会出现在你所做的每件事上，你无法去掩饰这些。若你总是处于一种低于自己身体应有的健康状态，你的成就会远小于你应该获得的。

身体的羸弱难以铸就成一个优秀的领袖、一个好的管理者。事实上，他们必须处于一种与自己身体状态相关的平衡状态。

简言之，这是生活的一个颠扑不破的真理，即弱者只能处于低层。自然不能容忍弱者的呻吟，适者生存，这是铁一般的真理，那些身体羸弱之人总是被它无情地一脚踹开。身体的虚弱时刻会阻碍生活的持续，使我们所能取得的成就大打折扣。

妄想用一副虚弱之躯去迎接生活的大挑战，这就好比在自己状态不佳时要去赢得一场体育比赛，是不切实际的。半饥饿的状态、身体机能处于疲乏之时、没有适当的锻炼都是制约我们前行的因素。若是有人胆敢在这样的状态下参赛，作为旁观者的你也会说："不会吧，一点胜算都没有，怎么比啊？"这样的你怎么能奢望自己在生活的大赛中取得胜利呢？若你的身体活力处于一种很低迷的状态，或者你的神经细胞被酒精所毒害或是被其他各种消沉抑或是有害的生活习惯所损害，那你怎么去跟别人竞赛呢？

所以，如果我们想在生活的大赛中获得最大的奖赏，我们每天就必须让自己处于一种完美状态，让自己的身体机能处于一种最佳状态，让自己身体储备的能量随时可以在紧急之时助我们渡过难关。否则，一切都将变为不可能。

拥有一个健康的身体意味着我们的心理机能得到了强化。而任何成功资产的力量都是在每次增强我们自身身体素质的时候一点点提升的。更何况，意志力本身就是与消化有关的。我们的理想情怀就活在我们的血液之中。若你处于一种良好的状态，你的理想就会变得锋利无比，清晰无比；若你的血液因为错误的生活方式而被污染，你的大脑活动就会变得呆滞，失去应有的活力与动力。

我们的才智在很大程度上由身体的刺激所致。**责骂、失败与失望，这些只有在我们的身体处于健康的状态时才会激起我们奋进。**当我们的身体机能处于一种下滑的状态时，我们就会感到无尽的恐惧，因为，勇气本身也需要身体作为基础来支撑。

我们战胜失败与失望，克服障碍而取得成功的能力，在很大程度上也取决于我们身体的能量储备以及剩余的精力。单纯的一句“我很好”，是无济于事的。我们必须有健康的身体，在自己的身体“银行”里必须有足够的能量储备，这样才会让你安然无恙地度过困难时期。

即使我们的生活很有规律，无忧无虑，也会有沮丧、失望的经历。当我们遇到考验或是失望，那种屡战屡败的斗志在很大程度上就取决于我们的勇气，取决于我们残存的才智，换言之，取决于我们血液里的铁质含量，以及我们脊梁的钙质。

我曾经听一位外科医生说，当他面对着躺在手术台上的病人，为他做一个精细的手术时，由于病人之前不好的生活习惯和方式使他没有力量去抵御手术带给他的冲击，最终一命呜呼。具体的情况是，这个人大约50岁，他已将自己的身体能量耗干了，没有足够的能量去让他度过危机，因此，该病人在手术两天后便死去了。

由此可见，生命的保险是多么重要，它可以让我们免于健康的无数敌人的伤害，能抵御那些失望与经济危机。只要我们能够让自己的身体有足够的能量储备，我们就能渡过难关。

在正常能量之上与之下两者是有极大分别的。换句话说，健康的身体与垮掉的身体之间是有天壤之别的。当我们身体状态良好时，我们会觉得克服一些困难是轻而易举的事，但是，当我们体弱时，我们就会变得犹豫不决，迟迟不敢下手。在身体好的时候，很多琐事都是小菜一碟，而在身体不佳之时，那些琐事就变得如高山一样难以攀越。自己想在困难面前退缩，也只是因为自己的身体机能处于一种低下的状态。

当我们遇到不能即刻解决困难的时候，很大程度是因为我们沮丧，没有一个乐观阳光的心态。我们应该主动地以一个娱乐滋润的身体在失败中寻找成功的道路。要知道，主动性正如勇气，两者是如此紧密地联系在一起。所有这些，归根到底还是取决于身体的状态。那些拥有主动性的男男女女都是身体健康、充满活力的人，他们对自己充满了信心，对生活始终抱着乐观的心态。这就是他们凡事主动的根本原因。

我们在生活中所取得的成就，在很大程度上取决于我们对自己的看法，取决于我们对自身能力的估量。当我们的身体指标在下降、身体需要休息、自信在动摇时，疑惑就会上升，对自己的各种担忧就会此起彼伏地涌现，忧愁、恐惧就会萦绕在我们的心头。这些都是让我们能力瘫痪的魔鬼，会让我们之前的努力化为乌有。恐惧是人类的一大敌人，但它其实是人体在一种低级的精神状态下所出现的精神幻觉。

乐观本身就有一半源于身体的因素。悲观与无精打采则沆瀣一气。当人的身体处于一种最佳状态时，他必定是一个乐观主义者；当其身体出现了问题，教他如何能乐观得起来呢？我们在生活中感受到的乐趣，以及在事业中所感受到的热情，其实在很大层面上都是源于身体机能的支撑。当我们感到身强体壮、没有半点疲惫时，我们就会变得更加热情满怀、激情万丈。

我们在心底都会希望自己能有更大的能力，让别人惊叹自己的能力。我们经常会觉得自身的能力因为缺失某些重要的支持而变得受限制。这些情况都是屡见不鲜的。也许，现在的你正在极力去弥补自己某些脆弱的环节，正如你有主动性、勇气以及那种坚忍不拔的精神，但没有取得自身觉得应企及的高度。可能你从没想到的一点就是，自己从没有将自己一般的表现和自己的身体联系在一起。

简而言之，**“我能”，这句话意味着身体的健康与活力，“我不能”则是身体出现症状的一种表现。**因此，你的成功或者失败的首要决定因素就是这点。你不仅能够加强自身的弱处，还可以通过提升自己的健康状态去增强自身的各种心理能力。而这就是你能力源泉的所在，你成功与前途的决定点。我想不到还有别的方法比提升自己的健康水平及身体素质更能让大脑获得更大的能量，促进人的综合能力的提高了。

为了能达到上面所说的效果，我们应该怎么做呢？首先，我们要让自己确信一点，自己必须吃下那些有益与适量的食物，让流通的血液变得纯净。要知道，我们生活的成就、自身的幸福以及成功，其实都有赖于我们的血液纯度。血液为我们的思考提供能量的支撑，而身体数亿个神经细胞都需要血液来维持活力。

若是有某位神奇的医生能给我们开出一剂长生不老药，一种让我们生活发生革命性转变的药方，能医治我们的疾病，将所有的失望与失败化为成功，大幅度提升我们的大脑活力，增强我们的工作效率与实效，保证我们能获得幸福，难道你不会对这样的药方极为重视，然后极为小心地去执行吗？难道你还敢到那些廉价、不可靠的药店里去买那些所谓的药物吗？你还会用那些对身体有害的药物去损害这种包治百病药物的疗效吗？当然，你是肯定不会的，没有人会傻到这样做。无论付出什么代价，你肯定都会去挑选这个世界上最为有效的药物。你在为这种药物作准备时，是不愿意去冒任何风险的。

但是，在现实生活中却真的有这样的药物，能让你的血液里包含无限的可能性，你的前途、幸福以及未来吗？遗憾的是，我们对于这却显得漠不关心。我们生活中的所有事情都取决于我们血管里流淌的血液质量。也许，你就是那种在廉价酒店里不问其他就用餐的人，买一些廉价的食物，让自己身体的未来遭受损失；你可能吃一些带感染的肉或是有毒害的蔬菜与水果，还有劣质的面包、过期的鸡蛋以及各种饮料，而这些都会让你的身体素质出现下降的趋势。

很少有人可以做到通过从正确的食物中获得能量让自己的血液更为顺畅，锻炼一个好的身体，滋养并支撑一个思维活跃的大脑，提升自己的能力。很多人总是没有正常就餐，要么是暴饮暴食，要么是吃得奇少。他们基本上是不去运动的，也缺乏任何娱乐活动。他们将所有的玩耍、室内娱乐以及户外的体育活动都视为一种浪费时间的行为，然后又会奇怪自己为什么会感到不舒服，为什么自己不能前进得更快。

现在，若是你想立志去做大事，就必须让自己吃下足够有营养的食物，让身体与大脑获得足够的能量支持。比如纯净的牛奶、新鲜的鸡蛋、优质的麦片、面包以及奶油，丰富多样的水果以及蔬菜，这些都是身体必不可少的。如果你不是一个素食主义者，适当的肉类是很有益的。

不过，有一点需要注意的是，我们不能吃得过多或是过少，关键是要吃得有规律。我们的娱乐、消遣以及运动都必须与自己想要企及的理想同步，我们的睡眠必须能让消化与活动得到休息。另外，还不要忘记日常的沐浴。这都是我们应该做并能做到最好的。

如果你想在生活中获得最大的收益，将自身的能力发挥到极致，就必须做出相应科学与艰难的抉择，让自己成为一位最具速度的“骑手”，打破世界纪录。若你想让自己的才华得到充分发挥，你就不能忽视任何让你成为一个一等人的因素。甚至吃饭时的方式也是很有讲究的，是狼吞虎咽还是慢慢咀嚼，还是以一种乐观的心态或是沮丧的心情去做，这些都对我们血液的纯度有很大影响。

我们所做的任何事，我们的所有精力，都需要我们科学地用脑、科学地锻炼身体，这样才能让我们有能力去做出创造性与富于效率的结果。例如，你可能吃下最为安全的食物，你的身体习惯都贴合于自己的目标，但是你的思维习惯可能让你的效率降低，使成功显得那么困难。所以，我们的思想、期望、自身的信念必须与理想相一致，否则，我们人生的可能性就会变得狭隘。

要想让自己的身体获得最佳锻炼，自己就必须让身心达到一种和谐的状态。我们完全有可能将自身的精力投注于自身的肌肉系统之中，让其变得更为强壮与充满活力，而这些只需要通过思想就可做到。同理，通过思想的巨大力量，我们也可将诸如软弱、不足等观念投入到我们的身体系统中。

如果你想要健康，你就必须相信自己身体的可能性，必须对此充满期待。你一定要相信自己生来就应该是健康与充满力量的。你的心灵必须明白这样一个真理，即自身的健康是取决于自己的，自己是造物主的影像，自己必须分享其完美之处。我们一定要这样认为，我们的天父想要我们成为一个完整的男人或是女人，无论是身体上还是心理上，都是如此，他绝不想让我们变得软弱、卑微。

因此，适当的食物让心智得到足够的滋养，让自己获得适宜的心理锻炼以及培训。这与适当的食物一样对我们的身体都极为重要。

然而，很多人都是想到却做不到，或者说是破罐子破摔。他们总是满口不停地说着、心里想着自己那不堪一击的健康状况，理所当然地认为自己的身体就是这个水平，认为自己一出生就是一个病秧子。而他们产生这种想法则是由他们的祖先那一辈遗传下来的。

另外，无论他们的身体素质如何健壮，无论他们如何对待自己的身体，他们如果不去改变自己的不良想法，就永远无法获得自己想要的那种健康。

如果一个贫困少年总是想着自己处于一种贫穷的状况，不敢去想象一下美好的生活，那么何时才是他的出头之日呢？事实是，他永远也不大可能有取得成功的一天，因为一颗饱含着贫穷思想的心灵永远只会招致不好的结果出现。因此，任何想取得物质上成功的人，都应该剔除一切让贫穷滋生的思想。他必须时刻想着富足，说话要有一定的气度，相信自己的能力，作最好的期待；他必须努力让自己的外表、举止、投足更有品位，让自己的衣着与自身的梦想切合。

同样的道理，健康本身也是如此。我们营造出一种充满希望，让健康的期待弥漫的气氛，就能散发出乐观，让自己自信。健康是一个永恒不变的真理，虚弱只是现实的一种缺失而已。若你想让自己健康，就必须往好的方面去想；若你想在生活中获得健康，你就必须时刻记住自己想要的那种健康状态。正如雕刻家在工作的时候心中已有了雕像的模型一样。

**养成对健康有一个高远的目标，想象自己是身强体壮的人，这就相当于让自己铸造了一堵横亘在一系列健康敌人面前的高墙。**而那些没有这样意识的人们，很容易认为自己就是所有疾病的受害者，那些从没有认为自己本身就应该是健康的人，总是在心中想象着自己一副悲惨凄凄的样子，这样的后果就是缺乏对疾病的抵抗力，觉得自己随时可能会向疾病低头。

那么，我们何不让自己建立起一种强大的健康思想的壁垒，一种对自己健康的坚强信念呢？要知道，这就是最好的人生保险啊！

我们在教育孩子的时候，也应让他们养成一种对抗疾病的心理。孩子们的脑海应该被灌输一种心灵意识，让他们知道身体最天然的保护者。若我们能够如此，孩子们就能让孱弱的身体对各种疾病的形成产生强大的抗体。

但是，现实的情况却是相当糟糕。很多孩子在成长的过程中被灌输以相反的观念，被时刻提醒各种健康的天敌。灌输者害怕他们遇到水，要他们时刻注意不要让自己的双脚弄湿，或是不让他们去接触任何事情。他们被时刻提醒不能去碰各种食物，觉得这些食物会对他们造成伤害。总之，他们总是被告知要抵御各种或有或无的疾病——我们对他们的教育好像是在助长那种脆弱的心灵。当我们在努力用各种必要的手段去保护他们时，我们就该在他们年轻的心灵里树立起坚定的信念，让他们觉得自己生来就该是健康与充满活力的。

疾病的所有心理疗效都在于一种能量的唤起，换句话说，在于我们体内潜藏的强大力量被唤醒。然而，造物主并没有让我们成为某种医药发明的受益者，这种等待实在是太慢了，就好比从南美那边的一种珍稀树种得到某种药物，这实在是让人只能听天由命。

以奎宁为例，这是一种从金鸡纳树上提取的，这种树生长在南美的安第斯山脉上。在地球另一端的疟疾患者压根不知道还有这种药物的存在，等待他们的只有死亡。数百万患者就是因为没有听到有这种药物而死去，这是公平的吗？这是合理的吗？造物主从来没有将人的生命交付给一种惰性的药物或是某片药片。其实，最大的治愈原则就在于我们自身，我们没必要在地球上苦苦追寻这种药物。这种药物并不在那种树上，也不在某种丹药之中，而在我们自己的心中，是创造性与恢复性能量让我们获得重生。

因此，只要我们好好保养自己的身体，与大自然的伟大精神处于一种完美的和谐，所有健康的源泉以及善的一面就都将涌流而出，疾病将无法控制我们，在我们的身体里也无从发芽生根。当我们忽视或是滥用自己的身体法则之时，我们就会与规律背道而驰，到时所有的不和谐都将出现。那么，我们何不让内心充盈着满足以及一种无限的支撑力量呢？我们可以感受到这种力量在我们身体每个细胞里的涌动所带来的那种激越。这种感觉带给我们一种安全感、一种健康的感觉，那种幸福与快乐是其他任何东西都无法给予的。

这种与大自然完美和谐的力量在我们的身体内涌动，流经每个细胞，在我们需要的时候总是会给我们带来好运。当我们遇到任何意外，可能是一个伤口，可能是造成骨折，或是其他的身体伤害时，这种力量就会立即抚慰我们的伤口，让我们恢复到原先的健康状态。

在面对生活的种种遭遇时，我们采取这种胜利的态度是极为有益的。在工作上，在对待我们的生活环境上，在面对困难的时候，这种态度也是大有裨益的。我们在面对所有问题的时候，无论大小，都用一种积极的态度去面对，确信自己能到做到最好，这种想法会增强我们的自信与成就。因此，我们对健康所抱有的胜利态度，在面对其他事情上也应该践行。自信、肯定以及期望所有美好的东西，都极为重要。

人的生活并非只是单靠面包，人是一种非常复杂的生物，需要很多食物来滋养三重本性——身体、心灵、精神上的满足。要想获得最大的能量或是具有创造力，我们就要有适宜的食物以及正确的生活习惯，让自己的思想变得清明，工作也变得敬业。当这些条件都满足，身心都获得了适当的满足与锻炼时，我们就能成为一个真正的人，一个优秀人类的标本，一个富有成就的人。

总之，我们对自身、对健康以及我们的信念，都以一种积极昂扬的态度去面对，我们就能更好地应对生活，去实现我们的人生目标，为世界做出自己应有的贡献。这种自主的精神能让我们在做任何事情时都做到最好，从而实现自己的人生价值。

## 赢法定律 2 ╱给自己一个清晰的定位

只需要抱有这样的想法：我们还有很多才华有待于挖掘，还有无限的可能有待于实现。这对我们极为重要，这会为我们的进步带来无法阻挡的动力。

——马登

“人人为我，我为人人。船为一体，个人的利益放在一边，团队才是最重要的。”这是康奈尔大学划艇队的著名口号。在这个队里，队员们必须一直重复这个口号，直到其精髓已经渗入自己的脑海里，成为大脑的一部分。训练员科特尼在展示团队力量上给我们做出了一个最为典型的例子，他坚持每个队员必须将个人的私欲放在一边，为整体而努力。

从一开始，每个大学的划艇队员都必须明白个人努力的重要性，划艇上每个位置的队员都必须整齐划一，每个人都必须获得相应的尊严与荣耀。我们必须“人人为我”，这个“我”就是这个船队。这样的目的就是要防止任何人逞一时的个人英雄主义，想着单凭自己的努力去帮助别人。他们要时刻谨记：当我们的船队获胜了，我们就都是胜利者。

人类的大脑可以与划艇队作一个类似的比较。大脑的最大效率在于人的各个身体机能合力的共同作用、和谐运作。我们要想取得最为理想的结果，就必须让每个身体功能都得到平等的保护以及细心的关照。我们不能只是重视某些功能而忽视别的机能的发展。

在过去25年里，科特尼的培训方法已经让康奈尔大学赢得了次数最多的划艇比赛，无论是在新生的四桨还是在其八桨的比赛中，都是如此。若是把这种训练的方法运用于大脑锻炼上，就会给我们的人生带来成功。

在手表里，有42种不同的功能作用于轮轴上。若是我们能将这些功能系统作合理的调整，手表就会给出完全准确的时间，但要是某个部件出现走得过快或是过慢的情况，就会让整个手表的准确性大打折扣。这无疑让手表的稳定性出现问题，无法给出精准的时间。

当某人的心理功能失调的时候，其他功能也无法释放出和谐的信号，那么，我们就可说这个人是自身功能缺陷的受害者。

一个平衡发展的大脑，即大脑的各种功能都能得到最大限度的发展，处于一种和谐的状态，让其最大的潜能得到发挥，这就是一个高效的大脑。若是大脑的某些功能发展超常，即便这在某些人看来是处于一种天才的状态，但是从整体看来，整个大脑的机能没有处于一种最有效率的状态。因为，这里面没有一种稳定与平衡的心理状态。需要说明的是，这并不是说，某些具有特殊天赋的人就不能将自身的才华发挥到极致，而是说我们在发挥自己某些长处的时候，不能忽视别的能力的发展。

正是因为许多家长以及老师忽视了心理法则的重要性，导致很多孩子心灵的灵敏性受到了伤害，更为严重的情况是这种心灵的灵敏性被完全摧毁。这主要因为，我们过分地鼓励或过分地刺激学生去发展某些特长，往往忽略了他们其他的方面，从而导致他们之前那些弱项变得更弱了，结果使得他们整个大脑失去了应有的平衡。**如果孩子在成长过程中心理没有得到全面发展，将会给他们造成极大的伤害，他们日后的生活都会蒙上一层阴影。**

在生活中，我们鼓励孩子们在某些特长上发展到优秀，却任由他们的弱项被置若罔闻的现象是很普遍的。如果我们任由这种发展方式蔓延，对我们或是我们孩子的全面发展，以及效率的提高都是有害的。这种伤害不仅单纯作用于心理层面上，也许在很大程度上还涉及道德的层面。

举个例子来说，许多孩子在数学方面都很弱，他们在学习中的那种建构的能力不强，因此他们需要时刻鼓励，以及通过不断练习来锻炼自己，直到自己这方面的能力加强为止。若是这些脆弱的环节被忽视了，整个心理链条就会受到损害，一条链条的坚硬程度取决于其最弱的一环。不仅如此，如果孩子在任何道德上有缺陷，比如缺乏勇气等，这将比在数学上表现出的糟糕更为有害。

为了能让上述现象有所改观，或彻底解决，我们未来的教育应涉及到道德及精神层面，当然也包括身体以及心理机能的教育。可现在的情况是，我们的教育系统只是在调动学生某些身心机能，却让其许多其他方面得不到发展。这样的教育体系造成的后果就是，一般的大学生在某些方面都有自己的过人之处，但是其他方面却跟他们在进入大学之前一模一样，没得到任何开发。无论以后这些学生从事什么工作，由于在大学生涯中他们没有得到最好的培训与锻炼，他们今后的工作都会受到影响。例如，当一个学生在进入大学之前，或是在他们即将告别之前的学习生活，为之后的生活作打算，他可能在主动性、意志力等方面都得到了比较好的锻炼，但是，在接下来的大学生活里，这些方面却没有得到足够的锻炼，就好比古语所说的“浅尝辄止”，这无疑会影响学生日后的工作能力。

因此，我们从幼儿园到大学的目标应该是让学生形成一个平衡的大脑，一种全面又健康的心智。我们应该对小孩从一开始就严加看管，仔细研究他们的身心发展特点，要记得鼓励他们去发展或是锻炼自己的弱项，若是可能的话，不要去鼓励一些诸如自我膨胀的心理，而是应该加以限制，以防这些发展超出应有的范围。

相对于对孩子优点的培养，对他们弱项的培养反而会让他们以后的成长更重要。现在，很多人之所以失败，就是因为他们大脑的某些功能存在缺陷，正是这些缺陷让他们无法取得成功。若是父母以及老师帮助他们纠正这些缺点，或者这些孩子在日后的生活中明白如何将那些让自己停滞不前的缺陷弥补过来，让心智得到更为全面的发展，那么，他们的人生轨迹将会多么不同啊！

我们要以科学的方法去工作，发现自己的弱处，然后集中精力，加强、强化那些缺陷部分，将这些集合成一根强大的缆线，让自己不仅可以实现自己的理想，更让自己变得更为强壮与自若。这样，我们就有更多的能量去面对以后人生的困难与挫折以及种种难以预测的意外。

许多人在衡量自己的时候遇到的一个问题就是，觉得自己的能力是天生的，是前世已经注定的，是无法改变的。事实上，我们的能力或才华是由不同的功能以及机能所组成的，正是这些互相分离的金属线才形成了电缆，我们将这称为才能，或者是能力。若这条电缆是脆弱的，无法承受生活的重压，我们就应该去加强这方面，正如一个工程师努力地去修补那些支撑吊桥的缆线，以防大桥坍塌。工程师们发现了大桥的弱处，通过对这些弱处进行修补，让其坚固起来，这样就能承受一定的重量了。在这个加强的过程中，工程师还给了其一定的力量承受储备，在需要的时候，其就可以承受更多的重压。

可见，我们明白如何让自己成为一个优秀的人是多么有必要。通常来说，人生取得成功要有一些重要因素，在一开始，良好的判断力是生活中所有成功的基础。无论我们在某些领域中多么具有天赋、富有才华，若我们没有良好的判断力，没有正常的思维方式，我们才华的施展就会受到制约。我们到处可以看到一些在某些方面具有才华的人，他们努力地想取得成功，但是不久就以失败收场。这是因为他们没有一个冷静的头脑，没有足够正确的判断力。他们任由自己的人生计划错漏百出，这让他们不断地遭遇人生的灾难。也许，这种情况对许多片面的人而言是很常见的。但与此同时，那些头脑冷静、判断力强的人则会在人生之路上稳步前行。他们绝不会让自己满盘皆输，或是做一些让自己前功尽弃的愚蠢事情。

你是否因缺乏冷静的头脑而不知所措呢？例如，若是满分一百分的话，你理想的分值是九十分，你可能充满了热情以及冲劲，内心一股激情不断地驱使着你向前行。你可能在其他方面，诸如勤奋、坚持不懈以及认真的态度、集中精力等方面分数也很高，你也没有想要偷懒的想法，你在按照自己想要去做事情的方向发展，可为什么你就是没有取得大的成功呢？为此，你不妨全面地审视一下自己，将优点、缺点仔细分析一下，看看自己能否发现问题所在。

看到一些原本应该取得大成就的人最终只能实现自己才华的小部分时，我的内心就感到无限遗憾。这都是他们过于小心谨慎所致。我认识不少性格过分谨慎的人，他们都是极富才华的人，但是人到中年还是拿着微薄的工资。他们从不敢去拓展，因为他们害怕风险，总是觉得成功的概率不大，不敢迈出勇敢的第一步。造成这样局面的原因是：他们大脑的某些功能过分或是没有得到足够的发展。

当然，这不仅在于鼓励与强化“弱项”，更在于应该适当压制一些自己原先认为的强项对自己心智的塑造。例如，有些人对自己过分自信，觉得自己敢在“天使都不敢涉足的地方义无反顾地前进”，另一方面，其内心总是充满恐惧，不敢去做大事。若是他们能勇敢担当，就会带来财富与名声。

其实，过分谨慎、羞怯在年轻时都很容易改正过来。若是不改正的话，这些特性就是造成许多人一生平庸的重要因子。大人们总是一味地劝诫年轻人要小心谨慎，要稳扎稳打，不要随便玩火。这种说教所造成的结果就是，很多有才华的年轻人原本可以做出惊天动地的伟业，却在平庸之中度过自己的人生，终生碌碌无为。若是这些年轻人受到西部拓荒精神的感染，没有什么羁绊，勇往直前，他们就能成为大有成就的人，对后世人产生重大的影响。

不过，这绝不是说我们做什么事都像牛一样一股劲往前冲，什么都不考虑。因此，最好的办法是，不妨换个角度看。若是你的自信过分膨胀，超出了自己的能力所能支持的范围，你就会麻烦不断，因为，你将时刻卷进自己无法取得成功的事情上。另一方面，若你对自己的自信过低的话，你可能就不敢去做一些自己原本有能力去做的事情，当机会降临到你身上的时候，你可能就眼睁睁地错过了。

我们身心的机能都是互相交错的，实际上可谓牵一发而动全身。我们无法孤立地看待某些方面，在发展某方面的时候，要照顾到其他方面的相应发展。我们适当谨慎是由细心与慎重构建的。那些做事鲁莽、莽撞的人无法称得上是谨慎。当然，谨慎与细心不能与技巧分离。**一个没有足够人际技巧的人很难称得上是个谨慎的人。**

而倘若过分小心，就会让人的自信与信心以及希望打折，不敢走出常规去做自己喜欢的事情。那些受害者们过分谨慎与小心的心理就是因为他们的身心技能没有得到平衡的发展。具体来说，就是某些机能得到过分的发展，而一些机能则发展不足。他们的一生，通常都对那些看不见的恐惧以及痛楚感到担忧。他们总感觉不幸即将降临，而无法真正享受现在，因为他们觉得未来是那么暗淡。

在棒球比赛的时候，即使其他队友的表现都在水平之上，若是有一位队友的表现很糟，该队就极有可能输掉比赛。这种失败不仅是那位表现不好的队员本身的失败，更是整支球队的失败。我们的人生也是如此。若是我们的心理团队在一个整体上没有达到超标准的表现，即使没有落到失败的地步，我们也依然会困难重重。

哪里有片面的发展，或是失去心灵的平衡，哪里就有麻烦出现。心理的和谐让我们产生身体的和谐，反之亦然。若我们的大脑得到充分发展，我们就不易变得孱弱、闷闷不乐或是一事无成。打个比方，若是我们将最重要的自信从我们的心灵中抽离出来，我们的整个神经就都会处于崩溃的状态；我们的很多功能若是没有自信与勇气带头，其他的功能就都无法前行。

若是世上有什么将我们的自信与勇气扼杀掉了，我们就必然失败。若是我们的目标是渺小的，我们的其他功能也就无法释放出其最高的效率。更何况，希望与勇气是心灵领域的领袖。若它们不堪一击，我们的其他能力也就自然受到极大的打击，即便我们有坚强的意志作为后盾也无济于事。

因此，即便那些被称为有教养或有文化的人，他们也非常害怕自己的性情中出现某种不足。因为，他们没有获得适当的锻炼。要想让身心得到全面锻炼，就需要我们下一番苦功夫。

若是小孩没有获得足够的食物让自己身体肌肉组织发育，或只是吃少量的食物，那么，他的身体就会出现相应的不足之处。如果他没有摄入足够的钙质，或是促进骨骼生长的营养，即便他在其他营养的摄入方面十分充足，他的骨骼还是会出现问题，有可能造成佝偻病，无法昂首挺胸地走路。事实上，由于他缺乏适合骨骼发育的营养，所有骨头的发育都会受到影响。如果他们不摄入足够的营养让自己大脑、神经以及肌肉正常活动的话，那么，他的这些方面就会受损。

同理，如果某个孩子缺乏一定的智力以及心灵的食物，无法喂饱自己的心灵需要，那么，当他成年之后，就会出现相应的不足。如果他的理智没有得到足够的发展以及锻炼的话，那么他就将遇到各种各样的挫折。若是其内心的破坏欲望特别强烈，这个人就会变得好斗以及尚武。若是缺乏正义感，他就会无视别人的权利。若是此人计算能力过强，那么他就可能成为一个统计学家，但是他也很可能失去想象力，成为一个对事冷漠、凡事死板以及缺乏情感的人。再举几个例子。若是没有足够的人际技巧，人就会时刻觉得寸步难行。如果自私的情感在内心十分强烈，我们其他的优点就都会被牺牲掉。若是人的动物本能控制不了，人就是粗人，那些本应用在大脑的能量都用在对肉欲的激情上了。

我们到处可见由于一些社交能力的缺失而感到痛苦万分的人。造成这种后果的原因是他们在年轻的时候没有让自己的社交能力得到发展，或者由于这些人之前一直是自己生活，缺乏与同龄人交流而导致社交能力在萎缩。我们经常可以看到一些满腹经纶的人不能与别人开展大约五分钟的有趣交流。不知有多少在各自领域取得非凡成就的人由于缺乏主动性而让自己感到尴尬；不知有多少人由于习惯自己的圈子，过分敏感而让自己在别人面前不敢说一句话。

我们到处可以见到一些野心勃勃的人，他们努力地工作，但是让他们感到羞愧的是，自己从来无法做出应有的成绩。他们的行为肯定是出现了某些缺陷，他们心灵的螺丝肯定是松了。而这可能是他们童年时期留下的一些缺点，一些无形的习性，让他们无法取得应有的成就。

我与很多人商讨过这个问题，他们好像还不知道是什么原因让自己止步不前。他们是诚实与老实的人，想将自己的才能发挥到极致，但是却总因为一些小的缺点、过往的心结而停滞不前。要是他们之前就知道这些的话，就不会这样了。

若我们能以真实的眼光去看待自己，能在事业起步时借鉴别人的看法，给自己一个清晰的定位，那么，我们就可以让自己免去许多像以往那样让自己感到不幸的经历，就不会像以往那样一路摔跤。其实，我们之所以这样，就是因为我们不知道自己所存在的缺点。即便我们知道自己存在这样的缺点，也不会觉得它严重到能阻碍自己实现梦寐以求的理想。

为了实现自己的最大价值，我们需要调动起自身的每个功能。无论自己眼前遇到多大的困难，我们都是主宰自己的力量。我们可以让它们成为我们的朋友，助我们前进。同理，我们也可让它们成为我们的敌人，让我们寸步难行。我们是自己心灵团队以及各个机能的队长，我们对它们的训练方式以及调教都会决定这场比赛的胜负，决定我们在人生之路上能否取得胜利，或是铩羽而归。

当然，我们的成功几乎完全有赖于我们对自身工作的忠诚度。例如，如果你以认真的态度去提升自己的弱项，尝试让它们达到自己今天的要求，但是在明天却又弃之不管，那么，今天的努力就将会前功尽弃，原先所得的结果也将回到昨天的水平。

很少有人愿意为取得优秀而付出应有的代价。但如果我们希冀不断进步，就必须时刻鞭策自己。我们时常过分地偏袒自己，为自己的失败找借口；总是怨天尤人，埋怨所有的事情，但自己却不去做一件正确的事情。这样，问题无疑是出在我们身上。“不能责怪星光没有出现，要怪就怪自己没有抬起双眼。”**我们对自己缺点的默认，只能给自己带来许多麻烦。**有些人甚至不愿意面对自己，承认这个问题的存在。不断强化自己那坚固的一环让人感到愉悦与开心，因为我们的自信都是源于那里，我们愿意躺在里面，不愿走出这个圈子，对于存在的缺点，不愿去过问。但是如果我们不对自己坦白，没有足够的进取心、能量以及意志力去克服那些时刻阻碍我们前进的琐事，我们就必须为此承受应有的代价。真正的成功需要一种代价——那就是为了让自己的身心更为健全而付出诚实的努力。

如果你在做每一件事情的时候，都没有付出自己一半精力的话，那么，你可以和自己心灵中的另一个自我进行开诚布公的交谈。以下可以作为这种谈话的一种模式：

约翰啊，现在我的事业遇到了一场危机。我发现时间在飞逝，但是我的事业却一点起色都没有，我的付出与回报不成正比。我所取得的成就与自己所梦想的差距太大。在经过这么几年一直没有回报的日子之后，我再也不能忍受这种平庸、半桶水式的人生了。在以后的日子里，我必须更加努力。因为在过去宝贵的时间里，我本应该取得更大的成绩。直觉告诉我，我可以比现在做得更好。我经常看到一些人，能力也不是很强，也没有很好的机会，却比我做得更好。每次当我听到别人去做了自己向往已久的某些事情，一连串疑问就会涌上心头：“为什么我就做不到呢？”现在，我不仅知道自己可以做到，而且我还知道自己应该马上去做。我是自己的主人。我的心智以及身体必须听命于我，身体的所有功能必须服从于我，让我取得上帝原本想要我获得的成功。

在与自己进行了坦诚的交谈之后，拿一张纸以及笔，再次写下自己的人生目标，不断地仔细斟酌、分析，认真研究优缺点，在每次取得成功的时候，到底应该如何扬长避短，看看自己是否能够真正坚持去做到最好，克服自己的缺点，压制一些膨胀的欲望。

给哥伦布船队中那些沮丧甚至要造反的船员带来一线希望的是，他们发现了一处干燥的树林、树木的树枝以及在水上飘荡的水草植物。这说明大陆就在不远处。这些船员就重新鼓起信念，追寻在他们眼中仍看不到的大陆。

在我们的生活中，有不少事情表明，我们自己是可以去挖掘自身的潜能以及能力的。我们要是能正确地理解这些内心发出的信号，就可以引导自己去实现自我发现的过程。

如果你是一个认真的人，如果你觉得自己的理想仍悬在空中，没能实现，如果你有想要不断成长与提升自己的欲望，如果你想要更为宽广的人生，那么，你就必须确定一点，这些都在你的手中，这些现在看起来宏大的东西正有待于你的发掘。

另一方面，如果你总是焦躁不安、胸无大志，如果你认为自己的工作是一个负累，觉得生活并不是上天赐予我们的最佳礼物，如果你感受不到存在本身所带来的那种难以言喻的喜悦感与满足感，如果你对自己有机会在这个花花世界上走一遭心无感激，那么，你的人生就将永远原地踏步。

我们都有一种预测的能力，让我们去估量未来发生的事情，让我们去探究内心还没发掘的一些能力。除非我们甘愿让自己的心灵向真理关上大门，否则，我们就不会错过这些信号。我们对成长的一种神性的渴求就是一种坚定的信号：我们比自身更为宏大，未来的愿景是存在的，只是我们还没有能力去实现而已。

只须抱有这样的想法：**我们还有很多才华有待于挖掘，还有无限的可能有待于实现。**这对我们极为重要，这会为我们的进步带来无法阻挡的动力。因为，正如菲利普·布鲁克斯说过，当一个人发现自己可以过上一种更为丰富、更为完美与更为圆满的生活时，他不会愿意对生活得过且过。

如果世上有什么呼唤我们为之努力的事情，我们就必须抓住唯一的机会，事实上，这也是我们唯一的机会。对于来世，我们一无所知，但我们知道在生活中时刻都会遇到许多机会。在我们人生的起步阶段，我们有机会做到最好，就好比一颗橡子最终成为一株伟岸的橡树。我们来到这个充满可能性与美感的世界，有能力去抓住属于我们的机会。我们拥有锻炼自己能力所有的工具，让我们为去做与生俱来的工作而作好准备。

在人生的大戏剧里，我们每个人都有属于自己的重要任务，属于我们的部分任何人都不能替代。我们的戏份是成全自己还是糟蹋自己，就看我们能让其成为一个杰作还是垃圾。我们有机会让自己出演高尚的部分，别人应根据我们的表现来评价我们，这将决定我们日后的进一步发展。在戏剧落幕的时候，每个演员都会被问到这样的问题："给你机会，你把握的怎样啊？你一生的工作留给后人什么启示？自己所为对于世界、对于自己的同辈人有什么作用？自己所做的一切对自己有何意义？你是否将这看作是挖掘潜能的一个机会呢？你的天赋利用得怎样啊？你是将自己的才华包裹在餐巾之中，然后埋葬掉，还是展现给世人？"

我们来到的这个世界，实质上包含了数千年文明所累积下来的力量、思想，以及之前数以百万计的人的创造与发现。他们不断推动文明前进，让我们享受现在的文明成果。这对我们意味着什么呢？我们是否应将文明进一步向前拓展呢？我们是否欣赏前人留给我们的遗产？他们所做的一切让我们今天的生活显得更为轻松及幸福，他们将之前苦苦探寻才累积起来的经验以及技能传授给我们。这样，我们工作得更为轻松，在前人的基础上取得更大的成就。

很难想象，人类手中拥有那么多资源，但还是有那么多人遭遇失败，还有那么多人没有将自己的一生看成是一次最伟大的机会。事实上，很多人对此漠然视之，好像生活就是无趣的，就是一个累赘。而真正的事实是，生活是我们不断发展的唯一途径，呼唤我们最好的一面。

眼前的事业是那么宏大与艰巨，需要我们动用自身的所有资源，无论是身体上或是精神上抑或是心理上的。我们看到许多拥有雄心壮志的人想要去创事业，但是却因为一些可悲的缺陷无疾而终。他们的脸色总是那么焦急，行为总是那么急躁。我们应该让自己消除这些，拓宽自己的根基，作好精心的准备，这样我们就可让失败无处可寻，我们在成就大事的时候，就不会有失败的可能性。

## 赢法定律3 ／让自己成为一个真正的人

整个世界都在呼喊：我们需要英雄的出现。不要苦苦地找寻这个人了，他就在你的旁边——这个人就是你，是我，是我们中的每一个人。

——大仲马

“在我的金库里有两亿法郎，但我愿意将所有的钱全部交给奈伊元帅。”拿破仑在紧要关头说出这样的话语。这位来自科西嘉岛的巨人想要一个人，一个他可以信赖的人。

**一个真正了解自己本性的人，能集中自己的精力去做一件事，能深入挖掘自身的潜能，让自己的价值最大化。**这样的人有明确的目标，知道自己该做什么，能分清轻重缓急。这样的人在各行各业都是大受欢迎的。

当今社会急切需要的是那些能将知识转化为力量的人。我们都生活在一个很现实的世界里，我们需要一个能真正带来现实利益的人，一个掌握实用能力以及执行能力的人。

有这样一个事例，一位求职者小心谨慎地问：“你觉得我还要过多久才能在这个职位上站稳脚跟？”

“直到更优秀的人出现之时。”这位求职者得到的是一个爽快的回答，“我一般都要我的员工不断提升自己，这就是我们的企业能时刻保持很高水准的一个原因。我总是在不断淘汰一些员工，用更优秀的员工代替那些效率差的。这就是我的用人规则。”

这听上去很冷血。但是商场如同战场，所谓商场无父子说的就是这个意思。在这个企业里工作的每位员工都清楚地知道，只有自己不断地提升自己，才能保住自己的位置。总之，整个企业处于一种不断进取的状态，每个人都可以充分发掘自己的潜能。

我们经常可以听到许多人在抱怨自己运气不佳，世界是多么残酷。我希望所有人都不要抱怨自己受到世界不公平的待遇，我们要做的只是做到最好的自己，将上天赋予自己的才华发挥到极致，这才是我们应该做的。

这就是这个充满进取的时代所要求的，让每个孩子都能获得发挥自己才能的机会，实现自我的最大价值。要做到这一点，他就必须通过不断努力以及坚忍的毅力去找到适合自己的位置。如不这样，就会要么任由自己的才能、天赋埋没，要么将自己的才能、天赋发挥到极致。打个比方，这就如一块璞玉一样，不精心雕琢，就只能粗糙如旧。

每个人都有两个使命：一个是艺术或专业，另一个是职业或工作。无论是具体哪一种，若是我们在物质上匮乏，我们就需要首先在生计上满足自己，然后，才有可能做出更大的成就。但是，如果我们可以做到为了理想而不去计较那些物质上的匮乏，我们就能够大有作为。

为了说明这一点，我以加菲尔德的成功为例子。当他还是一个孩子的时候，他被问及日后的理想。他回答说：**“我想让自己成为一个真正的男人。如果我连这个都做不到，那么我必定一事无成。”**这就是任何真正意义上的成功的秘密所在。

因此，我们不能只是停留在一个熟练的工程师或是著名的商人、一个著名的律师或是医生等层面上。我们应该有一个更高层次的目标——虽然满足自己生计是一个重要的方面，但这不是最为重要的，任何一个有理想的人，在一觉起来都不会将这个视为人生存在的唯一目标，更何况，让自己的特长或是优点得到发展，这是一件多么让人愉悦与有价值的事情。

社会需要那些素质全面的人，需要那些不被一些遗传的缺陷或是道德的不足而限制自身能力发挥的人。虽然我们需要专业人才，但是那些只是单方面发展的人是没有前途的。他们将自己人生的精力限于一个狭小的空间，其他方面则不断凋零与枯萎。而那些能用全面的眼光看待事物、素质全面的人到哪里都备受关注与欢迎。

在无数名人的传记中，都有一个共同特点，这个特点深刻地体现了爱默生的一句名言：实用的智慧以及常识是天才构成的基础。而在杨格那句富于哲理的话语中，他说道：一个拥有天使一般智慧的人，可能是一个傻瓜。我们需要的是那些接受过全面教育的人，手脚灵活，耳听八方，眼观六路，手勤脑快。每个雇主都在寻找这样的员工，整个世界都在寻找这样实干的人。

我们要求年轻人有力量、有活力、有理想。年轻人应该获得全面的发展，能够在某个领域中有所突破。各个著名机构的经营者以及管理者都在到处找寻这样的人去填充各种职位。虽然外面充斥着很多失业的人，尽管许多人在争取同一个职位，但一个有礼貌并富有效率的职员，一个诚实又敬业的出纳员，一个能够准时按量完工的速记员永远是抢手的。为什么我们在这个时代总是在说很难找到一份好的工作呢？这难道不值得我们去反思吗？

那些组成茫茫失业大军的人，到处在找招人单位，从一个商场走到另一个商场，从办公室走到工厂，他们不禁发出这样的感慨：为什么别人能取得成功，而自己却总是要面对失败的命运呢？为什么别人获得了自己想要的职位呢？事实上，这其中的原因也许十有八九都是因为他们好逸恶劳、教育程度不高，或是缺乏培训，或是一些缺陷让他们无法前行。

上述的这些人，他们想要出人头地，这本无可厚非，但是最让人头痛的一点是，他们压根没有足够的能力去满足自己的就业所需。在某个层面上可以这样说，他们并没有拥有一个真正的人所应有的素质以及才能。

所以说，那些真正富于效率、饱受教育以及具有实干能力、富于常识的人实在是少得可怜！除去那些彻底的无能之人，其实还有很多原本可以让我们印象深刻的人，这些人都是颇有天赋的。他们看上去大有扫荡乾坤之势，具有一种透过现象看本质的能力。他们看似知晓一切，饱读诗书，阅历无数，任何事情都无法从他们的双眼中遁逃。但是让人不解的是，他们总是让我们感到不断失望，他们将我们的期望提升起来，最终却又狠狠地给摔破了。他们是明日之星，但是却从来没有兑现，他们的性格中有某些难以言喻的缺陷，无法完成生活中的一些基本职责。在现实生活中，我们需要那些能够完成事务的人，我们不需要那些全然的偏才，需要的是那些全面的人。

卢梭说过："那些接受过良好教育的人，在履行职责的时候都是有准备的。我的学生是从军还是在酒吧打杂，这些都不重要，如何生活才是我要教会他们的。让他们首先成为一个人，至于做什么职业并不重要，可以是士兵、律师或是哲学家等。之后的发展就听任运气的安排吧，功到自然成。他终会找到自己的位置的。"

卢梭说这段话的意思是要求我们首先成为一个人，然后不论我们从事何种职业，我们真正的价值自然都会显露出来。如果你不能成为一个真正的人，任何培训、任何教养、所有礼节就都是无用的，这样的观点掩盖不了，而你永远也遮不住这个事实。

既然这样，我们如何才能成为一个真正的人呢？一个小男孩站在秤上，他很害怕自己比同伴重，于是就鼓涨自己的脸颊，然后像一只小狐狸一样站着。"天啊，你还是那么重，改变不了。"站在一旁的同伴叫道。

"你多重，就是多重。"在人生的重要关口里，就是如此。你可能有时将自己的主见加诸别人，你可能在短时间内欺骗别人，但是你无法欺骗天地人心。因此，**那些想要成为真正的人，就必须对自己的心保持真实。**

一个年轻人，在刚进入纽约商界的时候，为别人打工的月薪只有二十美元，从最低的职位做起。他在父亲的介绍下，在一间报社从事编辑工作。而这家报社也是想借助他的父亲、刚从马尼拉战役凯旋的上将的盛名为自己的报社做广告。

“你不需要写报道，也不需要去做什么采访。每天只要在文章上署上自己的名字就可以了。每月我会付给你两百美元的报酬。”编辑跟他说。

但是那位马尼拉战役英雄的儿子很有骨气，他断然拒绝了这种虚假的行为，宁愿每月拿二十美元的月薪，也不愿对不起自己的良心碌碌无为地拿两百美元的月薪。

从年幼的时候起，自尊以及重要职位的关键性已经深入他的大脑，因为作为皇位的继承人，他必须明白这一点。年轻的王子不时要接受这样的教育，他不能允许自己有一刻忘记自己的尊严，王位在等着他，他在某天登基的时候，就将成为这个国家的统治者。这个人就是著名海军上将杜威的儿子。

我举这个例子，无非是想说每个孩子都有无限的可能性。他们都有机会去做美好的事情，有最佳的机会去为人类作贡献，去挖掘自己的潜能，利用自身的资源成为一个真正的人，一个全面发展的人。

## 赢法定律 4 ／ 储备足够的正能量

不要将生活的金字塔垒在一天搭建的基础之上。生活的成功之处，就是在机会降临的时候把握住它。

——迪斯雷利

许多年轻人在进入社会展开工作的时候几乎都会面临这样的问题：不为自己取得胜利而去准备，或是对脱颖而出没什么特别强烈的欲望。他们只是做着自己找到的第一份工作，而不管这是否适合自己特长的发展。只有他们碰巧不喜欢这份工作或是工作太难了，他们才会考虑换掉。这样的人是随波逐流的人，没有一个明确的目标，没有为自己长远的人生作准备，目光只限于眼前。只有那些经过全面培训的年轻人，才会为自己的未来打下坚实与宽广的基础。他们在进行人生的赛跑时，就想着一定要取得胜利，一心只想着前面胜利的终点。

在美国历史初期，一些美国年轻人在没有接受过多的教育，或是出自特殊培养的情况下，取得了辉煌的成就。但是今时今日的竞争变得更为激烈，那些没有接受教育的人取得成功的机会几乎为零。尽管如此，我们还是看到一些教育程度不高，或是没有经过培训的人凭借自己的努力从事着最为精细的工作。但是，他们却为此付出了很多努力，而且效果也不是很理想。像这样的情况还有很多，比如我们看到许多尝试着写作或是想在报社工作的男女，却对语言没有深厚的了解，对语法几乎一窍不通，对于修辞的逻辑与法则、英语写作几乎是一片空白。

还有一些人，或去研究演说艺术、音乐、医学、辩论、或去研究其他的专业，但都因为没有一个良好的基础，结果只是浅尝辄止。他们虽然不懈地努力，但是都没有取得成功，而他们的努力也没有任何成功的可能性。这是由于他们没有把自己所从事工作的基础打好，他们觉得花上几年的时间去打基础是没有意义及价值的。他们想要在工作上直接获得即时的报酬，不想默默地去建造自己的人生基础，只让自己人生最美好的时光都浪费在寂寞的不被人知的环境之中。但是时光易逝，当他们发现自身所犯的错误时，却为时已晚，无法挽回，所以他们的生活总是非常不稳定。

我认识许多这方面可悲的人，就是因为他们在年轻时没有认识到教育和为自己日后的职业进行培训的重要性，以至于他们在人到中年时发现自己的理想无法实现，因此自己想要成功的心理无法得到满足。导致这样结果的原因就是，他们在年轻的时候没有得到为成功打下基础的培训。他们在生活的过程中浑浑噩噩，做着相对卑微的事情。如果他们在年轻时受过教育，他们为此所激发出的潜能就能驱赶掉让他们寸步难行的思想中的无知。

我认识一位法官，他就曾经通过不断自学来弥补自己早期接受教育不足的缺陷。他利用晚上及周末的时间去学习。他说，他在年轻的时候就想着成为一名律师，但是觉得在大学的学习对自己帮助不大，现在才觉得在学习的过程中困难重重。当然，这主要是因为他的阅读能力不是很强，对历史也没有一定的了解，也没有接受很多通识教育。

我认识另一个还在青年时就离开学校的人，在短时间内做了几个工作后，他想去做一件事，可他对算术几乎一窍不通，对于如何记账也没有任何概念，结果失去了自己辛辛苦苦赚来的一些钱。但是他没有气馁，还想重头再来，于是，他通过夙兴夜寐这样的办法弥补自己的缺陷，结果却将自己的身体搞坏了。其实，这些要是在年轻的时候去做，那该轻松与容易多少啊！我遇到过一位老师，他克服了许多不良的条件，还是对自己所要教授的课程一无所知。他说，现在他必须夜以继日地工作，甚至在周日都要加班，以让自己赶上学生的进度。其实，这些都是我们在生活中时常可以见到的情形，可以说是屡见不鲜了。

如果我们仔细研究一下当今许多人失败的原因，就可以发现他们很多都是在自己没有完全准备好的情况下，就匆匆地去工作。那些想将自己人生的上层基础建立在一片无知的思维之下的人，就好比一支军队在没有粮草辎重，甚至没有武器的恶劣情况下进行战斗。很多人说，在战争打响之前，实际上成败已定。那些时刻在弥补存在漏洞的军队，充分为各种存在的紧急情况作准备，为即将打响的战争作好最充分的战前准备，在事先作好周密的部署，就必然能在战争中取得胜利。而对于那些想要在人生这场战役中取得胜利的人而言，细致的准备同样是必需的。我们必须在各个方面上作好最充足的准备，让自己的才能得到最大限度的发挥。

我曾经住在一个被称为“匆忙”的城镇。人们在这个地方定居下来的时间并不长，但是，他们就很匆忙地加快速度来建造大厦，各种建筑物都是在很短的时间内建造起来的，地基打得很浅，木材被摆放在与地面平行的位置上。还没过几年，这些木材就开始腐坏了，这些超大的建筑都处于一种危险的状况，需要不时地修补才能免除一些存在的危险。

许多人在从事自己人生的事业时，都是以这样的方式，也就是在没有任何基础的情况下就进行了。这样的直接后果是，他们不久就会为自己的行为感到后悔。因为，他们要不时地修补自己事业上所存在的漏洞。甚至，他们将自己的失败归咎于运气不佳、上天的不眷顾与机会的匮乏，以及各种各样的借口。但是，他们唯独没有认识到真正的原因就是他们缺乏准备。

任何一个让自己对所从事工作的每个细节都熟悉的年轻人，成功于他都是迟早的事。但是，如果他感受不到在事业起跑时的那种紧迫感，情况就不一样了。这是因为很少有人愿意去作这样的准备，所以导致了许多失败之人，或是将要成功的人。

"如果我现在是二十岁，接下来只有十年的寿命，那么，我愿意将前面九年的时间用在积累知识的努力上，为自己的第十年作好最充分的准备。"一位著名的作家兼学者身份的人这样说道。

**如果你想让自己有一个宽广以及伟大的事业，那么就一步一个脚印地去打下自己的基础吧。**要作最充分的准备，让自己的根基变得更为牢固、更加坚实以及更为深厚。不要将自己的生活建立在摇摇欲坠的基础上，让自己所做的一切事情都有一个坚实的基础，这个是最重要的。

那么，我们首先该如何为自己的人生准备呢？答案只有一个，那就是让自己获得尽可能多的教育。

在人生的征程中，没有什么能比一个饱受锻炼的大脑、一个充满自律的健全的心灵更为重要的了。拥有了这些之后，我们就可以有能力不惧怕任何挑战，我们在思考问题的时候，智力就会在我们的背后默默推动我们前进。如果我们的志趣是善意的，我们所接受的教育是正确的，那么，更为宽泛的教育以及文化教养就将在我们人生起步阶段给我们带来无可估量的促进作用。

如果我的人生可以重来，有人要是让我在金钱以及教育上作抉择，我会毫不犹豫地选择接受教育。各行各业中，那些努力奋斗的人都会惊讶地发现，自己的同行是那么富有智慧，受教育层面是那么宽广，自律性是那么强。许多人将这看成是一种让人羡慕又嫉妒的幸运，但是我们应该清楚，运气本身决不能带来一颗饱受锻炼的心灵，没有宽广的人生观、娴熟的技能、坚持不懈的努力以及不折不挠的勇气，我们是无法达到这样的境界的。

我认识新英格兰地区的一个年轻人，虽然当他刚开始工作时，每天的报酬只有 25 美分，但是，他认为他凭借自己所接受的教育，通过培养自己的思维以及研究策划的能力，可以让农场焕然一新。于是，他每天都利用业余时间来学习。在晚上，他认真地学习、阅读一切关于土地土壤方面的科学知识。这让他有可能在土地上获得最大的收成。对他而言，一点一滴的知识都好似在他的望远镜上加上了一层薄薄的镜片，让他看到了之前所看不到的东西，拓展了他的知识层面。

以前，他的邻居在相同的一片土地上种植作物长达几十年，但还是每年只能从这片土地上获得一样的产量，直到土地的肥力被消耗殆尽。他明白，一个优秀的农民要是知道如何培养作物以及利用土地，就可以取得最大的经济效益。

现在，他在邻居那些贫瘠的土地上看到了财富的存在。科学知识告诉他如何通过不断地施肥、灌溉以及更换作物来改变与补充土地营养成分的缺失。他始终坚信一点，要是自己能有更多的科学知识，就可以获得更高的回报，从土地里获得更多的财富。这些都是以前那些农民所不敢想象的。

结果，原先被人们认为是一个破旧的、毫无价值的农场，在他的手中却创造出了奇迹。他就像一个魔术师，有能力改变土壤的肥力，让财富源源不断地滚进自己的口袋。周围的人不明白为什么他能收获产量如此之多的作物，在市场上能有优良的马匹及各种牲畜。但，这真的是事实，他因此获得了巨大的经济利益。

如今，这个人在农场上有美丽的建筑、舒适的房子，有图书馆和一些艺术品，还有一个土壤实验室。这些都好似沙漠中的一片绿洲。尽管这些表面看起来没有什么，但是只要细心观察，你就会发现他农场的土壤与周围其他农场的土壤是一样的。不同的是人，他们在教育以及专业技能上的差异导致了这一切。

这个农民成功的原因，同样适用于商人、机械师、工程师以及其他各行各业的工人。训练有素的头脑是非常重要的。世上没有比宽广、自由以及实用的教育更为重要的了。能运用自己的智慧去做事情，能把自己所学到的知识运用到实际中，这都会产生难以估量的作用。我们所接受的一点一滴的心理锻炼、教育以及文化的淬炼，都是我们在现实生活中所必需的，它让我们有机会在博弈中胜出。

显微镜的作用其实并没有制造出任何新鲜的事物，而是将事物的种种奇迹显现了出来。在之前人们觉得是丑陋的事物中，我们的双眼透过显微镜可以发现到一些美感。它敞开了一个我们从没有意料到的世界，让我们在最为平凡的事物中找寻到了最为壮观的美丽。阿加萨的双眼所看到的世界与那些没有接受过教育的人看到的是完全不一样的。就好比一双接受过锻炼的巧手能做出许多别的手做不出的动作，教育让我们获得一颗感念之心，让我们的神经更为强韧，拥有更强的能力，散发着智慧；教育让我们能紧紧抓住事物的本质，以不可阻挡的力量做出最大的努力。知识能够创造奇迹，在一点上，我们能达到深深的共识。

查尔斯·金斯利说：“**你知道得越多，你就越能扭转自己的命运，让自己获得更多，自己也可以事半功倍。**”你对自己所做的工作了解得越多，那么，相对于那些安于现状的人而言，你就越能向前迈步；你对别人的工作了解得越多，那么，你对自己的工作就越有更深刻的了解。有句话说得好：竞争不会让人恐惧，只会激发人的潜能。

韦伯斯特为了能在自己的领域中做到最好而付出了长久的准备，特别是在事业最为辉煌的时候。他在给南卡罗来纳·海恩的回信中有这样一段描述：

在他八岁的时候，他在一家乡村商店里买了一块棉花做的手巾，上面写着美国的宪法，这件事在他儿时的记忆里有着很深刻的印象。手巾上面的宪法内容让他很感兴趣，于是他就去找一些自己所能找到的相关资料，以便对宪法有更为深入与详细的了解。由于童年时期的这种知识的积累，让他对宪法的历史、共和党以及民主党的竞争原则都有了深刻的理解。后来，整个国家都因为他对海恩的猛烈抨击而引发了一阵潮流。

韦伯斯特如此不可思议的能力，即便是他最好的朋友也对他没用充分的时间去准备就直接回复南卡罗来纳州议员的回信感到质疑。一位传记作者说：“韦伯斯特只有一个晚上去作准备，去回答自己的对手所提出的一系列重要问题。”

但是韦伯斯特自言自语地说：“当时间到来的时候，我已经作好准备了。我要做的，只是将要点记下来，让自己重新整理一下而已。”

古语里有这样一句话：高处不胜寒。真的是高处不胜寒吗？不，不是这样的，我们能在高处找到足够的空间发展自己。但是，这需要我们有超强的能力，并时刻准备着去接受更为重要的职位。一些能很好履行自己职能的人，往往都是接受了系统与全面的锻炼，学会了融会贯通的人。只是这样的人永远是少数，但很多职位都需要他们去填充，因为这样的人实在是太厉害了。

在如今因不断进步所带来的空前繁荣的时代，我们的国家面对许许多多发展的机会。那些有远大眼光的人已经开始追赶这个趋势了，那些之前对未来想法不多的人，现在都在寻思未来的走向。在未来的几十年里，世界对优秀人才以及高端的服务将比现在更为亟需。

已故教授兰勒在试验自己的飞机时，为了能够实现自己想象中的那种机型，结果犯了一个致命的错误：让飞机在离地面六十多尺的高度上飞。在失败之后，这个飞机被人起了个绰号:傻瓜的兰勒。因为在试验的时候，飞机直接冲入了水中，而飞行员的梦想也被无情地粉碎了。后来，据说他是死于一颗破碎的心。几年前，格兰·柯蒂斯，一位著名的飞行员，在试验的时候，也犯了一个相同的错误，他没有从离地面六十尺的地方起飞，而是直接从地面上起飞。

许多父亲犯了诸如兰勒在试验飞机时所犯的致命错误。他们对自己的孩子从一开始就期望过高，而不是让他们像自己当年一样从最基本的小职员做起。他们让自己的孩子一开始就从企业的高管做起，或是做某个部门的一把手。当然，这样会让年轻人失败得一塌糊涂，因为他们没有足够的经验去处理人际关系，对人性知之甚少，对自己所掌管的事务一窍不通。

实践已经证明了一点，那就是只有在地面上滑行数百尺让飞行器获得足够的冲力，才能让其向更高的位置上升。否则，在这个上升的过程中，就会没有足够的力量让其在空中飞行。所以，除非我们能凭借自己的知识和能力去提升自己，了解自己所做的，否则，别人是很难真正帮助我们的。

我认识一个年轻人，他在大学毕业之后就被他的父亲任命为自己旗下一家企业的主管。他的父亲在商场滚打多年，想让自己的儿子继承家业，保持家族事业的传承。这个年轻人对商业没有一点认识，从来没有买卖货物的经验，没有做销售员的经历，也没有足够的社会阅历，在选择货物以及安置、管理等问题上都没有什么经验。在交易中，他时常被坑，但是他却不愿意向那些经验丰富的人请教，他感到自己比那些没有上过大学的人都更牛，总是对那些人颐指气使。这样的后果是，这位自认为无所不知的年轻人在很短的时间内将自己搞得一塌糊涂，将原先的企业搞得差点崩溃，直往失败的边缘靠近。若是没有他父亲的控制，父亲一辈子辛辛苦苦经营下来的事业在一夜之间就可能被搞垮。他的父亲迅速扭转不利的局面，将原先的混乱变得有序起来。企业的航向迅速恢复起来，因为他知道自己所做事情的一切细节，因此对掌控局势胸有成竹。他有能力让自己企业度过危险，驶向安全的水域，因为他当年是从一个少年起步，在各个商店里打杂，在各个部门都经历过，在自己爬上这个高位之前，自己已经掌握了所有的细节。正是这种由低到高的奋斗历程给他带来了无尽的力量，让他安然地渡过难关，取得最终的胜利。

因此，何不试着让自己从最基础的工作做起呢？你并非那只从一开始就能展翅高飞的雄鹰。**当自己在脚踏实地地工作，直到自己有足够的能力去更进一步的时候，你才可以更为稳健与安全地向前迈进。**

通常，一个大学生必须经历过实习的阶段，最终才能完成对自己的培训。如果他不绕过这些，而是勇敢地迎接这些，那么，他的进步空间是很大的，而且等待的时间也不会太久。但是，如果他好逸恶劳，认为自己已经很厉害了，那么这个世界将会把他无情地抛弃，然后继续前进。同时，你也不能对自己的期望太高，不能一厢情愿地希望自己成功。要知道，从底层一步一步的锻炼中所获得的经验是能够让人做好日后的工作的。正所谓“一步一个脚印，成功不能一蹴而就”。

我们这一代的年轻人不愿意花时间去为自己的未来作准备。他们想要马上取得某些东西，想立刻就成功，不愿意为自己日后的人生打下一个坚实的基础。他们觉得在学校的几年准备是如此单调与无聊，是如此无用与浪费，他们只想知道一些知识的皮毛。但是，“在电闪雷鸣之际，他们在不断地战抖，因为内心的空虚”，这种情况是让人觉得很遗憾的。总而言之，当需要真本事的时候，他们只能望洋兴叹了。

关于这一点，只需要用一个关于速记员的例子就可说明。大多数速记员都是注定要身处低位的，薪酬也非常低，因为他们从来没有为自己的日后发展做好打算。对于本职工作，他们可能是完全称职的，但是他们却因为无知而阻滞了前行的脚步。他们的阅读范围狭隘，当遇到那些不常用的字时，他们就会感到十分困惑与无助，特别是遇到诸如一些历史或是政治上的术语时，更是显得束手无策。当然，这主要源于他们的词汇量太少，人生经验也缺乏得厉害。他们总是要跑去问别人某个字的意思，或是如何打出某个字。他们中的许多人对于一些最基本的历史常识，以及历史上著名人物都是十分陌生的。

相同的情况同样适用于别的职业。在这个时代，简写以及缩略语都很流行，所以，一些固定的词汇就成了一种规则。年轻人总是在专业的考试中勉强通过。比如，许多法学专业的学生认为专心去研究一些案例意义不大。他们心中只想着如何通过考试，然后获得证书，从事这个行业，然后觉得自己以后的一切自然就一路顺风了。他们觉得自己只要能够进入法院工作，那么一切事情就都会万事大吉。其实，即便他真的做到这点了，他最多也只能成为一名三流的律师。因为，对于一些基本的原则，他了解得不深，他不得不去研究每个在他认为是古怪的案例，好像自己之前从来就没有看过法律书籍一样；他无法举出某个法律案件审判的先例，因为当他还是一个学生的时候，他总是想方设法回避这些问题。

一位学艺术的学生在自己的基础没有打扎实的情况下，就开始自己的创作生涯。他卖出一些很业余的画作，他为自己的这些成功而沾沾自喜，认为自己不需要再去学习一些基本的美术原则。当然，最后他被证明是一个二流的艺术家。

那些想成为伟大的音乐家，梦想着在公众面前表演，自己却从来不想每天进行枯燥练习的人，最终只能怀着悔恨之心，沦为半桶水式的人物。

一位年轻的作家，在看到自己早年的一些作品出版之后扬扬自得，认为自己日后可以无须花心思去练习自己的写作，不用去认真地研究、观察生活，不需要为某个佳词苦苦冥思，觉得自己只须凭借灵感的降临。当然，他的词库是有限的，他的表达逐渐词穷，知识变得空虚，想象力在日渐僵化，他的描摹功力在迅速下降。最后，他成了一个别人雇用的文人，只是靠着写些文字来养活自己。

一位从技术学校毕业的学生，一心只想着赚钱，看不到化学、机械以及物理学的作用，没有让自己成为这方面的专家，而在日后的工作当中，他就会发现，一些技术问题需要一些全面的知识，而这正是他所忽视的。他无力解决这个问题，他在工作中所遇到的不足使其寸步难行，而这些不足正是其最薄弱的环节。生活的机会已经降临了，但是他没有作好准备去牢牢抓住。

当人生中千载难逢的机会摆在我们面前，我们却仍待在原处，无动于衷，最后被迫把机会让给别人，这种失望以及懊悔之情是多么强烈啊！把自己机会抢走的人，也许是自己的同学。而我们却认为之前的一些知识是可以忽略的，觉得那对自己日后的人生毫无作用，所以放弃了。

唐纳，英国著名的艺术家。有一天，他与伙伴正在研究自然之美，晚上，他的伙伴给他看自己的素描时，还不忘挖苦一下他的懒惰，因为一个下午他都好像没事可做。唐纳说："至少，我还做了这件事——我认识到当石头投进湖中的时候水面的景状。"他整个下午都坐在一块岩石上，往湖中扔石头。没有哪个艺术家能像唐纳那样将涟漪画得那么传神。

你愿意为自己人生重要的事情付出多大的牺牲呢？你愿意花多少时间去研究交易以及职业的细节，让自己成为这一行的翘楚？

在任何领域成为权威的代价就是要有充足与全面的准备。有句话说得好：只要我们给出一个合理的价钱，上帝就愿意将所有的东西卖给所有人。

如果你自己没有充分准备，就算有一次千载难逢的机会，最终也只会因为你自身的原因而被你错失，由此也让你在别人面前显得可笑，甚至让你自身的缺陷突显出来，让缺点更加明显地暴露在别人眼皮底下。因此，你应该清醒地认识到自我的准备比机会本身更为重要，正是自我的准备带来了机会。举个例子来说，正是因为有内科医生长年以来对解剖学每个细节的研究，对自己专业每个细节的全然了解，才让他们在紧急时刻担当大任，挽救无数条宝贵的生命。

许多年轻人所面对的主要问题在于，他们不太看重“优秀、良好、一般”这三者之间的区别。比如，一般的医师与杰出的医师之间的区别在于，杰出的医师能够在每个手术中获得五千到一万美元的收入，而一般的医师则只能获得一百美元的上限收入。有为数不少的门外汉不是很能理解一位以其眼睛的敏锐度及双手的灵活度而闻名的优秀手术医生与那些技术没有那么好的医生之间的巨大区别。这两者之间不仅是手术器材的区别，更是能力的一种体现。当病人生命垂危之际，医生手中的手术刀绝对不能手软，一个失误就可能导致病人的死亡。这也是杰出与平庸的区别。那些没有这种心灵手巧的技能，没有手眼之间的快速转换来保证手术成功的医生，是不配拿那么高工资的。

“如果你想实现一个不高不低的目标，也许掌握一半知识也就够了。”霍尔曼说。但在人生中，最为重要的是知识、竞争力以及专业能力。有很多人根本没有能力去争第二，甚至第三或是第四，因为他们从来没有准备好，他们最多也只是作好一半的准备而已。**“永远不要为自己的人生作一半的准备”，这是数不胜数的失败者共有的墓志铭。**

考验我们能量储备的不是水平梯的运输，而是攀爬山坡的难度以及一些紧急的情形。一位在发电厂工作的工程师尽管知道相对小的能量就足够水平梯将电车提升，但他还必须明白要有足够的电力才能将这些电车提升到一定的陡峭的高山上。某人曾说：“当我们看到艺术家将那些在调色板上看上去暗淡的颜色涂抹在纸上，马上能变成让我们乍看一眼就心跳加快的景象，给我们心灵带来的震撼不亚于站在圣母峰或是马特峰脚下的那种感觉，或是感受到站在博朗峰下那种可怕的孤独感。但是，艺术家在创作的过程中显得那么自如与淡定，这真的是让人觉得十分惊讶。他们的背后必然是多年以来探索与不为人知的付出。

在一年之中，我们是否会无数次地问这个问题：为什么这个人或是那个人无法取得成功，实现自己的目标？原因是他们的能量已经耗干了，没有足够的储备能量。只要再有一些身体的能量储备，再多一些教育，更好一点的培训，他们就会取得成功。

在这个世界上，我们做的最伟大的事情就是那些做得相对容易的事情，这是因为我们有足够的能量储备去做好它。

## 赢法定律 5 ╱ 克服羞怯与过分敏感

有很多人敢在大炮口前走过，但是却没有勇气去与别人展开交流。羞怯与敏感的情感让他们失去了所有的自然感与本真。

——马登

许许多多年轻人之所以不敢去做自己有能力去做的梦寐以求的事业，之所以无法实现自己的人生理想，是因为他们害怕参加这个世界的竞争。他们过分的敏感性让他们成了怯懦的人。

一个真正欣赏自己价值的人，一个给他的邻居很好信任的人，是不会成为过分敏感的牺牲品的。

“我该如何去克服自己的羞怯、自己的害羞还有强烈的自我意识呢？这些总是不断地拖我后腿，将我的幸福毁灭得一塌糊涂。”我经常收到年轻人这样的来信，他们提出问题的形式也许不一样，但是其意思是相差无几的。

我该如何摆脱自己的羞怯感以及害羞感呢？我自己没有勇气去拓展自己的事业，我无法大胆地前进。我害怕与别人交往。我时常逃避责任，害怕成为别人关注的焦点。我很在意别人如何看我，害怕自己给别人留下一个不好的印象。种种顾虑让我在谈话的时候结结巴巴，我的风度完全丧失。

自己的脸皮薄，使我失去了一份又一份工作。我不能承受一些谎言。对于别人的指责以及批评，我总是有意识地避开。别人的批评总是让我内心感到非常痛苦，自己无法去承受。所以，我只能选择离开这样的工作。

这种病态的敏感需要以“英雄一样”的模式来进行治疗。一个人能真正地以自己的真实水平来衡量自己，同时也能给予别人足够的理解，这样的人是不会成为自我过度敏感的受害者的。

有无数人因为自己那种自我感觉过于强烈而感到害怕，以至于感到尴尬，他们不敢去做自己想做的事情，所以也就无法实现自己的人生理想。他们害怕与人交往，害怕与这个世界竞争。他们害怕向陌生人暴露自己的弱点或是敏感处，别人对他们的任何一点轻视都会让他们的内心感到痛苦。他们将自己的心深深隐藏起来，不被人发掘。别人对他们的稍微关注就会让他们感到脸红或是颤动。过分敏感让他们成了懦夫。

那些在贫困中默默无闻奋斗的男女，要是他们能克服那种过分的敏感性以及羞怯感，他们其实是完全可以改变自己的命运的。正是这些心理弱点让他们无法取得成功。他们都是相同心理疾病的受害者。

《善书》上有这样一句话：那些温顺之人有福也，因为他们可以继承这片土地。但是，《善书》上并没有说：羞怯之人有福也，因为他们可以继承这片土地。生活的奖赏与这些羞怯、敏感之人无缘。**那些羞怯、不敢正视自己的人，在生活当中除了收获一些耻辱的经历之外，别无他获。**

那些羞怯之人似乎觉得，在任何场合上说出“我”这个字都是一种自我主义的表现。这样就是对自己的一种大胆以及激进的评价。他们忘记了一点，这个世界是根据我们对自己的评价来衡量我们的，我们对自身的估量将会被别人接受。别人不会介意我们对自己的定位是否准确。如果你拿出一个律师证，别人也不会真正去调查你是否一个医生或是做其他职业的。他们会理所当然地认为，你就是一个律师，除非之后证明你不是。别人也不会觉得我们对自己的评价过低。他们觉得，你肯定比他们更了解自己。所以，他们按照你对自己的评价来衡量你，这是十分正常的。当然，他们

会根据你的风度以及你的气质来衡量你。

**世界属于那些有勇气以及有自信的人，属于那些有勇气将自己不断向前推进的人。**而那些只是停留在背后，不断地贬低自己的人，认为世界迟早都会发现自己是一颗会闪耀的金子的人，迟早会感到失望的。

如果你不敢去面对别人的眼光，如果你身上带有一种失败的气质，一种羞怯以及意志力不强的弱点的话，那么，你就会变得一文不值。如果你不想去克服自己那种不敢承担责任的倾向、羞怯以及敏感性，那么，你注定要过着一种平庸的生活，甚至更差。

那些性格中带有羞怯、敏感以及病态的自我感觉的人之所以被抛在后头，是因为他们从来没有让自己培养一种前进及进步的气质。尽管他们拥有极佳的能力，但是他们失去勇气，没有足够向前进的能力，不愿与社会上的人交往。他们时刻将别人的批评或是指责放在心中，在漫长的人生道路上，这只会让自己失去更多。因此，我们必须有足够的自信以及足够的接纳性，让自己的潜能得到发掘。

我最近与一位迷惘的年轻人谈论起失败的一些缘由。他觉得这是由于自己过分敏感所致，他不知道如何去摆脱这种感觉。他说，自己的雇主总是说些让自己感到伤心的话，让他无法做好自己的工作。他抱怨说，雇主的批评让他觉得自己没有能力。

听了这个年轻人的诉说，我极力告诉他，如果他还想继续前进的话，这种思想就一定不要有。我说："你的雇主可能很清楚地知道你身上所具有的实力，如果你能顶住别人的批评，不要对别人的看法那么在意，你是会取得成绩的。如果一个员工将自己雇主的每一个建议或是意见当成一种侮辱的话，是没有什么人会愿意去给他一些指导的。你应该好好地听一下他的意见，然后择其善者而从之。不要对他的一些意见置之不理，觉得这位雇主好像是在多管闲事，觉得他应该对自己说：不要去理这个家伙，他这个人不值得花心思。随他吧。"

如果你想在工作中取得成功，如果你想在这个社会上取得成功，就必须将自己置身于一种虚心接受别人知识的心理状态，学习与借鉴别人更好的一些方法、更好的做事途径。无论别人从哪里来，无论他是一个办公室小职员或是一个大老板，这些都关系不大。我们的任务就是要通过自己之前的一些错误以及别人的批评不断地汲取教训，不断进步。其实，这些过往所犯的一些错误或是别人尖锐的批评都是我们不断前进的垫脚石。

记住，这并不代表着我们是“脸皮厚”，让自己处于一种无条件接受别人的思想的状态，相反，这是一种心智的敏锐以及常识的体现。正是那些受到别人批评后又不怀恨在心的人，能将自己所遭受的痛苦或是挫折转化为能量，促进自己不断进步。他们不在别人的指责或是批评中退缩，而是欢迎一切能让自己提升自己工作标准的建议。这种人无疑能处于各行各业的高端。

许多过分敏感的人总是会感到沮丧或是泄气，因为他们觉得自己前进的脚步不够快。他们没有像那些神经强韧的人一样，能从失败、挫折或是沮丧中走出来。他们对别人的看法或是批评过分敏感，害怕自己的失败会让自己的能力被人质疑，而从来没有想到积极的一面。所以，他们往往会变得自怨自艾、不思进取。

可悲的是，我们往往会觉得这不是一种疾病，最多认为这只能算是一种心理上的疾病而已。但其实很多最糟糕的情形都是心理方面的问题。羞怯、过分的自我意识、病态的敏感性——这些都是像诸如天花或是伤寒一样的疾病。这些心理疾病的受害者常常会感到孤立无助，也无法做到最好的自己，发挥自己的潜能。他们无法以一种适当的视角去看待问题，当遇到让自己困惑的事情时，也无法做出最明智的抉择。因为羞怯迷惑了他们的判断力，扼杀了他们的勇气，让他们无法做出决定。

羞怯、敏感的心灵会让他们缺乏一种做出坚定及最终决定的能力。他们总是不愿意脚踏实地地从开始做起。拖沓的习性在他们的血管里流淌，他们的勇气以及自信不断地在降低，这让他们失去了自己的意志力。所以，失去了这些，他们如何去让自己的聪明才智得到发挥，让自己勇往直前取得胜利呢？

不知有多少人因为畏首畏尾，不敢勇往直前，惧怕别人耻笑，害怕自己处于别人的眼光之下，让他们失去了人生伟大的机会，无法把握机会去取得成功。

很多时候，一个性情过分敏感的人在失败之后，常常没有足够的勇气让自己振作起来，没有胆量再去尝试。我时常见到一些年轻的男女失去自己原先的工作岗位之后，就处于长时间的失业状态之中。因为他们没有能力让自己不断前进，让自己采取一些积极的工作方法，重新让自己恢复到一种昂扬的状态。他们觉得失去工作是一种个人的耻辱，尽管可能他们并不需要为此承担责任。这些人时常都要为一些琐碎的事情烦恼，他们的健康也深受此害。他们失去了活力、灵活性及一种健康身体所散发出来的魅力。而所有这些都是一般人取得成功所必不可少的元素。

也许，对那些过分敏感或是自我意识强烈的人而言，痛苦的最大源泉是，在自己熟悉的家庭圈子之外，他们总是觉得自己处于一种尴尬或是不自然的状态。他们很难让自己处于一种舒适的状态。要是家里来了某个陌生人或是在某种社交场合上，他们总是觉得如坐针毡。别人稍微明显一点的无视或是冷淡都会让他们那敏感的心灵感觉受到深深的刺痛。他们在自己的这种思想中挣扎，不断地发酵，最终让自己病态地陷进去，无法自拔。他们对于别人的嘲笑特别敏感。我认识很多人，他们都害怕自己成为别人的笑柄，无论这是否属于善意或是无心。当他们觉得有人在嘲笑自己时，他们的内心就会感到无尽的痛苦。当然，他们会觉得任何在自己附近发笑的人都是在嘲笑自己。

害怕自己成为别人谈话或是笑话中的内容，有时会阻碍一些天才的成长。我认识一个年轻的歌唱家，她日夜梦想着能够站在舞台上进行自己的表演，但是她始终没有这个胆量，因为她害怕自己的大脚踝与大脚会让别人耻笑。尽管她本人有一副上帝赐予的美妙歌喉，是一位天生的表演艺术家，但是她的那种过分的敏感性，始终揪着那些让她感到羞辱的事情不放。

这可能让她终身无法实现自己的理想。

有些人在强烈的自我意识中痛苦地挣扎，他们就好比一株含羞草，别人一触摸，就会立马收缩起来，别人必须时刻注意不去触碰他们的痛处。他们有许多敏感处，我们必须格外小心不去给他们添伤口。相比起他们，那些粗野之人，一个拳头可能都不算什么，但是他们却总能在自己的心灵里感受到别人的鄙视。最糟糕的是，他们还总是在找寻别人这种轻视自己的证据，对别人的一些无心之过耿耿于怀。

我认识一位颇有教养的女士。她的那些密友甚至是一些姐妹都必须时刻注意不去伤害她。她总是对别人的一些开玩笑的话语感到闷闷不乐，直到她将这种不悦感上升为一种对自己的侮辱。她在脑中臆想出别人的一些对自己轻视的话语，然后乐此不疲地去要求自己的朋友去就他们的一些表达方式、眼神以及手势进行详尽的解释。因为她的那种过分敏感所带来的专横，那些在一开始被她许多可亲的气质吸引的人很快就对她敬而远之。

对于那些在内心害怕被别人轻视或是开玩笑的人，我心中总是抱有深深的同情。因为，无论怎么说，他们都是最大的受害者。发生的事情总是能不断激起他们的疑心，让他们觉得自己又在被别人羞辱或耻笑了。若是在公共场合，没有人上去与他们讲话，他们就会马上觉得别人是故意看不起自己；如果邻居偶然没有向他们打招呼问好，他们就马上觉得别人是轻视自己，不把自己当一回事；如果别人的话语不当，他们就又觉得自己是被鄙视了；如果某个人在大笑或是某个善意的笑话传到他们的耳朵里，他们马上就觉得别人是在拿自己说笑话。总而言之，他们那种病态的自我意识让他们无论走到哪里，都觉得自己是一个痛苦的人。在商业上，特别是在社交生活上，他们是彻头彻尾的懦夫。

**有很多人敢在大炮口前走过，但是却没有勇气去与别人展开交流。羞怯与敏感的情感让他们失去了所有的自然感与本真。**他们在表面上表现得冷酷、保守与傲慢，但实际上，他们的内心却又是完全相反的。当在众人面前时，他们的内心饱受煎熬，他们会想象着自己被别人严厉的眼光审视，仿佛所有人都在审判着自己。

霍索恩曾是一个性情极为害羞的人。当他在街上走路的时候，他的双眼就会直盯着地面，生怕被别人认出。如果他看见任何认识自己的人，他就马上横过马路，避免与别人见面的那种尴尬。

我认识一些人，他们才思敏捷，学识渊博，可终生默默无闻，不被人赏识，甚至邻居们也对他们一无所知。他们独来独往，孤独度日，没有人能接近他们、了解他们，他们自己也让别人无法接近。尽管他们心存善意，可在他们身上总有一些东西排斥他人。他们乐于助人，可是常常被误解。他们过于怯弱、害羞，无法摆脱懦弱的外壳，破茧而出。

我的一位熟人，一位年轻智慧的女士，习惯住在乡下，很少外出。每当拜访城中的朋友时，她就苦恼万分。她总认为自己很扎眼，对城市礼仪一无所知，缺乏社交场合得体优雅的风度。与她共处时，朋友们竭尽所能取悦她，让她快乐起来，可毫无用处。她很害怕说错话、办错事，害怕对社交的无知让她尴尬，让朋友感到丢面子，因此她感觉每一分钟都如坐针毡。

她诉苦道，她越想轻松自然地与人交谈，越感觉自己土气、拘谨。待了几周后，她返回家里，还念念不忘自己的傻气。可一回到家后，这位女士就完全变了一个人，接人待物，自然大方，言谈之间，妙趣横生。她忘记了自我，放下了紧张的心情，可以栩栩如生地谈论乡下的生活、农场的经历。她深深热爱乡下，每当谈到它时，她都滔滔不绝。她总固执地认为，只有举足轻重的人才住在城里，只有默默无名的人才住在乡下。她认为，她了解的事情、热爱的东西，都粗鄙低俗，在文明社会中不值一提。她却完全不知道城里人喜欢听她谈论与城市截然不同的乡村生活。

**敏感的人常常被误解、被低估，其原因在于他们自身从未施展自己的魅力。**他们担心别人会对他们横挑竖拣、评头论足，没有如爱尔兰人所说的“把别人聚拢在一起的魅力”。他们这种自我谦避、内疚的态度是致命的，这会让他们变得低能，无法获得安适和快乐。如果不是为了逃避他人，他们会自由地融入社会，抓住时机，承担责任，不管责任多么令他们苦恼，也不管自己多么殚精竭虑地想逃避与人接触。如果不再躲在聚会或画室的角落里，如果不再担心自己的外表和举止，他们会迫使自己融入人流中，彻底克服自我意识。

如果他们好好思考一下，就会意识到，人们都非常关注自身的事情，并不会在意他们，而且 99% 的伤害根本就是无意的。牢记这些，会对消除障碍大有裨益。

一位日本著名的心理学家，对胆怯或害羞及其成因深有研究。一个贵族曾请这位心理学家治疗他胆怯的儿子。胆怯让这个年轻人洋相百出，痛苦不堪。比如，与人主动见面或接触会让他十分苦恼。他甚至害羞到有客人在场就无法把食物送入嘴里，要是有人看他，他就会常掉筷子，要不就把餐具连同食物一起碰到地上。此外，显赫的家庭地位让他时时受到关注，同时也更让他在公众场合窘相迭出。他因此而惴惴不安，于是变得越发敏感起来，最终患了难以遏制的顽疾。所有这些都是因为他自己想当然地认为大家瞧不起他，而因为这个缺陷，他永远不会有所成就。

这位贵族为了拯救他的儿子，便把儿子带到了心理学家那里进行治疗。贵族提醒心理学家说，你曾经见过这个年轻人。“你不记得了吗？”他说，“昨天，他可出尽了洋相。在我们朋友朗霍的家里，当介绍他时，他向大家施了个不合时宜、过于庄重的大礼。他说话结结巴巴，左顾右盼，就好像要逃跑似的。后来被地毯绊了一下，为避免摔倒，又扶了一下一张摆满瓷器的桌子，于是掀翻了桌子，瓷器稀里哗啦碎了一地，到后来只得仓皇逃走了。这就是我那个可怜的儿子啊！”

“真的吗？”教授说道，“我记得这件事，可是根本没把它当回事。”

年轻人的脸上马上露出了笑容。他知道还有人没把他当成十足的傻瓜，这令他非常高兴。

为了亲自观察并治疗这个年轻人，教授把他带到自己的家里，这样观察的时候就不会引起他注意了。教授躲在暗处，细细观察年轻人在独处时，比如在花园里，在室内或者在其他地方的表现。通过这种方式，教授了解到，当这个年轻人没有意识到有人关注他时，他根本就不笨拙，而且相当有魅力。

善良的教授竭尽所能帮助年轻人获得信心，放松他紧张的思想。他把年轻人像普通学生那样介绍给自己的朋友，而不是当成贵族家的儿子。这样，就隐藏了孩子的身份，让他从尴尬中解脱出来，同时也不会让他想起自己的弱点和父亲的责骂。

为了让年轻人忘记自己的缺点，教授刻意与他培养了一种友好、亲密的关系，在学习和娱乐中，给了他充分的自由，让他充分表达自己的想法。教授巧妙地发现了年轻人的兴趣，就鼓励他谈论这些话题，并拓展到其他方面。慢慢地，在年轻人不感觉反感的基础上，教授开始提及他的害羞问题，打消他的疑虑，说他与人沟通时的战战兢兢、颠三倒四、磕磕巴巴和痛苦心情，根本没有存在的理由，都是自己的凭空想象，只要他多想想自己，再高看自己一下，就很容易克服。教授殚精竭虑，娓娓道来，让年轻人认识到了自己的真正能力。教授告诉他，愚蠢的害羞行为会剥夺他的主动性、勇气、独立性和所有取得巨大成就的人该拥有的品质，会毁掉他终生的事业;他非常聪明，前途无限，未来对他意义重大，决不能自甘软弱，任凭无谓可怜的缺点击败自己，阻碍事业的发展，这是非常不值得的。教授刻意要求年轻人与人相处时忘记自己，把兴趣放在他人身上，放在谈话和做事上，努力取得别人的好感和青睐。

年轻人听从了教授的建议，努力按照教授所说做每一件事情。他特别记住了教授对他的开导。教授说他不笨，也不傻，相反，他很有魅力和能力。

起初，直接面对有意逃避的事情非常艰难，但是年轻人咬牙坚持了下来。慢慢地，他变得轻松自然起来，没有了窘迫和笨拙。他发现自己越来越愿意交谈了，行动、思想和表达越发轻松流畅了，对自己充满了信心。不到几个月，他几乎完全消除了那些曾威胁他整个人生事业的障碍，尤其克服了经常性的恐惧带来的折磨。

**一个人一心只关注自己，只关注自己的短处或弱点，就会一事无成，更不能充分展现自己。**这一点，无论从小的方面来说，还是从大的方面来说，都是绝对真理。因为在根本不关注自己时，我们就能竭尽全力，不但能做好小事，而且能做好大事。一旦过度地考虑自己，就总会像缝纽扣那样，找不到扣眼。一位大学校长说，妻子做针线活时，他问妻子他为什么针总是穿不进扣眼。妻子回答道，她从没遇到这样的事情。可后来，妻子说她在缝纽扣的时候也遇到了同样的问题。她意识到了针穿不进扣眼的事情，就非常在意这件事，反而穿不进去了。

脸红是思想在身体上的生动反映。即使一点点恐惧的想法也会让血管中的神经末梢出现紊乱。为什么脚上的神经末梢不会紊乱呢？因为它们没有露在外面，我们没有意识到它们。害怕脸红的恐惧让面部血管周围的神经末梢无法工作，于是血管扩张，额外的血就会涌入。

我曾经认识一个女孩，要是有人在餐桌旁或其他地方注意她，或者她想说话时有人看她，她都会羞红了脸。她说，只要她稍一迟疑，一个念头就闪现出来："我脸要红了，我脸要红了，我想我脸要红了。"她的脸当然就红了。这是因为害怕脸红的想法使面部血管周围的神经末梢麻木，导致血往上涌，脸自然就红了。

如果每一件无关紧要之事都令脸色通红，这个习惯的确令人尴尬，同时也妨碍敏感人士的发展。因为他们害怕讲话，也害怕有人跟自己讲话，唯恐血往上涌。这种现象令他们自己也非常恼火和困惑。不过，因为它由心生，所以同样可用心治。

我想起一个女孩的故事。她的自我意识过强，甚至有些病态，对自己极其没信心。每当有人提到她的名字，尤其将她的名字和一个男生联系起来时，即使毫无关联，她也会面红耳赤，羞臊不已。有一次，有人提到了一个男孩的名字，他和一个丑闻有染，结果这个女孩脸红了起来。妈妈注意到，一提到这个男孩，女儿就脸红，而且是一脸困惑。这引起了妈妈的怀疑。后来，妈妈惴惴不安起来，怀疑女孩与男孩有牵连。这让女孩非常生气，十分痛苦。很长时间，女孩都生活在高度恐惧中，担心家里人把男孩与自己联系起来。她变得神经兮兮，健康状况日益下降。

经过几个月的痛苦之后，女孩再也承受不住了，决心咨询心理学家。这位心理学家专门研究非正常精神状况。不久，他就帮助女孩克服了脸红的毛病。不管怎么提及男孩，即使在出乎意料的时刻，在不经意间，女孩都习以为常，再也不感觉尴尬或羞涩了。

孩子的思想可塑性强，易受他人意见的左右，父母和老师可以非常容易地帮助他们克服害羞的倾向。不要反复提及和强调孩子的弱点，相反，要使孩子相信自己。让他确信，自己身上有着非同寻常之处，不必害怕他人，人们并没有时时盯着他看，不要太在意自己的所言所行。鼓励他与其他孩子交往，与他们一起游戏。与人谈话时，要坦率、大胆地回答问题，无论在什么地方，都要自然大方。要让他有这样的印象：与他交往的人像家里人一样友好善良，跟他们谈话就如同与自己的父母谈话一样轻松自如。这样，就能彻底治愈孩子们的害羞、胆怯和自我逃避的毛病。

许多父母不懂策略，没有掌握正确的方法，经常会无意地暴露孩子身上原本突出的弱点。如果父亲经常严肃地提及孩子害羞的毛病或所谓的“愚蠢的行为”，并严厉责备孩子，那么，很多孩子的事业就会受到沉重的打击。我见过一位父亲，因孩子害怕见生人，在有生人在场时表现得笨拙、懦弱，他就狠狠地鞭打孩子。这对孩子的自信心和自尊心的打击都是致命的，而自信心和自尊心都为人所具有的弥足珍贵的品质。扼杀孩子的自信心，几乎等于扼杀孩子的事业于起点。要让孩子相信自己，否则他永远不会有所作为。

对于胆怯、自尊心过强的孩子，有他人在场时，永远不要粗暴地驳斥他，严厉地责备他，也不要提及他的缺点。相反，要尽可能地积极鼓励他，让他对自己有信心，保持良好的心态。

培养有胆怯倾向的孩子的自信心、自尊心、进取心和勇气会对孩子的未来起到至关重要的作用，关系到成功与失败、荣与辱。这样的培养尤其对于克服有胆怯、敏感的孩子所忍受的痛苦更为重要。假如所有的父母都意识到这一点，世界上就会有更多快乐、成功的人。

不久前，我到一户人家做客。他家有一个极其敏感、怯弱的男孩。妈妈总是当着客人的面不断提到这个孩子多么害羞，每提一次，孩子的脸就羞红一次。当然，有了这样的遭遇，再让孩子表现自如是根本不可能的了。越提到孩子的胆怯，大家就会越关注孩子的表现，很自然地，孩子的戒备心理就增强了。

反之，妈妈可以不使自己的儿子感觉难堪，叫他出来时，不让人注意到他的弱点，这样对孩子非常有益。些许表扬和欣赏，一点点鼓励，都可以让孩子在陌生人面前轻松自然地表现自己，对培养孩子的自信心，改正弱点，都大有裨益。可是，妈妈却做了最不该做的事情，就好比大呼小叫地让客人们注意孩子的缺陷，而这正是孩子最不想让人看见的。让他人关注一个人原本就敏感的性格，在众人面前呵斥孩子，这种行为令人厌恶，也是很残忍的事情。

永远不要轻视胆怯的孩子，要小心翼翼地对待他，不要强迫他做任何让他感到受蔑视或伤害自尊心的事情。一个孩子，尤其是敏感的孩子，永远不该在众人面前受到羞辱。对恰当的培养方法的无知，很容易毁掉一个敏感孩子年轻的生命，也许还会让他终生受挫。

我认识一个小女孩，从幼时起，家里人就说她长得丑、害羞、笨拙，所以她确定自己不会有什么出息。她感觉自己永远不可能漂亮起来，就像提到过的日本青年一样，在成年前她一直尽可能地远离人群。她对自己非常失望，拒绝继续上学，也不花心思改变自己。她心情苦闷，认为做什么都毫无用处。她觉得自己没有魅力，不能吸引他人，也没有人想要她。于是她想还不如听天由命。她就这样一直被失望的情绪笼罩着。一天，她看到了一本有关“新理念”的书，书中阐述了这样的观点：通过提高自己的思想素质，靠智慧是可以吸引大家的，而且，通过这样的方式人们就会忘记一个人平庸的脸蛋和普通的外表。

其实，这个女孩天生具有非常强的社交能力，只是没有培养起来。“新理念”书上所讲的道理开启了她未来的大门，让她充满了从未体验过的希望和勇气。她以极大的热情着手阅读书籍，专心研究，提高自己的素质。她开始留心自己的衣着打扮，她决心要让人们喜欢她。因此，她努力使自己变得随和起来，与人交谈就好像与家人交谈一样轻松自如。她抬头挺胸，努力忘记自己平庸的外表。慢慢地，事情发生了转变，她成为周围邻居眼中最受欢迎的人。她谈吐高雅，妙趣横生，无论出现在哪个社交聚会，周围都拥簇一大群人。这位年轻的女士通过实践新思维，整个人发生了天翻地覆的变化。

过强的自我意识常让人感觉窘迫，伤害人的感情，阻碍人的发展。如果你处于同样的境地，你可以效仿那位女士的做法。一旦发现自己有胆怯的迹象，缺乏勇气和主动性，在任何地方都羞于表达，有人在时就脸红，说话结巴，那么，只要你发挥主观能动性，鼓起勇气，文雅得体，落落大方，你就可以克服所有的这些缺点，培养原本匮乏的品质。另外，还要不断地在内心暗示自己有勇气和英雄主义精神，坚决否认自己懦弱、胆小，否认自己害怕在公众场合或在陌生人面前说话拘谨。要坚定信心，相信自己很勇敢，不惧怕做任何自己认为该做的事情。

在人生的每个场合都缩头缩脑、藏在暗处的人，永远不会成为领袖。想要成功，必须培养自己的领袖气质。总是待在背景里的人，永远都无法成功。举个例来说，如果身遭自我贬低的诅咒，如果感觉怀才不遇，就要把自己想象成为罗斯福，或者某个对自己有极高自信、坚决果敢的人，或者某个在任何情况下都气定神闲的人，或者某个在任何场合都无所畏惧、泰然自若的人。走在大街上，要有这种感觉：你就是那些人，挺胸抬头，目光坚定，举止果敢，把自己当成大人物，受人敬仰，受人尊重，受人关注。与同伴一起走路时，要刻意锻炼自己，表现出勇气、自信和信心。同样，与人讲话要侃侃而谈，进入房间要步态优美，表现得要像日常做事一样轻松自然。

如果雄心勃勃想成为一名歌唱家、一个演说家，或者某个极其需要冷静和信心的人，就要锻炼自己，把自己想象成心目中的歌唱家、演说家或者什么家。当你非常胆小、不敢表现自己、不敢把自己推到公众面前的时候，这种方法最有效。

我认识一位音乐教师，他就是以这种方式治愈了学生的害羞症和自我贬低症。他让学生每天站在镜子面前对自己说："我就是伟大的歌唱家卡鲁索（或诺迪卡）。我将展示给世界非凡的才能。我天生就是歌唱家。我决不允许自己站在公众面前时产生讨厌的胆怯、懦弱和恐惧的情绪，从而扼杀自己的才能，剥夺自己与生俱来的才华。"

**你如何评价自己，世界就如何评价你。**总待在后面，世界就理所当然地认为你属于那里，会认为你待在那里，就是因为你没有能力冲在前面。期望走向前台，必须自己努力向前，没有人会把你推到前面。比如说，"这么多年来，我一直受到鼓励，上天希望我是一幅杰作，我可不想就因为过分敏感自毁前程。我一定要克服它。无论多么痛苦，无论我勇敢与否，我一定要迫使自己昂首向前。我知道，这是治疗弱点的唯一有效的办法。我要向人们展示，我决不是他们眼中的失败者、默默无名的人、心态畸形的人。我要向人们宣告，我具有走在前面的力量和品质。"

## 赢法定律 6 ╱ 做伟大的专注者

如果一个人想在他短暂的一生中成就一番伟业，他就必须把全部精力、注意力投入到自己的工作中去。

——梭罗

在每个成功人士的背后都有三大品质——自信、执着和专注，其中最重要的就是专注。对此，卡莱尔曾说过："**只要你专注于一件事情上，即使是最弱小的人，也能取得很大成就；而如果把全部精力都耗费到许多事情上，就算是很有能力的强者也必将一事无成。**"

所有取得伟大成就的人都有一个共同的特点，那就是毫不动摇地专注于实现一个目标，为此，他们牺牲了很多与目标相冲突的美好追求和愿望。

我们所处的时代是一个既凸显专业个性，又充满各个专业紧密配合的高科技、高领域的伟大时代。在当今社会的任何领域取得成功的人都会信守这样一个座右铭："这是我唯一要做的事情。"这一信条也在现实生活中让很多人坚信并履行。当然，我所说的这些人并不是指那些见识浅薄、头脑里只容得下一种思维、一种想法的简单的人，而是指那些既学识广博，又在某一专业上有所建树的人。

这个世界会给想实现自己目标的人让路。成功的秘诀就是要调动自己的全部力量，全身心地投入到学习工作中、投入到毕生的追求中去。让一切有价值的拼搏奋斗在自己专注追求的道路上绽放出令人赞叹的光彩吧！一个高效的、高质量的生活就是一个专注的、集中精力的生活，一个由既单一又远大、既枯燥又宏伟的目标统摄的生活。也许你有很多弱点，知识不那么渊博精深，力量不那么震撼强大，但不管你有什么弱点，若想成功，你的骨子里总要有这样一种性格，那就是在拼搏奋斗中，能够把全部思想、全部精力、全部能量都集中到一个既定的目标上。也许你缺少许多优秀的品质，但只要你把全部思维集中起来、全部精力凝聚起来、全部能量调动起来，你就一定会成功。这就是起决定性作用的专注的力量，这就是成功人士特具的优秀品格。

大象既可以用鼻子捡起一根大头针，也可以用鼻子连根拔起一棵树，这是因为它调动了全身的力量、集中了全部的精力和注意力，把所有力量作用于一点上。炸弹中所含有的炸药量，与一卡车散放着的炸药量相比，相差悬殊，但炸弹爆炸后所产生的威力，却远远超过一卡车散放着的炸药爆炸时所产生的威力。

只要集中精力，一个天才取得的成绩要高于十个天才。这个世界上所有杰出的发明家、科学家，所有知名人士都认为自己成功的原因就在于能够集中注意力，专注地去为实现一个目标而奋力拼搏。那些本来具有非凡能力和远大前程的人就是没能做到这一点，所以成了前进中的落伍者。

拿破仑伟业成功的关键之一是他能够做到集中，他巧妙地调动一批又一批兵力，把主要兵力集中起来，猛烈攻击敌人的薄弱环节，打得敌人丢盔弃甲，因此，在战场上他总是所向披靡。拿破仑的做事风格是，一旦下定决心，他就全神贯注地向既定目标奋进，他会抛弃所有繁杂琐事，任何人、任何事情都无法阻挡他。

格兰特将军也有类似性格，在加入南北战争时，他就已下定决心，绝不退出这场战争。不论来自华盛顿方面的批评，还是来自其他将军的指责，他都坚持沿着自己确定的道路战斗到底。目标已定，绝不动摇，最终，他战功显赫、声名远扬。

小威廉·皮特的人生之路也走得十分专注坚定。他一生为政治权力而活，为政治权力而死。小威廉的父亲是位杰出的人士，受父亲影响，儿时的小威廉就有要创一番大业的理想。大学四年中，他勤奋刻苦读书，积极参与社会活动。由于成绩优秀，表现突出，毕业后，直接进入到众议院工作。小威廉目光敏锐，能力突出，表现出众，因而工作业绩突出。两年后，他被调到英国政府的核心部门——财政部任要职，三年后当选为英国首相。在他任英国首相的二十年间，英国的政治、经济都有了飞速发展。为了政治，小威廉完全忽略了生活中目标之外的其他欲望，忽略了爱情，远离了酷爱的文学、艺术，他生活、工作的唯一目的就是要牢牢掌握国家的政治权力，让英国更加富有、更加强大。

当犹太人在英国还遭受歧视时，当犹太人还没有资格在社会上崭露头角、取得地位时，年轻的本杰明·迪斯雷利就决心要成为英国议会的领袖。他说："只要我能够得到这个位置，就没有什么痛苦不能忍受。只要能实现我的目的，就没有什么道路我不能走的。我不在乎那无数个不眠之夜的辛苦，不在乎那无数次拼搏奋斗的艰难，只要能得到它，就是我最大的满足与快乐。"实际上，他的确为自己的目标付出了巨大代价，做出了巨大牺牲。所有对他种族的辱骂、声誉的诽谤，所有来自其他议员的奚落、高官的嘲笑，都未曾削弱这个年轻人的勃勃雄心，也未曾动摇过他要成为全英国人民领袖的梦想。当本杰明第一次站在议会演讲台上时，台下嘘声一片，但他没有丝毫胆怯、没有丝毫退让，而是非常坚定自信地告诉大家："先生们，你们听我指挥的日子即将来到了！"正是这专注坚定的目标、机智过人的胆识、沉稳自信的性格帮助他登上了英国政权的顶峰。这个曾经让人瞧不起的无名小卒，一个饱受屈辱的犹太人，完全有理由为自己所取得的巨大成就而感到骄傲和自豪。

维克多·雨果创作时，正赶上1830年法国七月革命时期，雨果把自己关进房间，锁紧门窗，以防止自己禁不住繁华都市的诱惑而走上街头。整整一个冬季，他把自己裹在大棉被里，将全部精力投入到创作当中。就算外面的枪炮声也影响不了他创作的思路，结冰的室温也阻止不了他创作的欲望。房屋虽小，却充满了他作品中那一幕幕动人的场景；人虽孤独，却时刻有拉·爱丝美拉达相伴。他无声地参与着、设计着、表演着、品味着、回忆着，并夜以继日地用文字把这些感人的场面记录下来。冬去春来，《巴黎圣母院》终于面世了。随后，这部作品轰动了法国、轰动了欧洲、轰动了全世界。

**任何力量都替代不了全身心地投入工作时所产生的力量，勤奋不能，天赋不能，苦干不能，说服和教育也不能。**只有全身心地投入，才能产生巨大的效能，这就是专注所具有的独特力量。成功的人士之所以能成功，就在于他们能预先想好自己要走的人生之路，并确定方案、制订计划、分步实施，坚定不移地在这条道路上走下去。许多失败的人，如果他们能够把自己零散的、盲目的努力与拼搏都用到去做一件事情上，他们就不会成为失败的人。一个伟大的目标赋予了我们生活重大的意义，把我们所有的能量统一到一个点上，把许多条力量拧成了一股绳，把之前看似脆弱、零散的东西结合成为一个强大的整体，最终把成功的硕果紧紧收入自己的囊中。

辛勤的园丁在初春把那些翠绿的枝条狠心地剪掉，这看起来像是伤害了小树，实则是在帮助小树更顺利地生长壮大。因为，小树的根部通过其主干输送到枝叶的水分、养分是一定的、有限的，不能满足所有的枝叶和果实生长所需要。倘若多余的枝叶太多，小树只会长得七扭八歪，永远也成不了材，更别想结出丰硕的果实。因此，提前剪掉无用的枝条，是有价值的牺牲舍弃，是十分值得的、有必要的，只有这样，小树才最有希望长成有用之材。对于菊花也是如此，未经修剪、散乱地蔓生着的菊花，即使到了秋天，它生长得也还是那样瘦小枯干，开着无精打采的小花，既不芳香也不娇艳。但若提前在春天对它进行修剪，保留有用的枝叶，剪去无用的枝条，菊花根部输送给全身的水分、养分就会变得很充足、饱满，到了秋天，它才会长得枝繁叶茂、姹紫嫣红、芳香扑鼻。

对于人来说也是如此。如果你想成为有用之才，就必须勇敢果断地使用那把帮助你成才的剪刀，剪掉身上那些散懒、怠惰的坏毛病、坏习惯，通过坚持不懈地努力拼搏奋斗，不断地增长自己的才干，使自己成为知识渊博精深之人、技能高超精湛之人，这样才会成为人类社会大有作为的栋梁之才。

为此，我们必须清楚地意识到最有价值、最有意义的生活。这就是在明确的目标指引下一心一意拼搏奋斗的生活。当一个人为了一个目标而顽强拼搏奋斗时，他的声音就会变得铿锵有力，他的举止就会显得高雅大方，他的外表就会文质彬彬。一个想在这个世界上成就一番伟业的人，必须首先在自己所走的人生之路上确定一个奋斗的目标，并全力以赴为实现这个目标而专注地奉献毕生精力。这个世界只会给那些目标明确，并勇于实现目标的人让路。当一个人为奋斗的目标而达到忘我的程度时，他无论如何都不会偏离自己的奋斗方向，除非他在这个世界上消失。否则你遇到他时，只能躲到一旁给他让路。他的投入、他的专注、他的忘我会增加你对他的敬佩之心和成功必胜的信心。

一个人能够克服重重困难、披荆斩棘、始终如一地朝着自己既定的目标，一步一个脚印地向前迈进，这是一个多么令人钦佩的场面啊！世上所有的坎坷、磨难在他的脚下都成了垫脚石。一次次的跌爬滚打、一次次的挫折失败，不但没有打垮他、挫败他，反而使他的信心更足、拼劲更高、方法更新、步伐更灵活坚定，困难的阻挡使他的努力倍增，跌倒又爬了起来使他勇气更足。

美国前总统艾略特曾说过：**“那些学业、事业有成的人，最突出的特点就在于他们能集中精力、迅速行动、持之以恒追求自己确定的目标。”**而我们许多学业、事业无成的人，最大的弱点就在于从小没有养成集中精力、迅速行动、持之以恒地追求目标的好习惯。对于大、中、小学生的培养也是如此，要创造性地开发、培养、锻炼学生的各种能力，并把这些能力结合起来，让他们专注持久地去做一件事情，向一个目标奋力拼搏。因为成功是要靠专注的精神与力量来取得的。

一个人集中精力一小时做出的业绩、创造的价值，远远超过那些思维怠惰、行动懒散的人花一年时间所做出的业绩、创造的价值。在纽约，有的人每天在办公室工作的时间只有两三个小时，但他们创出的业绩却非常巨大；也有很多人整天起早贪黑、加班加点地工作，付出了大量的体力与精力，但他们的工作业绩却平淡无奇。同样是上班下班，同样是一日三餐，同样是拼搏奋斗，每个人却因其思维集中与否、精力专注与否而有了如此不同的工作业绩。环视你周围各行各业的人，你就会发现，那些注意力集中、决策力强，能够审时度势从问题核心出发的人，其做事的成功率远远高过那些随心所欲、草率行事的人。就像美术大师在艺术作品的创作中非常专注集中，他们大胆、细腻的几笔所产生的艺术价值，就远远超过了那些平凡的画匠描摹绘制了几年所创造的艺术价值。很多人一生业绩平平成就甚微，其原因就在于他们没有全身心地投入到工作中去，只把一半的精力放了进去，而另一半精力却浪费在吃喝玩乐、悠闲度日中。这好比一个人坐在钢琴前机械地弹奏着乐曲，脑袋里想的却是房价行情怎么样？股票是涨还是跌了？那么，他弹奏的曲子一定不成调。

因此，专注是最有效的工作方式。没有专注，就没有事业的成功。拼搏奋斗中，事先在脑海中设计出远大的理想，勾画出想要实现的美好蓝图，想象目标实现后那美好幸福的情景，就一定能肩负起创造美好未来生活的重任，一步一个脚印、全神贯注地迈好人生之路的每一步，这样，便会离美好的梦想更近一步。要想成为强者，那就把全部身心、全部力量投入到工作中去吧！如果你能在一段时间内只专心做一件事，斩断旁枝末节、抛弃所有的忧虑、烦恼、恐惧，全身心地专注到你所从事的工作中去，不久的将来，成功的花环必将戴在你的头上，人们都会敬佩你、称赞你、祝贺你，向你投去赞许的目光。请记住这样一句话："不论做什么，都得用心用力去做，切不可三心二意。"

如果你细心观察，你就会发现照射到地面一小块面积上的阳光，看似很平常，可只要把这些阳光集中在一点上它就能融化世界上最坚硬的物质——钻石，但若分散开来，这些阳光甚至连易燃的柴草也休想点着。所以那些失败的人、那些成绩平庸的人，如果在一条道路上专注地拼搏奋斗下去，是可以取得辉煌成就的。可他们一会儿干点儿这，一会儿干点儿那，今天玩股票，明天做水产批发商，后天圈地搞房地产，他们虽然投入了大量的精力、物力、财力，但最终还是两手空空地面对家人、面对亲朋好友、面对顶头上司。回头看看这些失败的人，你能说他们没有远大目标吗？能说他们没有拼搏奋斗吗？能说他们没有全力以赴吗？不能。

他们失败的主要原因就是：目标不专一、精力不专一、财力不专一。正是因为没有专心致志的习惯，没有目标专一的品质，许多本来有希望、有能力成就大业的人，最终都没能成功。他们总试图同时开展几样事业，致使他们的注意力和精力不能集中于主要事业上。多数人就这样把自己美好的事业毁于旁门左道，毁于只想赚些钱的愿望上，毁于不知道自己的精力一旦集中于某一件事情上将会产生多大的力量上，这种无功绩、无成果的拼搏奋斗多么可惜啊！

## 赢法定律 7 ／抓住决定未来的今天

如果一个人能够意识到昨天已经一去不复返了，今天才最为重要，未来的一切都必须从今天开始，那就说明他是位聪明人。

——马登

今天，对于我们的人生来说是最重要的一天。

不要一味地痛惜过去，或只在脑海中憧憬着美好的未来。要抓住现在的每一分每一秒，从中吸取经验教训。立即行动起来吧！在今天，我们要绘制出自己未来的人生蓝图，编织出自己未来的生命之网。

有人问著名雕塑家沃德："你最棒的作品是什么？"

沃德回答道："是我的下一个作品。"

同样，如果我们想将生命化作最杰出的艺术作品，就要把每一天都设计成最精美的一天，把每一天都雕塑成最完美的一天。

那些因发明制造出令人赞不绝口的马赛克、精美绝伦的彩绘玻璃而声名远扬的建筑材料大师，在选取建材原料时，既要考虑原材料的产地，又要看材料的质量；既要照顾到材料颜色的完美组合，又要考虑到材料内部成分的合理搭配。为此，在工作中他们十分细心，甚至到了挑剔尖刻的程度。他们认为，为了保证每一块材料都完美无瑕，就算付出再多的精力、下再大的功夫都是值得的。想一想，如果这些大师没有一丝不苟、精益求精、不辞辛劳的工作态度，而是随意地组合、搭配、使用材料，那么世界上哪里还能有那些震古烁今的伟大艺术建筑，哪里还有盛名世界的艺术建筑大师呢？

时间对整个人生来说是很宝贵的，它每次只给我们一瞬间，一旦这一瞬间消逝而过，任何人都不可能重头再来，也不可能提前走完那即将到来的一瞬间。钟摆正在摇摆的现在，才是唯一能够确定、能够思考、能够斟酌、能够改造、能够利用的时间。既然如此，为什么不改变以前满不在乎、毫不珍惜这一瞬间的态度，把它塑造成完美无缺、无一丝遗憾、无半点悔恨的一瞬间呢？为什么不在这短暂的一瞬间中，及时挖掘出自己潜在的巨大价值，使我们没有惋惜只有愿望、没有失误只有成就、没有失败只有成功、踏实喜悦、一步步地走在自己的人生之路上呢？大多数人，特别是那些中老年的朋友常常悔悟到，现实生活和他们以前预想的不一样，年轻时不切合实际的空想，到头来只会是黄粱美梦一场。其实，他们梦想破裂的主要原因，就是他们从小没有养成充分利用时间的好习惯，所以才有了今天的悔悟与惋惜，对自己已走过的人生之路颇感不如意。因此要充分利用好"此时此刻"，因为它是我们人生的效率、成绩、品格、幸福、成功的源泉。

"来日"不在日历上，"马上"也不在日历上，"下周"更不在日历上，"昨天""上周""上月""去年""前年"都不在日历上。在任何人的日历中，"今天"是唯一的，并且将永远是唯一标注在日历上的日子。逝者已不复存在，来者也尚未现身，当今存活的人，只能存活在"现在"之中。如果一个人能够意识到昨天已经一去不复返，今天才最为重要，那就说明他是位聪明人。未来的一切都必须从今天开始，正确地利用好所度过的每一分钟，那么生命将始终充满奋进的激情！始终充满成功的喜悦！始终充满幸福的歌声！

让人生旅途上的每一分每一秒都过得充实完美吧！让人生之路上的每一段旅程都过得有始有终吧！那样，生命的每一个时期都会有硕果累累的喜人情景。这是我们人类的睿智者，是珍爱生命、充分利用生命的最有效方法。而活在今天，不是昨天、不是明天、更不是后天，才是获得成功与幸福的唯一做法。

**不论过去怎样失败，不论经历了多少挫折，只要下定决心从现在开始充分利用好今天，成功的日子定会到来。**这就是成功者的智慧，这就是成功者的实际行动。如果能做到在一天之内不担忧焦虑，不论遇到什么事情都能心态平和地对待、解决，不发火、不马马虎虎、不粗心大意地做事，那么，在这一天中就会有巨大的进步，取得巨大的收获。如果能这样做上一天，就可以坚持两天、三天……并且每一天都会有可喜的成绩，都会有不断支撑我们坚持下去的勇气和力量，这样，才会心想事成、捷报频传。记住，养成习惯把生命的每一天都打造得成功胜利。有了每一天的成功，才会有整个生命的成功。

我们的忧愁在今天，我们的欢乐也在今天。在这个大千世界里，最现实的生活是什么？答案就是今天。那么，我们是否也可以这样去理解：生活的今天，就是从过去一路走来，到了今天，再一路走下去，奔向未来。最现实的生活、最有价值的生活、最能够把握住的生活，其实就是这短暂的今天。这一闪即逝的今天包含着现实生活中的喜怒哀乐、悲欢离合；这一闪即逝的今天，就是人生的全部。生活中的欢乐与忧愁、幸福与痛苦、成功与失败，皆显示在这一闪即逝的今天。

未来是什么样，全看今天的表现如何。有什么样的今天，就有什么样的未来。因此，要认真、勤奋、充实、自强不息地过好每一个今天，让每一天都成为永不后悔的、心满意足的一天。每天清晨，从总统到平民百姓，人人都会得到一台崭新的照相机，它拍下我们这一天所有的行为举止。这些内容一旦被拍下来，就都将无法抹掉，并在未来的日子里被不断地复制、传播，成为我们的习惯，成为我们的品格，成为我们的名声，成为我们的业绩。它的储存卡里，有愉悦的歌曲，有祈祷的诗篇，还有奋斗的誓言。它可以拍下我们的爱，拍下我们的恨，拍下我们的感恩，拍下我们的无情，拍下我们的赞美，拍下我们的诽谤……我们的形象是美丽还是丑陋，我们的奋斗是成功还是失败，都取决于今天我们的表现如何。

因此，一定要充分利用好这难得的今天，把握住这一闪即逝的今天，让每一天都过得无怨无悔，让每一天都过得成绩喜人。要把这美好的今天，化作一曲和谐优美的旋律，让思绪、身体在这和谐优美的旋律中，幸福快乐地翩翩起舞。调动起全部的才能，发挥出全部的智慧，去实现那美好的目标。此时此刻，要下定决心同所有阻挠、干扰我们进步的敌人作斗争，绝不允许消极、懒惰、怯懦的病毒侵入体内，影响聪明睿智的思绪，扰乱钢铁般的意志，打乱奋力进取的步伐。现在就在这精神王国的大门口立下这块牌子：今天我很忙，没时间招待与成功幸福为敌的人，没工夫倾听任何无助于我实现成功幸福的信息。

**人生的每一天从睁开双眼开始，清晨只要一睁开双眼，人生的脚步便开始迈起。**要想让这一天过得充实、有收获，就要在醒来之时暗下决心，不要让这一天留下悔恨的回忆，不要让自己走回头路，并把这一决心化作实际行动，落实到每一个前进的步伐中。

一位事业有成的朋友说，每天早晨出门前他都下决心，晚上回来时，一定要感到比早晨有更多收获，今天的表现，一定要比昨天更出色。正因为他把每天都当作不平凡、有价值的一天，所以他才成为事业有成的成功人士。每一天将过得怎样完全取决于早晨睁开双眼的那一刻。早晨醒来时，想让今天过得欢天喜地，那将能欢天喜地度过今天；早晨醒来时想让今天过得醉生梦死，那将会醉生梦死地度过今天。早晨有什么样的设想，就会有什么样的一天。

为了美好理想的实现，为了伟大事业的成功，一定要以昂扬向上的精神状态、积极进取的拼搏斗志，去迎接每天早晨睁开双眼的那一刻。不论这些自我暗示起初多么勉强机械，它都会在头脑中留下印记，一段时间之后，自然就会拥有勇敢、奋力进取的劲头。长此以往，每天清晨就可以很轻松地想起这些话，就像每天穿衣服一样自然。这些激励的话语会让人能够和崇高的理想融合在一起，唱出最动听的胜利赞歌。相反，如果每天早晨一睁开双眼，就想那些憋气之事、愤恨之事、伤心之事，那么，一整天的精神状态就都会被这可怕的氛围笼罩着，人生之路将时时跌跤、处处碰壁。要记住，早晨积极向上的自我激励，能够成倍地提高一天的工作业绩，早日实现成功的愿望。

人生奋斗中，一定要让自己的行动和宏伟志向融为一体，时刻牢记美好的愿望和远大的抱负，想象愿望实现时将是一个多么幸福美好的情景，并将这一美好的想象付诸现实、具体的行动中。在幸福美好的憧憬中，切不可有一点点退缩与怯懦，更不可掺入一丝贪婪与自私，否则那美好的愿望和远大的抱负将毁于一旦，一切拼搏奋斗都将前功尽弃。一定要相信自己也是一位伟大的成功人士，时时激励自己，成功的日子就在美好的明天。要经常提醒自己，让每一天都过得有意义，充分利用好擦身而过的每一分每一秒，多做一些有助于奋斗成功、有助于实现远大目标的事，让勤奋刻苦、永不松懈、坚定不移、持之以恒时刻陪伴自己，让懒散娇气、吃喝玩乐、花天酒地永远远离自己。这样，付出的努力一定会达到事半功倍的成效，将我们送入那金碧辉煌的成功殿堂。

朱莉亚·西顿博士说："思想就是工具，生活要靠它来塑造。每小时，我们都能站在半成品的自己面前，用比精密仪器还精良的工具——头脑，来雕刻塑造自己的人生，刻画出我们的言谈话语、行为举止和美好的理想，也刻画出罪恶的目的、肮脏的勾当。"

那些没有远大理想、不想干一番大事业、不想让自己的人生轰轰烈烈的凡夫俗子，他们最大的弱点就在于，把远大目标的实现看成是遥远神秘、不可触及的未来，因而就干脆当一天和尚撞一天钟，不去越雷池一步。他们总是把人生的遭遇看成是命中注定的事儿，认识不到每一天的所作所为对整个人生有着多么巨大的影响。

必须清醒地认识到，人生的成功与幸福，是在奋斗拼搏中用汗水一点一滴浇灌出来的，绝不可能一蹴而就。一曝十寒的结果必将是像龟兔赛跑中的兔子一样，永远是个失败者。奋斗中要用高昂的斗志、积极热情且快乐饱满的精神状态迎接每一次挑战。没有高昂的斗志，就不可能有坚定奋进的步伐；没有快乐饱满的精神状态，就不可能有高效快速的奋进速度。快乐意味着和谐，只有和谐才能带来长久，只有长久才能保证持之以恒、有始有终地拼搏奋斗。在奋斗中，还要有能够适应千变万化生存条件的能力，在想办法改变外界条件的基础上，更要想办法适应它，切不可挑剔抱怨那些不利于生存发展、阻碍拼搏奋进的环境。一味抱怨只会干扰、影响奋斗的质量，直至把你拖入失败的泥潭。

我的一位朋友就是这样。他知道如何才能更好地适应多变的社会环境，无论运气是好是坏、无论工作进展是快是慢，他总能看到令人鼓舞的希望。一战时期的欧洲，经济萎缩、市场萧条，人们正常生活的必需品都无法得到保障，整个欧洲人心惶惶，我的这个朋友却能够保持振作的精神。每当我问他近况如何时，他总是说："哦，很棒！一切顺利。当然了，生意是没有战前好，但我很知足，很幸运，终归我的房屋没有被炸，我的亲人没有死去。我每天都在庆幸我还拥有我的房屋、我的家人。"接着，他就会以很振奋的口气说："只要我们还有足够的食物、保暖的衣服、安全的住所，少挣些钱算得了什么呢？难道我们还需要其他的东西吗？家人健在、身体安康，就是我最大的满足。我应该感激能够让我平安生活的这片土地。我们有更多的东西值得感激而不是抱怨。"与这位朋友相交多年，我从没听他抱怨过什么，甚至连抱怨天气不好、埋怨交通不便的话语也从未听他说过。正因为他有这样知足乐观的生存态度，他的生活非常温馨幸福。

我的另外一个朋友却恰恰相反。不久前遇到他，我问候道："布兰克先生，最近可好啊？"

"哎，别提了，惨透了！我生意垮了，这回真是彻底完了！彻底完了！什么也干不了，越来越糟。我的那些老客户生意萧条，供给他们的产品在工厂的仓库已经积压半年了，怎么办啊！只有停止生产，关闭工厂。做生意怎么老是这样不顺！”

我经常遇到布兰克先生，他总是在抱怨。在他看来，天气没有一天是好的，工厂的效益没有一天是让他高兴的，家人做的事没有一件是让他感到舒心满意的，要么儿子不争气了，要么女儿选错了郎君，要么妻子不会操持家务。他整天生活在抱怨中，生活在牢骚中，好像整个世界就跟他一个人过不去。时隔不久，工厂倒闭，妻子、儿女也相继离他而去，他更加怨恨世界的不公，结果一病不起，最终孤独地死去。

前面我的两位朋友对待人生的态度完全不同，一个是知足常乐、积极向上，结果事业有成、生活幸福；一个是满腹牢骚、不断抱怨，结果事业失败、一蹶不振。积极的心态，让人越活越高兴，越活越年轻；悲观的心态，让人越活越低靡，越活越颓废。积极向上的生存态度，对于成功起着多么重要的作用啊！戴着不同颜色的眼镜仰望天空，就能看到不同颜色的天空：戴着灰色的镜片看到的天空就是灰色的，戴着粉红色的镜片看到的天空就是粉红色的。一个人在预想未来时，困难想多了，困难自然而然地就来了；成就想多了，成就自然而然地就来了。生存中，一个人的精神状态和他的生活质量，和他的前进后退、成功失败，有着紧密的联系。

爱默生说：“**在心中记住这句话：每一天都是一年中最棒的一天，每一天都是最华丽的一天，每一天都是魅力无穷的一天。让那些颓废、惰怠、懒散的影子见鬼去吧！**”

要想充分利用好每一天，就要在每天早晨出发前怀抱着一种渴求的精神状态，满怀希望地踏上人生新的征程。每一天都是一次有趣的探索、有益的尝试，对未来美好的想望与期待，就是一天奋进的动力。由于以不同的精神状态面对世界，同样是阴沉的天空，在一个人心中是一首神秘诗篇，在另一个人看来却是一段伤感的悼词。想一想，生活在同一屋檐下的两个人，因为对生活有着不同的生存态度：一个人认为生活过得枯燥无聊、单调乏味；另一个人则认为生活充满了温暖的阳光，充满了温馨、幸福、甜美的歌声。谁懂得了如何恰当地利用精神动力，谁就能在每天的生活中找到幸福快乐。孩子们应该学会把每一天变成一首激人奋进的赞美诗，从中体味、感受生活的幸福与快乐，从而激起自己奋进的步伐，获得奋斗的巨大成就。

每一天都是一个新生活的开始。大自然每年都给我们365个新的机会，如果今天犯下悔恨的错误、失去了今天，在第二天早上又会有一次新的机会，让人以新的姿态面对新的一天。大自然就是这样循环往复、不断地给人补充新的细胞、新的血液，只要拼搏进取不停，新的生机与活力就会不断。每24小时就有一个新的开始，这是一个多么有规律的生活！晚间香甜的梦境消除和摆脱了昨天工作的疲劳与困倦，使人又可以精神振作、精力充沛地开始新的一天！不必等到新年的钟声敲响后才重新开始，不必等一周、两周、一个月、两个月才调整一次肌体，才重新凝聚力量和勇气迎接新的机遇。

生活中的每一天都会有奇迹发生。人世间，没有任何两个人是完全相同的，肤色不同、高矮不同、胖瘦不同、性格不同……但大自然给我们的每一天却是相同的。时间在我们面前没有任何高低贵贱之分，百万富翁得到的时间并不比穷人多。但每个人赋予每一天的内容却是千差万别。只有那些非常珍惜时间、充分利用时间的人，在每一天的时间里取得巨大成就、做出巨大贡献的人，才是最富有的人。

不论是工作还是娱乐，都要让所做的事情有价值，不能只用一半的心思去工作或娱乐。不论多么沮丧失落，绝不能破罐子破摔，即使是不喜欢的工作，也要全力把它做好，让每一天都过得无怨无悔。当感觉良好、情绪高涨时，就会事事顺利，轻松愉快地完成一天的工作。而在心情不好、情绪低落时，就需要用毅力和意志支撑自己，此时正是考验你、锻炼你的时候，若想证明自己是坚强睿智的人，就要坚持完成好自己的工作。若甘当一个软弱愚蠢的人，就会自暴自弃，失去一切。

你可曾意识到，浪费一分钟的时间就是在浪费一分钟的生命，生命一旦被浪费就将无法弥补，因为每天的生命只存在于那一天那一刻当中，一旦错过就将无法挽回。胸无大志、闲散度日的人，在风平浪静的日子里活得不错，过得非常惬意悠闲，可一旦暴风骤雨从天而降，他们就将无法面对。他们没有抗击暴风骤雨的体力，更无迎接暴风骤雨的智慧，最终会被击倒、击垮。

拉斯金说："青年时期是一个人世界观形成、发展的时期。青年时期的每一刻都与未来的命运紧紧相连。如果在青年时期荒废了十分钟，那么后半生的事业就将荒废十年。青年时期该做的事没有完成，等到中年、老年再去完成，那将悔之晚矣！那时就等于在水中捞月——永远也别想捞上来。"

青年时期是丰富自己生命的最佳时期。每一时刻都充满了升华人生、博取辉煌未来的大好机遇。每一天，大自然、人类社会都为我们提供了展示自己卓越才能的机会。但是，多少人将这充满无限生机的每一天，当成了平淡无味、循环往复的一天。多少次，我们在清晨都能听到抱怨："哎，又是一天的苦差事！"对于这些人来说，生活是多么痛苦、多么悲哀呀！如果能够停止抱怨，脚踏实地地认真工作和生活，每天早晨对自己说："不要再错过今天，只要努力就会有好运的，就会遇到伯乐，就会有惊喜。我一定要充分利用好这一天，释放出潜在的能量，展示出我那特有的才华。别人在昨天做出的成就，我今天做得一定比他的更出色！"当太阳升起时，每个灵魂又都获得了新生，新的一天给了我们重新开始的机会。在这新的一天中，我们做可以想做的事，可以成为想成为的人，可以把这一天打造成最有成就、最有价值、最有意义的一天。这就是成长。如生活不意味着成长、提高、升华，那就只能死气沉沉，而不是五彩缤纷，那我们就失去了人类生活更深层的内涵。

**决定命运的是今天，不是昨天，也不是明天。**今天才是你要雕刻的大理石。每一个思绪、每一个动作、每一个目的都是在生命之石上刻出的一笔。你所刻出的就是你的意念、你的想法、你未来行动的模本。不要总追悔过去的憾事，也不要一味地沉浸在对美好未来的幻想中。**活在现在，**

**就要从现在做起，让今后的每一分每一秒都活得有朝气、有收获、有价值。**不论发生过什么意外或没实现什么期待，都要决心从每一天的经历中得到些有意义的东西，得到能够使人更睿智、更能少犯错误的经验，告诉自己："今天我开始了全新的生活，我要忘记过去一切使自己痛苦悲伤的事。"记住，昨日已死、明日未生，唯一属于你的就是正在消逝的现在。

不论过去怎样，不论曾经多么不幸，不论犯过什么错误，不论失去了什么良机，那些往日的残骸现在已无任何价值，因为我们已经从中学到了珍贵的经验，知道了如何才能避免类似的错误。让生命获得新生机、创造出新价值的唯一办法就是忘却过去，全身心地投入到目前的工作中。机遇不在已过的时光中，而是潜藏在此时此刻。当时光飞来时抓住它，发挥出生命中潜在的巨大能量，创造出人生的辉煌业绩，只有这样生命才充满意义。

## 赢法定律 8 ／学会正确的理财方法

如果你想知道一个青年将来生活会怎样，是过着荣华富贵的生活，还是过着贫困潦倒的生活，那就给他1000美元，看看他用这些钱干什么。

——帕顿

全国教育协会在纽约召开的最后一次年会上，美国倡导节约社团主席斯特劳斯发表了题为《伟大的节约》的演讲，其中有这样一段话："我们的中小学校教孩子们数学、语文、历史、地理……农科学校教孩子们怎样合理耕地，栽培植物……我们家长教孩子们怎样做家务劳动，如何礼貌待人。总之，我们教他们所有的东西，除了如何节约——忽视的是一个重要科目，那就是教他们如何学会理财。"

现在的孩子最需要的教育就是节约教育。从小到大，殷实富足的生活条件使他们养成了大手大脚花钱的习惯，月月把父母给的零花钱花个精光。他们心中根本就没有计划、节约、储蓄的概念。即便是在成年后，他们在花钱消费上仍然大手大脚，月月把自己所挣的钱花得精光，到头来，买房子靠贷款，买汽车靠贷款，甚至连买高档日用品也要靠贷款。他们整天为还贷而辛勤地工作着、忙碌着、奔波着，因为若不及时还上银行的贷款，他们的名字将被记录在银行的黑名单上。在许多繁华富有的都市中，人们每天都在辛勤忙碌地工作着，但过的仍然是低水平的生活。看到这些人，我们就会明白进行节约教育是多么重要。

前几天，一个每月只挣 900 美元的小伙子告诉我，他刚刚在酒店请完两个朋友吃饭，花了 300 美元。一个年轻人居然花了月工资的三分之一吃一顿饭！尽管他知道花 300 美元吃一顿饭不值得，但不请从面子上又说不过去，结果，他还是请了。不光年轻人这样，美国的成年人更是如此，周末到郊外一小游，节假日放长假到国外一大游。美国的成年人几乎年年都要到国外旅游一次，算起来这也是一笔不小的支出。在美国，几乎家家都有汽车，买完桑塔纳换别克，买完别克换宝马。在生活消费上，他们只想到需不需要，不考虑收入够不够用；只想到享受，不考虑节俭；只想到去银行借贷，不考虑还贷是多么辛劳。在美国，几乎家家都靠借贷生活，他们之所以有这样的生活习惯，就是因为美国是一个富有的国家。但是，就算再富有再有钱，若一味地只知道到花销，不知道节省，支出总是大于收入，慢慢就将把钱花没，成为穷国。

成千上万高收入的年轻人，从未想过要定期去银行存上一些钱。他们生活中若是节省点，就能够省下一大笔钱，这些钱足够让那些挣扎在贫困线上的人填饱肚子。可这些年轻人只想到今天的潇洒，没想到明天的艰辛；只想到现在的快乐，没想到将来的痛苦。

另外，很多人还错误地把节俭理解为吝啬、小气。实际上两者有着截然不同的涵义。正如英国学者拉斯金曾抱怨过的那样：“在英语中，我们把节约曲解为吝啬，可节俭并不意味着只挣不花，只收入不支出，它指的是对一个家庭的经济管理，指的是如何最明智地消费和储蓄。”

因此，节俭并不要求人们为了省钱而买最便宜、质量最差的食品，穿最破烂粗糙的衣服，或是为了攒钱而生活在贫困、肮脏的贫民窟里。这些做法都是守财奴的行为，与真正的节俭生活背道而驰。真正的节俭指的是如何为了健康的身体、为了高效率的工作、为了幸福生活而理智地消费、适度地享受、有计划地支出，让每一分钱产生出最大的价值，发挥出最大的效应。

曾经有一个富有的爸爸用这样的方法教育儿子如何节约。儿子想学习印刷，爸爸同意了，但条件是儿子必须住在家里，每月还得上缴一定数额的食宿费。可除去食宿费儿子就剩下不了几个钱，儿子认为爸爸太无情、太苛刻了。但是没办法，为了学手艺，他只有答应这些苛刻的条件。后来儿子长大了，成了印刷界的顶尖人才。一天，爸爸拿着一笔钱对儿子说："儿子，这是你当年当学徒时付给家里的食宿费，当初我就没打算把它花掉，先替你攒着，当你在这个行业中能够开创一番业绩时，把它拿出来，给你提供一笔创业的资金。"这位父亲的做法真是明智。结果，在其他年轻人已经养成恶习、花光工资的每一分钱、月月要到银行借贷时，这个年轻人却在雄心勃勃、不断地开创着自己的事业，奔向更新的、更辉煌的目标。

英国哲学家赫伯特·斯宾塞说过："野蛮人和文明人的主要区别就是，野蛮人没有远见，文明人则有远见卓识。艰苦的条件中，原始人只想着现在如何把肚子填饱，文明人不但想到了现在、今天，也想到了明天、后天和未来。为了美好的未来，他们能控制住眼前的欲望和嗜好。正因为文明人能够理智地控制住自己、把握住自己，他们才有了今天这富足、幸福、美好的文明世界。"因此，不论是靠体力挣钱还是靠脑力挣钱，不论收入是高还是低，不论是富有还是贫穷，如果不懂得如何理财，不按计划消费支出，不加控制地享受娱乐，生活就将处于劣势。**人要学会既能挣钱，又会花钱；既有支出，又有节余；既能想到现在，又能想到未来。**这样才能慢慢成长为真正独立的人。只有独立的人才能在社会上干出一番事业，开创出属于自己的一片天地。

有些人在生活上也想到了精打细算，但他们没有养成勤俭节约的好习惯，结果，还是没有攒下足够的钱，生活上一旦有大的支出，就还要去银行贷款。还有一些人，事业上虽然成就非凡，但在生活消费上却没有计划，不会节俭、理智地消费，一花起钱来就不考虑自己的收入能不能承受得了。他们工作起来非常认真细心，但花起钱来却马虎粗心，不懂得精打细算，不懂得未雨绸缪。

我认识一位年轻人，多年来一直从事律师工作，业绩出色，每月都有不菲的收入，与同龄人相比，他的收入算是高的。因此他认为自己今后的收入还会更高，于是他养成了挣多少花多少的习惯。后来他妻子突然得了重病，急须手术，他找来全市最有名的大夫主刀，自然费用也很昂贵。为了医好妻子的病，他借了一大笔钱，把昂贵的医疗费支付了。妻子的命算是保住了，可家庭负担却加重了。为了把工作做得还像以前那样出色，他起早贪黑、夜以继日、超负荷不停地工作，结果使得他体力严重透支，最终累倒在病床上，再也不能像以前那样辛勤地工作，再也不能赚那么多钱了。这位年轻人没有想到，妻子得病得花那么多钱，更没想到自己的身体会被累垮。原计划两年内把借的钱全部还上，可如今身体垮了，这借的钱可怎么还呀？

谁也不知道疾病和灾祸会何时降临，不知道今后会不会能和现在一样有稳定的收入。家庭生活中，若不存有一定数额的资金以抵御生活中难以预测的风险，在灾难降临时，很多家庭将遭受苦难的煎熬。在这个竞争激烈的社会中，挣多少花多少绝对是一种走向深渊的生活方式。

不要相信“尽情地吃吧！尽情地喝吧！尽情地跳吧！明天地球就要毁灭了”，这是蠢人的狂言，它只会给你带来痛苦。记住克兰博士的话：“身无分文是件不光彩的事，这是一种罪过，可它带给你的后果却比罪过还严重，因为它是愚蠢的。过错可以原谅，恶行可以宽恕，愚蠢却毫无希望了。”挥霍无度的人是最典型的愚者，他们无限度地浪费钱财，只是为了满足自己无限度吃喝玩乐的欲望。我认识一个小伙子，收入一般，每天却要抽半包雪茄，晚餐必须到酒店消费，周末必须看场通宵电影。这些消费、这样的生活习惯并不是他生活必需的。别看他现在的生活潇洒、自由、畅快，未来的生活必将是艰难痛苦的。

已故商人马歇尔·菲尔德说过这样一句话：“当代年轻人忽略了节约的重要性，这真可悲。现在养成了超支消费的习惯，将来必定生活在痛苦煎熬之中。不论收入多么微薄，都要养成储蓄的好习惯。”菲尔德先生正是靠着节约的习惯，才成为当时最富有、最成功的商业精英。一次我派记者去采访他，在被问到事业成功的转折点时，菲尔德先生说："当我储蓄的数额达到 50000 美元时，我就有了一种轻松畅快、如释重负的感觉。我完全可以像其他人那样，把每月微薄的收入全部花掉，但我没那样做，而是继续努力工作，节俭生活，结果我的生活越来越幸福美满，我的事业越来越兴旺发达。"

富兰克林也说过类似的话："**当你知道怎样才能让消费低于收入时，你就有了点金石**。许多年轻人失败的原因，就在于他们从小没有学会获得这块点金石。如果从小就能养成生活节俭、有计划消费的习惯，长大后就能顺畅地走在自己的人生之路上，有精力、更有能力去迎接各种挑战。"

许多成功人士都说，第一次积攒一万美元要比后来积攒十万美元更困难。美国房地产巨头约翰·阿斯特对此深有感触地说："要不是因为提前存了一万美元，我也许早就死在救济院里了。"美国前总统西奥多·罗斯福也说："如果想走正确的、一帆风顺的人生之路，那就存款吧。储蓄的习惯能够增强意志，能让你活得更加精神、有朝气。"

我最近收到了一张空白表格，需要填表人提供一些关于公司高层职位应聘者的信息，表上有这样的几个问题："他有存款吗？""他靠什么赚钱？"这个表格进一步表明商人们的确看中员工赚钱的能力，但他们更注重员工的储蓄能力。雇主们认为，一个既不吝啬花钱又不大手大脚的青年，一定是位有良好品质的青年。雇员存下的每一元钱都会提高他在老板心目中的地位，会缩短员工和老板之间的距离。节约的习惯能培养自信，这小小的一元钱能大大增强员工的自信心和独立性，使他逐渐超脱客观条件的束缚，成为独立的、自由的、自己说了算的成功人士。

正因为收入少、花销大，所以许多人从未想过要积攒点钱，他们觉得自己每月那微薄的收入也就只能勉强维持日常生活，根本存不了几个钱，于是就成了月光族。据估算，如果一个人从 20 岁起每个工作日存 2.6 美元，加上利息，在他 70 岁时就能积攒到 32 万美元。习惯花光每月所有收入的人，根本不知道账户上越来越多的存款有多大的力量。积蓄，不论数目多少，对培养独立、自信的个性有很大的帮助，它还能锻炼并增强自控力和约束力，提高自己在他人心中的地位。

罗斯福上校说："我瞧不起那些没能力赚钱养家的人，更瞧不起那些没有储蓄习惯的人。"想让家人生活得幸福美满，就必须节俭生活，养成定期储蓄的好习惯。节约并不是简单的储蓄问题，它还是如何聪明地用好所有资源，保证生活高效率的问题。节约这个词不仅适用于金钱，也适用于生活的其他方面——合理地分配时间、恰当地使用体力。换句话说，节约就是科学地管理自己的时间、自己的事务和自己的钱财，它意味着使自己永远保持最佳的生存状态。健康、成功、幸福的秘诀就是善待自己，让自己处于最佳的生存状态，这样你就能抓住每一个机会，就能在工作中发挥出自己的全部能力。只有节约，才能帮助你登上你人生的最高峰。

聪明的农民家里的粮食很多，但他们总是精心挑选最饱满的玉米当种子。只有这样，每一粒种子才会在肥沃的土地里茁壮生长，结出丰硕的果实。农民知道，劣质的种子将浪费宝贵的土地资源，浪费一去不复返的好时光，为了秋天那丰收的喜悦，在挑选种子上花费些心思是值得的。

如果为了省钱，一日三餐吃最便宜、最没有营养的食物，到头来损失的是我们自己的肠胃和身体，结果拼搏没有了体力，奋进没有了活力。生机都没有了，还谈什么事业，谈什么收入？任何想成功的人都不能用劣质燃料为自己的大脑加油，这样做就好比发电厂为了省钱买劣质煤炭当燃料，结果付出了财力、物力和人力，却不能高效发电。无论多贫穷，在摄取营养方面一定不能吝啬，身体健康是成功的基础。也不要因为舍不得买衣服而不顾及你那体面的外表。外表影响着别人对你的看法，这与你能取得什么样的社会地位有着很大的关系。我从没听说过哪个衣衫不整、身居陋室、吃糠咽菜的人在事业上却能取得巨大的成功。家庭生活中，一味地想储蓄，全家居住在简陋的房子里，父母不仅自己要求苛刻，甚至为了能从生活费中多挤出一分钱存入银行，而不给孩子买营养丰富的食物和接受正规的教育，这样的做法绝对不可行。

对于这些痴迷于储蓄的人来说，他们有这样的观点：生活就是储蓄，活着就是为了储蓄，为了储蓄可以忽略一切，可以不顾一切。他们在银行的存款多了，可生活质量差了；他们的积蓄多了，可身体衰弱了；他们对未来有些希望了，可他们子女的未来却毫无希望了。

所以，青年人要记住，生活中的一个小细节，常常能够影响一个人一生的成败。不要因为抓不住重点而与成功失之交臂，也不要为鸡毛蒜皮的琐事而斤斤计较断送了美好前程。我们身边总有这样一些人，小气到连对自己都舍不得付出。他们对自己十分苛刻，除了生活必需品之外，舍不得花钱提高自己的学识修养，舍不得花钱丰富自己的人生阅历。结果，由于没有充足的物质食粮和精神食粮，他们的生活过得枯燥无味、单调匮乏、昏暗无光，失去了发展壮大的生机，人生足迹将逐渐消亡。这种小气的生活方式与节约毫不相干。节约，既不是铺张浪费，也不是葛朗台似的吝啬小气，它指的是在经济上能负担得起的前提下，以科学的、不浪费钱财的、温馨幸福的生活方式善待自己。养成储蓄的习惯是一个人事业成功的重要因素，它体现了一个人要出人头地、独立自主的愿望，体现了一个人要在世界上有所成就的决心。生活中，要是学会了节约，则表明你有眼光、有理智，真正成熟了。如果你是个普通员工，那么储蓄就意味着你离自己当老板的日子越来越近了，意味着你的眼光更高、志向更远了，意味着你要摆脱平庸的决心更坚定了。美国议员、铁路公司董事迪皮尤当年刚刚踏入社会时，美国船业和火车业巨头科尼利厄斯·范德比尔特就对他说："任何愚蠢的人都会挣钱，但只有聪明人才能够守得住钱。"守住金钱就是守住雄心壮志、守住健康安乐、守住敏捷的思维和清晰的头脑。要守住金钱就必须斩断那放纵享乐的魔爪。

**懂得节约的年轻人，犹如身披铠甲，能够抵挡住各种诱惑的骚扰与攻击，他绝不会成为无所事事、虚度光阴的败家子儿。**那些只想着吃喝玩乐的人很容易受到花花世界的拉拢、侵蚀而沾染上恶习。而那些有了节约习惯的人则懂得如何让自己度过的每一分钟、支出的每一分钱产生最大的效应，获得最大的收获，知道怎样做才能成为自己命运和财富的绝对掌控者，绝不会让只顾享乐的念头出现在自己的脑海中。

若一个年轻人从一开始就有计划地储蓄，他今后一定是生活中的强者，不但视野开阔，而且信心也将得到增强。这是因为存款证明他不仅有能力赚钱，更有能力、有智慧守得住自己的劳动成果。

为人诚实、生活节俭也是塑造高尚人格的必备条件，因此，每个青年都应树立正确的消费观。一个白手起家的富商说："每一百个人中只有不到五个人能守住自己所赚的钱财，而其他人早晚都要花掉大部分甚至全部收入。"在大城市中最令人痛心的一件事就是，有数不清的人曾经有钱有房有舒适奢侈的生活，但到头来却一无所有，无家可归，到处寻找最廉价的住房租住。这些人已经没有机会、没有能力重整旗鼓、另辟蹊径了。渐渐地，他们远离了幸福，靠近了困苦，失去了自由，被贫穷的枷锁牢牢铐住，成了一个四处游荡的落魄的可怜虫。纽约的米尔斯旅店或任何其他城市的廉价公寓里，就住满了许多这样曾经十分富有如今却落魄不堪的租房客。

合理地使用钱财和努力工作赚钱完全是两回事。有远见的商人为了防备将来可能出现的经济困境，通常预留出一些资金购买债券、保险或作其他有保障的投资。这样在他今后遭遇金融灾难时，这些投资就足以养活全家人并能使自己东山再起。青年人为了防止今后陷入贫困窘境，在事业起步阶段也应有计划地预留出一部分收入，不能把所有钱都用在日常生活的消费中。

我认识一个70多岁的老人，他有很强的工作能力，年轻时就开创了一家属于自己的企业，而且企业的规模也不小，但因为那时他没有储蓄的好习惯，现在他的生活过得非常凄凉寒酸，还不如自己的员工殷实富裕。著名小说家维达女士，年轻时赚的稿费犹如雪片一样飘来，但由于没有储蓄现金、节俭生活、理智投资的好习惯，她把所有的财产都花在奢侈享乐和错误投资上，结果晚年生活一贫如洗。因为不会理财，很多人一旦遭遇失败便一败涂地，债务压身，终生再无出头之日。当今社会失败大军的主要成员都是些不会理财的人。成千上万贫困潦倒无家可归的人，如果当初不大手大脚花钱，现在完全可以过上殷实富足、幸福美满的生活。

孩子们每周都应该得到不超过10美分的零用钱，这样他们就可以早早地懂得钱的含义。不要替孩子们买东西，应该指导他们用零用钱自己购物，这样他们就可以体会到与金钱告别时依依不舍的心情，要让他们明白消费和金钱不能两者兼得。在买冰激淋、糖果和其他满足孩子们口腹之欲的商品时更要这样做。一定要让年轻人明白钱财的价值，明白不能为了储蓄而储蓄，明白应该怎样科学、理智地消费。纽约市教育委员会已经在学校中开设了理财教育课，公立学校开设了迷你银行，教孩子们如何理财，培养他们节约的习惯。教育委员会通过这种教育手段，鼓励孩子们养成存下每一分钱的好习惯，戒除奢侈浪费、挥霍无度的坏习性。等到他们的钱达到一定数额时就可以在社会上真正的银行中开设账户了。

**存折是个好东西，里面没有任何侵蚀、伤害你纯洁肌体的细菌，不论你身在何方，它都是你能力和信誉的担保。**有了储蓄的习惯，你就会不再惧怕失业、创业失败；就能安心踏实地睡觉、幸福快乐地生活；奋斗中，就能保持独立、冷静、睿智的判断能力，减少失误与失败。养成储蓄的习惯，你就能让财产、尊严抵挡住时间的消磨、失败的打击、贫困的煎熬。苏格兰作家塞缪尔·斯迈尔斯说：“银行存款能使一个人在他的朋友圈中多些自信，少些疑惑；多些称赞，少些挖苦；多些青睐，少些蔑视。他省去了不必要的伤心与眼泪，消除了痛苦对心灵的折磨与煎熬。”一定数额的存款，能让人在社会上独立自主，在睡眠中高枕无忧，在奋斗中信心十足。为什么不从现在就开始储蓄呢?

有这样一个故事，一位牧师每天辛辛苦苦地工作但工资微薄，常常捉襟见肘。有段时间，牧师每周六晚上都去一户居民家中借50美元，并在下个周一早上立刻奉还。这户居民很好奇，就悄悄在借出去的钱上标了记号，结果发现，牧师每次还的钱就是上周六刚刚借出去的那张钱。他问牧师其中的缘由，牧师说："先生，你知道吗，当我知道自己口袋里还有钱时才能安心地宣讲教义啊！"仅凭兜里揣着借来的50美元就能让人安心工作，谁若真正拥有了属于自己的500美元、5000美元、50000美元时，那他的生活将是多么安心啊！

很多富有的人就是因为投资机会来临时手头恰巧有备用的资金而抓住了机会，让自己的财产成倍增长。存入银行的每一笔资金，既是你患难时的真正朋友，也是你机遇中的合作伙伴。有人问一个小学生，他在这一年中最大的收获是什么，孩子说，是他亲自到银行存了50美元。这个孩子今后一定有出息。存下的第一笔50美元是人生中迈出的最重要的一步。

有句话说得好：**秋天不储存足够的粮食，寒冷的冬季将过上饥寒交迫的日子。**如果不在平日里积攒一定数额的资金，突遇灾祸时全家就将被摧打得妻离子散。所以，从现在开始学习科学地理财吧，养成节约储蓄的好习惯。

## 赢法定律 9 ／不要做别人的复制品

不要效仿他人做复制品。世界的面貌是有思想的人改变的。敢于想象，付诸行动，精心创造者就是大有作为者。

——帕克斯顿

一位大公司的老总对他的员工说:“不要做别人的复制品，要做原创。”很多人之所以没有取得自己希望中的那种成就，就是因为他们只是别人的复制品。这些人想尽办法模仿他人，却丢掉了自己。想成为某个人时，人就失去了自己的个性，变得软弱无力了。模仿他人就代表着自己没有主见，能力不强，不会创新，是自己不如人的坦白，是俯首称臣的见证。许多人一生都在当别人的追随者、模仿者，从未发掘过自身独特的才能和创造性的思维。

著名美国戏剧演员约瑟夫・杰弗逊教育青年演员说：“确保失败的最好方法就是模仿他人。”没有主见、没有创造精神的成长不是真正的成长，成长是创造而非模仿。不断模仿他人的人，永远也别想真正长大，仅仅是个仿制品而已，人们绝不会把仿制品当成原创。有作为的人都是要做真正的自己的人，他们不喜欢当别人的尾巴，也许他们并不是天才，但至少他们真正地找到了自我。

在社会各个领域中到处都可以看到这样的人：执行命令时几乎无所不

能，但需要他独立行动时，他却是个低能儿。他可以模仿别人，重复走别人的老路，却从来没有想到过主动做点别人没有做过、对自己未来人生有价值、有意义、独特新颖、有创意的事情。就像吉卜林描述的那样："他们在各个方面都效仿别人，却总也赶不上、超不过别人的头脑，结果，挥汗如雨地拼搏着、奋斗着，却仍然被远远地甩在后面。"

生活中有不少人就像鹦鹉一样，只知道重复别人的思想和观点，一生踩着别人的脚印前进，机械地照抄照搬，力没少出，汗没少流，就是没干出一片属于自己的天地。工作虽然做得好，但当命运之神将他们放到荒芜人烟之地，前面再也没有现成的路可循，当走一段属于自己的人生足迹时，他们便会迷茫、手足无措。我们身边还有这样一些妇女：她们从未真正属于过自己，从未真正拥有过自己，儿时受父母控制，婚后受丈夫摆布，没人培养她们独立自主的性格，没人告诉她们应该拥有自己的观点。作为妻子，她们是丈夫意愿的执行者，随时等待着丈夫的支配；作为母亲，她是孩子全方位的保护者，随时为孩子衣食冷暖服务。她们所做的事情，大多不是替自己着想、替自己考虑的，而是想丈夫之所想，急孩子之所急。她们实际上已经不是丈夫的贤内助，更像是丈夫的忠实奴隶；已经不是孩子的母亲，更像是服侍孩子的出色保姆。不论去哪儿，她们都是丈夫的陪同或随从。正因为她们听从惯了，随从惯了，服侍惯了，因此，在生活中需要她们自己做主时，社会交往中需要她们有自己的观点时，教育孩子需要她们有思想道德、文化知识方面的内容时，她们便难有作为了。当然，在家庭生活中，妻子应当尊重丈夫的意见，甚至做出适当的让步，但这种尊重和让步应该是相互的，不是单方面的，更不是一味的。没有主见的人就是"软泥巴"，不论男女，不是没有主见，就是缺乏力量。不论职位多么高贵，不论地位多么卑微，每个人都是人类社会中的一员，如果连自己都掌握不了，那还能心想事成、有大作为吗？

我始终坚信没有主见就不能取得巨大成就这个观点。如果当初华盛顿不坚持自己独立自由的主见，就不会有现在称霸于世界的美利坚合众国，更不会有人类登上月球的奇迹，美国现在也许还仅仅是英国的一个殖民地，一个不起眼儿的英国复制品。独立精神和创新精神是一个人发挥能力、取得进步的主要动力，它们像酵母一样不停地催化着生活发生巨变，让僵化的思想、停滞不前的体制重新焕发出生机和活力。

**有主见的人，就是敢于挺身而出、不落窠臼、突破陈规、为新的文明之路带路领跑的人。**查尔斯·艾略特在35岁那年晋升为哈佛大学校长时，他发现学校只局限于中世纪学术理论和学术界老前辈的教条中，为此他要大胆改革，打破以往的常规教学模式。但他这样的举措却遭到了学校其他领导成员和众多教授的反对。一位医学系教授愤怒地质问他："八十多年来我们一直这么管理学院，工作进展顺利，你凭什么让我们改变现在的办学制度？"

年轻的查尔斯·艾略特答道："就因为现在的哈佛有了一个新校长！就因为现在的哈佛已经不再是中世纪的哈拂了！"

于是，在这位新校长的带领下，学校从体制上、教学上、培养目标上进行了一整套大胆改革。这个当时仅有400名学生的哈佛，由于突破了陈规旧律的教育模式，走一条全新的教学发展之路，在艾略特退休之前的七八年里，哈佛大学就已经拥有了6000名学生，而且教师人数也在大幅度增长。

同艾略特一样，托马斯·奥斯本也立志要改变监狱的陈规陋习，打破因循守旧的传统模式，废除腐朽的管理制度，把监狱打造成为改造人而不是摧残人的场所。尽管遭到了多重阻力和各种非议，奥斯本却一直坚持自己的主张和做法。当凯瑟琳·戴维斯博士被邀请接管位于美国贝德福德的希尔斯女子教养院时，戴维斯答复说，如果当局允许自己把教养院改造成一所学校而不是监狱的话，她就接受这个职位。

孩子们的身上都蕴藏着比他们的父母更具活力、更有创新、更加巨大的潜在能力。为此，我们应该长期对他们进行有意识、有目的、全方面的锻炼和培养，让他们在行为处世中能够作到独立的思考、缜密斟酌的判断、果断大胆的选择，把他们这种大有作为的能力开发出来、培养出来、锻炼出来。这样，他们在自己人生奋斗的路上，就能做到聪明睿智、细心大胆、少走弯路，直至成功。

在教育孩子成长中，千万不要把他打造成另一个你，因为在这个世界上已经有一个你就足够了。任何复制品都缺乏活力，缺乏生命力，更产生不了新的价值。目前的教育体制中，存在着一个严重的缺陷就是，没有注重培养学生在生活及行为处世中要有主见、有个性的风格。很多拥有不同爱好、不同天赋的孩子，不论是想象力丰富还是思维专一，是擅长体育还是爱好文艺，是擅长魔术还是爱好美术，虽然走进的是不同的学校，但他们接受的却是相同的教育手段与教育模式；读的是相同的课本，上的是相同的课程。这种统一的、机械的教育模式培养出的学生，十个中有九个都是复制品。这种陈旧的教育模式磨灭了学生的个性，摧残了学生的创造力，把学生变成了单一的模仿者，而不是富有创造力的栋梁之才。

因此，**真正的教育不是封闭式的教育，不是制造复制品式的教育。**真正的教育应该在全面发展的基础上，重点开发、培养学生具有的天赋与才能，培养他们自强不息的独立性格和勇于创新的优秀品质，让他们在全面发展的同时，在其他专业、领域的才能技艺上也得到突出的充实与提高，使他们人各有志，各有所学，各有所用。

人类社会的发展与进步，需要众多既聪明睿智又富有创新精神的人，而不是无数盲目的跟随者和模仿者。周围已经有太多的人愿意去模仿他人，我们更愿意看到他们那独具特色拼搏进取的新举措。备受关注的“加里教育方法”最大的优点是，它能充分发挥每个学生的天赋，培养他们自身独特的技艺才能。这一教育方法的提出，进一步推动了教育改革的前进步伐。

模仿带来的是消极低迷的情绪、怀疑不自信的目光、犹豫不决的处世态度，模仿让人没有了主见，丧失了决断能力，变成了低三下四、唯唯诺诺、缺少了阳刚之气的软弱的人。生活中，只有那些与众不同、善于独树一帜、敢于特立独行的人，才是生命力最鲜活、精力最旺盛、意志最坚强的人，才是业绩最突出、令人最佩服、为人类社会进步贡献最大的人。

美国著名作家爱默生说："模仿就是自杀，即使这个世界上充满了同情与友善，别人给予了你许多帮助与施舍，也解决不了你生活贫困的根本问题。只有靠自己的双手适时地播种、辛勤地耕耘劳作，才能在属于自己的那片土地上获得丰收的果实，摆脱贫困枷锁的羁绊，过上真正属于自己的幸福生活。"生活中到处充满了各种机遇与挑战，蕴藏着很多能让人过上幸福生活的财富与果实，但只有靠自己勤劳的双手和辛勤的汗水才能把它们挖掘出来，归自己享用。正所谓"有多少耕耘就会有多少收获"。想用别人的果实来充饥，只能解决一时、一天、两天，若想真正过上长久的、丰衣足食的幸福生活，必须靠自己。不论职业多么卑微，不论收入多么可怜，只要你能全力地表现出自己，尽力发挥自己的长处做好本职工作，按照自己的实际收入来生活，生活就是安稳的、高质量的、令人敬佩与羡慕的。因为，自己才是自己真正的救世主。

所有伟大的人，都是那些敢于和善于打破陈规旧律的人，勇于创出一条别人没有走过的、属于自己的、独特人生之路的人。他们有头脑、有眼光、有勇气、有主见。他们看到的每一天都是充满生机的；他们度过的每一天都是实实在在、大有作为、充满价值的。轮船之父罗伯特·富尔顿当初发明第一台蒸汽轮船时，由于经验不足，技术、材料等不过关，蒸汽轮船没航行几天，便在暴风雨中沉入了海底。于是，很多人都说他是狂徒、傻瓜、蠢材，把他发明出的蒸汽轮船雏形叫做"富尔顿蠢物"。后来，在有识之士的大力资助下，他接着发明制造出了八十匹马力、一百米长的巨型客轮，安全顺利地横跨了大西洋。这时，人们开始用另类的眼光看他，并称赞他神奇、伟大，他的行为是创世之举，再也无人嘲笑他是狂徒、傻瓜、蠢材了。

当一个伟人诞生时，世界的面貌将为之改变。像本杰明·富兰克林、托马斯·爱迪生、亚伯拉罕·林肯……他们就给这个世界带来了翻天覆地的变化。这些伟人的父母从没有想过，自己的孩子长大后的创世之举会给世界带来如此巨大的变化，会让人类如此不平凡地走到今天。

**唯有敢于打破常规、突破传统观念的人，才会成就辉煌的一生。**这样的人很少在乎世界历史上曾经发生了什么，前辈们又是如何想的、做的。他们有眼光、有勇气、有魄力坚守自己的信念。他们从不听信别人的褒贬点评、肯定与否定，也不会人云亦云地跟在别人后面走。他们坚信，自己生来就是人类社会的创造者，而不是模仿者和追随者。当条件未成熟、力量未达到时，他们就整装待发、蓄积力量。一旦条件成熟，力量达到，他们就果断出击、全力冲刺，去实现自己那伟大的愿望。我们人类社会的进步就需要这样的伟人、这样的精英。

## 赢法定律 10 ／把礼貌当成一种习惯

礼貌的行为举止有一种神奇的、无法形容的力量，它可以让人在不知不觉中对你心生敬佩。培养孩子良好的行为举止，就等于让他具备了适应一切的能力。

——爱默生

懂礼貌，有修养，就算你很贫穷，也一定会受人尊敬的，无论走到哪里，大门都会主动向你敞开。因为，你的言谈话语，你的为人处事，已经告诉了人们，你是一位既有高尚的道德情操，又有知识才华的人。

纽约报纸曾刊登了一名男子独自在家窒息身亡的消息。在之后的调查过程中，住在同一楼层的邻居说，她曾听到过该男子痛苦的呻吟声，因为这个男人平日里对妻子、女儿态度粗暴无礼，所以她也就懒得去打探个究竟。另一条新闻则报道说，大约在同一时间内，一个叫简・伊丽莎白・格兰尼斯的夫人在遗嘱中，把她留下的 10 万美元赠给了她的下属，一个信托公司的小职员，以感谢小职员在工作中、在她病痛中给予过自己的帮助与安慰，特别是他在工作中对自己彬彬有礼的尊重态度。

上述两则新闻分别是一个独立的事件，它们之间没有任何联系，但它们却有一个强烈的反差。第一条新闻中的男子如果在生活中对自己妻子、女儿态度不那么粗暴无礼，他肯定有获救的希望，不会有可悲的下场。第二条新闻中的男子却因自己的礼貌和善良意外地获得了一笔巨款，得到了可喜的结果。现实中的确是这样。一些傲慢无理、粗心大意、不拘小节、莽撞从事的人很少认识到自己是多么令人讨厌、令人反感。正因为他们这不受欢迎的言行举止，在工作中，他们只能眼睁睁地看着别人的职位一次次得到提升，而自己仍然停留在原地，得不到帮助，得不到提升。他们没有想到，职位一次次得到提升的人，在平日的工作中，在与人交往中，是多么谦虚谨慎、和蔼可亲、礼貌待人。同事或朋友是非常愿意接触和帮助这些讲文明有礼貌的人的。

谈到礼貌的商业价值时，一位同样从礼貌中受益的人说，商业成功的一个重要因素，就是有礼貌。它会带来无法估量的商业价值，难以计算的成功概率。**文明礼貌地待人，和蔼可亲地为人，身边的人才会愿意接触你，更愿意帮助你**。在为他人做事或接受他人的要求时，只有积极主动、热情大方，才会让人感觉到你十分乐意为他们服务。如果一个人行为举止能让别人心情愉悦，那就说明在礼仪方面他是一位很合格的人，做得很到位的人。养成了礼貌待人的好习惯，在生活中、工作中，每一句话、每一个动作、每一次交往，都会显露出温文尔雅的气质，彬彬有礼的风格，提出的要求才会轻而易举地被别人接受，成功的概率就更高。有礼貌，就有了高尚的道德品质；有礼貌，就有了无私奉献的道德情操。

谁也不清楚礼貌的语言、文明的举止中深藏着多么大的奥秘，一个善意的微笑、一句亲切的问候究竟会给人带来多么大的好处，但它却实实在在地影响着我们生活的各个方面。如果你待人冷漠无情、对人怨气十足、见人乞求哀怜，别人还会接触你、亲近你、与你交往吗？这样恐怕连你自己都会感到不舒服。如果你脸上经常露出善意的微笑，嘴上经常对别人说声“谢谢”，控制住自己肮脏的言谈话语，规范住自己粗鲁的行为举止，时时面带笑容，处处和蔼可亲，那么，你的生活就将充满幸福、温馨、快乐，你的奋斗一定会心想事成。

一些年轻人认为自己已经具备了经商的头脑和足够的书本知识，只要敢于到社会的商海浪潮中去搏击风浪、打拼一番，成功之门就一定会被自己打开。但是，他们往往忽略了礼貌的巨大作用。在商海浪潮中搏击风浪、打拼一番的能力就是与人交往的能力、为人处世的能力。在与人交往中，能够做到让人尊敬你、支持你、帮助你，需要高超的技巧，这个技巧就是礼貌待人。礼貌待人是打开成功大门的金钥匙。谁得到了这个金钥匙，谁就能打开成功的大门；谁得不到这把金钥匙，谁就不能打开成功的大门，谁的拼搏奋斗就将付诸东流。

还有很多人，为了美好的理想，为了伟大的目标，谢绝了一切欢乐聚会，拒绝了一切娱乐休闲，加班加点地工作，拼死拼活地挣钱，可仍然业绩平平，收入微薄。究其原因，就是因为他们为了美好的理想，为了伟大的目标，谢绝了朋友的邀请，疏远了同志间的友谊，自己被孤独无助地抛弃在阴暗的角落。在每年的企事业招聘中，这样的倒霉蛋随处可见。他们十分渴望得到一个称心的职位，但招聘者却从他们的言谈举止中，看出了他们不讲文明礼貌的缺点，将他们拒之门外。

有这样一个例子："你的文笔好吗？"招聘者问一个求职的小伙子。

"很好。"小伙子回答。

"你的英语说得怎么样？"

"不错。"小伙子继续果断地回答。

"好了，你可以走了，我们不能聘用你。"招聘者也果断地说道。

"为什么不给这小伙子一个机会？我觉得他是个诚实勤奋的孩子。"应聘人离开后一个朋友问招聘者。

招聘者斩钉截铁地说："因为他不会说'先生'。如果找工作时他就用这种语气回答考官，那么当他得到这份工作之后，他会用什么样的态度对待周围的人呢？"

现在有很多年轻人就像这个小伙子一样，因为自己无礼的举止妨碍了工作的顺利开展，毁掉了自己那美好的前程。两个应聘者在各自条件相当的情况下，谦逊有礼的那个被录用的概率往往要大得多。因此，第一印象十分重要，粗鲁无礼的态度只会让人反感，让人产生戒备之心。

因为有礼貌，很多并无特殊才能的人在事业上取得了巨大成功。技术高超的医生之所以声名远扬，桃李满天下的特级教师之所以名声显赫，不仅仅是因为其医术高超，教学有方，更重要的是他们那谦逊善良待人、彬彬有礼的为人。这才是许多律师、企业家、政府要员成名的主要原因。美国著名商人约翰·沃纳梅克就把自己的成功归结为对顾客的友善态度。一位著名银行家也说："五十六年的银行工作经验告诉我，礼貌是成就大业的首要因素。"

各种商业机构现在都认识到了礼貌待人的好处，不论是大商厦还是小店铺，都知道顾客宁肯多走几步，多费些周折，也愿意去服务好的商店购物。人人都喜欢、都愿意接触彬彬有礼的人。在人类的语言中，"谢谢"像润滑剂一样让工作进展顺利。只要跟人接触就不可避免地要使用到这个词。"谢谢你"帮助了许多贫困青年取得了光凭个人能力难以实现的成绩。一家连锁百货公司的老板说"谢谢"是他成功的箴言。他曾花一大笔钱给公司上千名员工发过这样的电报："你今天对顾客说谢谢了吗？"他让员工记住这条箴言，理解它所深含的意义。这位老板把这件事看成是一次必定会盈利的投资。他鼓励员工与顾客建立友谊，告诫员工们不要等顾客走向你，而应该主动走向顾客，说话时应面带微笑直视对方，总之就是要给客人留下好印象，这样也许顾客下次不仅会自己来还能带着朋友一起来。

美国很多地方的铁路公司、银行、电信公司现在都十分注重员工服务的态度。一些铁路公司正是因为员工对乘客的热情服务、礼貌待人而吸引了大批乘客，公司利润也比同行业其他公司多出好几百万美元。几年前各行业还以才任人，很少考虑员工的性格、风度、仪表，而今，谦和礼貌的态度、亲切文雅的笑容已经成了服务行业重要的用人标准。

就算你没有崇高伟大的目标与理想，仅仅想过一种简单平静的百姓生活，你也应该注意在生活中礼貌待人，多说些文明用语，多做些善良之事，多帮助那些急需帮助的人。往往一个温馨的字眼儿、一个关爱的目光，就能给你身边的人带来难以言表的宽慰与温暖。就算你做的是有偿服务，也要习惯性地说声“谢谢”，表示对他人的客气。另外还有一点要注意，不要随便打断别人之间的谈话，设身处地为他人着想、与人说话时时刻注视对方、不打断对方的话语。尊老爱幼……这些都是我们所说的“礼貌”。

历史上有这样一个关于礼貌价值的小故事。一个法国名人在做一个有关礼仪的演讲时有这样一段话：罗尚博元帅在美国独立战争期间为美国人的自由而英勇作战，被后来统治政权的恐怖主义者处以绞刑。行刑那天早晨，罗尚博同其他将士一起被押上开赴刑场的马车，他和一位牧师走在队伍最后。出于对牧师的尊敬，罗尚博这位老兵摘下帽子，对牧师微鞠一躬，说：“您先上，牧师先生。”

牧师见元帅已八十高龄，长者优先，便也礼貌地鞠了一躬说：“您先上吧，元帅。”

他们相互谦让了好几分钟，狱警最后实在不耐烦了，就上前把牧师推上车，对罗尚博元帅说：“你回去吧！今天车上没地方了！”

而恰恰就在那天，为自由而战的勇士们又打了回来，推翻了恐怖主义者的统治，罗尚博获救，从此，他在和平的年代里幸福地度过了晚年。

历史不断告诉我们，国家的命运、民族的兴亡可能因外交官那不同的人格魅力、不同的行为举止而有所改变。傲慢无礼、趾高气扬、不可一世的态度只能导致战争，挑起民族间的仇恨和冲突。当托马斯·贝亚德、约瑟夫·乔特、怀特洛·里德以及其他一些美国驻英大臣被召回国时，英国媒体一致赞赏他们的高尚品德及绅士风度。正是因为本杰明·富兰克林的人格魅力才加强了英法延续至今的友谊。英国外交家格拉德斯通也是因为其个人魅力而对英国外交政治产生了深远影响。当时曾有人热情地评价他为唯一伟大的政治家，英国千年政治史上最具号召力的人。据说“无论对待出租车司机还是对待英国名人，他都一样地友好礼貌”。

快节奏的美国生活可以说是美国人鲁莽无礼的主要原因。人们总是紧张忙碌地朝自己的目标奔走，挤过重重人群的阻碍，根本没时间好好考虑应该怎样做、怎样说才算得体，生活的一切都被简化，连习惯性的招呼都成了“嗨”“拜”。很少见到美国人像其他国家的人那样十分优雅礼貌地站在那儿跟人打招呼，他们飞快地点下头就算是问好了，这明显缺乏诚意。我就听过一个人用一种十分不耐烦的语气接电话：“行了，行了！到底什么事儿？”好像被对方占用的时间价值连城。

许多美国商人甚至连吃饭的时间都不浪费，中午走进任何一家饭店，就像几顿没吃饭一样，狼吞虎咽地吃起来。还有些美国人，更像是《青年伙伴》杂志中讲过的“野马”老兄。故事说一个初到大城市闯荡的西部人来到一家餐厅，恰巧坐在“野马”老兄对面。“野马”老兄正用一把钢刀把食物一大块一大块地往嘴里送，并狼吞虎咽地吞下，西部人对此很反感。“野马”老兄停了下来，对西部人说：“我说，新来的，你不用那么看着我，其实我懂礼节，但我实在没时间穷讲究。”边说还边用拳头捶了下桌子。美国人就是这样，知道应该举止礼貌，但就是没时间讲礼貌。而在其他一些国家，午餐是一件很重要的社交活动，人们笔直地坐在餐桌旁，边吃饭边愉快地闲聊，相互地谈论着生活、工作中的事情。当然，美国人也没必要太自责，因为他们不是唯一不同礼貌的国家。与它隔海相望的兄弟——英国，最近被一个英国名人狠狠批评了一顿，说英国人在海滨胜地缺乏修养。他说：“现在人们在海边的举止实在令人不敢恭维。大家度假真是彻底，连基本礼仪都跟着放假去了。滨海路上，年轻小伙子当着行人的面大笑大闹，还色迷迷地盯着过路的漂亮姑娘看。‘喧闹’这个词曾在上流社会红极一时，最后连‘文雅’也披上了喧闹的外衣。如今，恐怕这个词最适合用来形容沙滩上那些大声喧哗、衣着夸张的姑娘了，她们不以为耻，反以为荣地自我标榜‘非传统’。”美国女孩儿也有上面提到的不雅行为。火车上、餐厅里，随处可见女孩子们旁若无人地大呼小叫。公共汽车上，姑娘们言语粗俗，毫不在乎自己的喧哗给车内其他正在读书、谈话或思考问题的人造成多大的干扰。一些女学生甚至还公开对别人的穿着和动作品头论足。最近一个男士抱怨说他上下班时总能在火车上碰到几个同坐一辆

车的女学生，每次他都得换车厢，因为这些学生的不雅言行实在让人无法忍受，而她们居然是附近市里一所著名女子私立学校里的学生！现在学校什么知识都教给学生，就是不教他们与人相处的技巧，不教他们如何言行得体。学校和家庭应教导孩子，如果不养成讲文明懂礼貌的习惯，他们在今后的生活中就会困境重重。无论工作能力多强、学历多高，没有高尚的道德修养，成功的目标就很难实现。

几年前，巴黎礼仪模范莎娃里耶·安德烈·富基耶在访美回国后的一次采访中说："我希望美国学校进行基本的礼仪教育，每周只一小时，这不但不会影响他们的正常学习，还能让学生获得道德修养方面的教育。礼仪课上老师不仅要教礼貌的举止，还要教孩子如何赢得别人的好感，教他们学会自控。这样，整个国家都会赢得世界的尊重。依我看，不仅美国需要这样的教育，法国也需要开设这样的课程，以保证今后议会中不会出现议员们因为争论问题而相互谩骂打斗的现象。在课堂上，老师可以这样教导学生：

'当一位女士或长者对你说话时，应及时摘掉帽子。'

'考虑清楚后礼貌地回答问题，不要不假思索就驳斥对方，应该委婉地表达你的异议。'

'与人并肩通行时，让对方走在马路里侧。'

'三人同行，尊者居中。'

'没戴手套或挽着裤腿时不要进沙龙或画室。把大衣、帽子、拐杖留在大厅。'

'记住，礼貌能唤起别人的善意和慷慨之心，所以想取得成就的年轻人一定要懂礼貌。这样，就算别人不认可你，他们至少也不会侮辱你。'"

**无礼的举止是成功路上的绊脚石，它让你跌跤，让你吃亏。**一旦给别人留下不好的印象，今后就很难改变。许多才华横溢的律师被关在他们向往已久的胜诉大门之外，因为他们冒犯了掌管大门钥匙的人。一些有政治理想的人因为对无足轻重的人没礼貌而堵住了自己前进的道路。对服务员、乘务员的一句侮辱都会像弹簧一样反过来让自己的名誉沾上污点。

从任何角度看，没有礼貌都不是桩好买卖。在这个充满变数的世界里，谁也说不准谁哪天就会需要那些曾经遭受过自己的怠慢、被自己侮辱过的人的帮助。曾经有淘金人幸运地发现了一处金矿，他来不及梳洗打扮就衣衫褴褛地直接找到科罗拉多的一个银行家申请贷款。银行家上下打量他一眼，轻蔑地说："我可不借钱给流浪汉！"后来淘金者卖了金矿，挣了一千万美元。那个银行家找到流浪汉，希望他把钱存入自己的银行，这回淘金人可有机会好好教训银行家了，他直视着银行家的眼睛说："不，先生，我可不跟有势利眼的人打交道。""如果你看起来像是块废铁，本质是金子又有什么用？"这句话含义很深。众所周知，礼貌招人爱，无礼讨人厌。光有个金子般的性格是不够的，还得有良好的行为举止。

礼貌来自有教养的家庭，家是孩子学习礼仪的最早学校。一般孩子从七岁到十四岁时受母亲影响最大，会下意识模仿母亲的声音和动作，过了那个年龄段，孩子就逐渐独立，养成属于自己的行为习惯。所以，让孩子从小就养成良好的生活习惯吧，这是人生中一笔珍贵的财富。对父母和兄弟姐妹有礼貌的人也一定会对其他人有礼貌。在家养成了好习惯，今后无论在哪都能举止得体。如果每个美国人能在家里、在学校、在旅店、在剧院、在商场讲文明，有礼貌，让文明礼貌成为惯例而不是例外；社会中的每个人，乘务员、售货员、学生……都应讲礼貌，让文明礼貌成为一种社会风尚，让每个人都受到良好气氛的影响，那么整个社会就会秩序井然，人们的生活就会更加温馨幸福。

爱默生说："我认为，汉斯·安徒生《皇帝的新衣》中那件精美得看不见的衣服就是指礼仪，它就穿在王公般高贵的灵魂身上。"真正的礼貌当然要来自内心，来自高尚的本性。但有时一个心地善良的人也因为不会表达自己的好意而处于尴尬境地。比如走路时撞在别人身上却红着脸结结巴巴，不知道如何道歉，或是在摆满佳肴的餐桌前不知道怎么动筷，不知该说些什么。良好的家庭、学校和社会教育能使人们避免因陷入尴尬而失去自信。多出去旅行、多参加些社交活动就能帮助我们克服胆怯害羞的弱点。在这些活动中人们可以增强自信，学会控制自己，今后在与人交往时便能游刃有余，不会显得粗俗笨拙，不至于出现尴尬难看的局面。许多年轻人，尤其是在乡下长大的年轻人，不懂得如何待人接物，在公众场所不知道该做什么、该说什么，自己因此感到很失落。但他们只要用心观察、仔细琢磨那些讲文明、有礼貌人的行为举止，就能学会在社会交往中如何表现。青年人学习礼仪的最好办法就是组织一个“礼仪俱乐部”，或直接学习某些团体的礼仪规范。这些学习不仅能让年轻人受益，还能通过他们给社会带来巨大变化。现在，美国的一些幼儿园和学校已经引入了一些游戏来培养孩子这方面的素质。例如，“公平游戏”和“诚信游戏”就对孩子的思想品德产生了影响。“礼仪游戏”就是通过在游戏中不断重复礼貌动作让孩子们不知不觉把讲礼貌当成一种习惯。一位幼儿园老师说，孩子们经常把自己在这些游戏中学到的东西带回家教给父母，很多家长反馈说他们这辈子的第一堂礼仪课就是孩子们教的。

曾有人说，**礼貌是表达自己感觉的艺术，是减少人与人之间摩擦的润滑剂**。无论一个人是贫穷还是富有，只要他拥有一颗真善美的心，他的行为举止就会得到尊敬与赞美。学会文明礼貌的最佳方法就是去大胆实践文明礼貌的金科玉律。

## 赢法定律 11 ╱ 挖掘自己的潜能

如果一个人想在他短暂的一生中成就一番伟业，他就必须把全部精力、注意力投入到自己的工作中去。

——梭罗

当上天给了你力量，大地给了你勇气，人类给了你责任，你要心中暗示自己：我必须做到，我一定能够做到！

约翰·赫雷少弗是一位著名的船舶设计制造者，可谁能想到，他却是一位双目失明的盲人。赫雷少弗在十五岁那年，一场重病导致他突然双目失明，这一沉重的命运打击使他悲观过、郁闷过、苦恼过，甚至想到了自杀。但后来他终于醒悟了，他没有听从命运的安排，决心在船舶制造上有所成就、有所突破。于是他经过十几年的努力学习，刻苦钻研，细心摸索，精心设计。一次次探索，结果失败；一次次创新，前功尽弃；但是，他始终不灰心、不放弃，坚信自己一定会成功。经过无数次的设计、制造、失败，再设计、再制造、再失败，最后他终于成功了，经他双手设计制造出的鱼雷舰、快艇和客船，性能优良，堪称当时船舶的顶级品，他也成为当时船舶制造界的佼佼者。于是，美国、英国、西班牙、俄罗斯等大国纷纷出巨资，花重金来请他设计战舰、船舶，他成了当时世界上最显赫的人物。虽然他双目失明，但是，他有一双灵巧的手；虽然他看不见船舶的长短、宽窄、高低，但是，他脑海中的船舶是那样高大、雄伟、壮观。

一家报纸曾刊登过这样一个故事："在十九世纪八十年代末南美战争时期，南美共和国领导人亲自前去拜请赫雷少弗，请赫雷少弗帮助他们制造三艘特殊的鱼雷舰艇，舰艇制成后，必须能分拆成几个部分运到目的地，然后再组装。另外，这三搜舰艇还要兼有其他特殊的军事功能。赫雷少弗听完后认为，此项要求比较苛刻，一是设计制造好的舰艇必须能做到拆开重新组装；二是这种舰艇还要兼有其他军事功能。赫雷少弗没有立即答应他们的要求，只是请他们一天后听信。然后赫雷少弗潜下心来，设计运算了一整天，认为此举可行，于是给南美共和国领导人发去了可以制造的回信。从此，他全身心地投入到了新方案、新舰艇的设计制造工作中。经过半年的大胆设计、细心研制、精心打造，三艘新型鱼雷舰艇终于问世了。赫雷少弗在用辛勤的汗水、忘我的工作态度实现了他的诺言的同时，还使他制造船舶的眼界更宽了，水平更高了，名声更响了！

1915 年 11 月 14 日，美国黑人政治领袖华盛顿的死讯随电报传遍世界。布赫·华盛顿出生在弗吉尼亚的一个农场，当时由于种族歧视，他从出生之时便遭受着社会的歧视，但他靠自己的努力最终一步步爬到了社会阶梯的顶端。布赫·华盛顿小时候在矿上打工，听见两个人谈论一所接受黑人学生的学校时兴奋不已。可这所汉普顿学院远在五英里之外，他没钱坐车，只能每天步行去上学。经过四年的努力学习，布赫·华盛顿在 1875 年以班级第一名的成绩毕业，之后便任职于亚拉巴马州的塔斯克基学院，积极投身于教育事业。塔斯克基学院 1881 年 7 月 4 日创立时只有一名老师，30 名学生，既没有土地也没有大楼，学校完全靠亚拉巴马州政府每年两千美元的拨款维持。在华盛顿的努力下，塔斯克基学院现已成为美国著名教育机构之一。布赫·华盛顿去世时学院已设有三十七个专业，外界赞助款额达二百万美元，上千名学生不分种族性别都可以在学校接受教育，他们继承了伟大先驱布赫·华盛顿的旗帜，在发展全民教育事业的道路上继续前进。听过布赫·华盛顿的成功经历，还有哪个孩子还敢说自己因为没有机遇而不能成功？还有哪个青年好意思像个懦夫一样等待机会自己找上门来？

纽约州教育部委员约翰·芬利博士出生于伊力诺伊州一个农场上的贫困家庭，他不像现代人一样有优越的教育环境，而是完全靠在偏僻的乡村学校里学到的那点知识充实自己的头脑，十三岁时他就已经能帮老师检查低年级学生的背诵作业。芬利博士从克诺克斯学院毕业后就留校任教，几十年后当年贫穷没有自信的他当上了学院院长，成为美国历史上最年轻的大学校长。

著名幽默大师马歇尔·怀尔德也同样用他强大的意志力战胜了先天畸形的困扰。他知道只有思想才能弥补身体上的缺陷，于是下决心要用幽默、滑稽、风趣的语言征服听众。他不但没有让自己消沉下去，还做出了健全人难以做到的事情，给无数人带来了愉快，让世界变成了一片欢乐的海洋。

海伦·凯勒被誉为“世界上最了不起的人”，她一生一直在用自己坚强的毅力、坚定的决心同常人难以想象的困难进行斗争。在她一岁半时，医生确诊她两耳失聪、双目失明。在她七岁时，一位名叫安妮·沙莉文·梅西的老师的到来，开启了她沉睡七年的头脑。在六个月内，海伦学会了读书写字，十岁学会了说话，十六岁时考入哈佛大学拉德克利夫女子学院，1904年毕业时，她已经成为世界知名人士。她把自己的一生都奉献给了改善聋哑人和盲人生活的伟大事业，到世界各国巡回演讲，出版了很多人们广泛传阅的书籍。

无数伟人、名人奋斗成功的例子告诉我们，要想方设法把不利的条件变成一种奋进的动力，只要坚持不懈、意志坚定，就能不断地取得进步。**创造奇迹、实现成功不单单是靠向往、决心，更重要的是靠自己坚忍不拔的毅力、始终不渝的恒心。**

人生前程将如何发展，完全由自己的思想决定。思想有多大，人就有多大；思想有雄心，人就有雄心；思想有魄力，人就有魄力。反之，思想多渺小，人就多渺小；思想没志气，人就没志气；思想畏缩不前，人就畏缩不前。所以，在抱怨命运的不公时，你应该仔细想想，有多少接受的教育和受到的培训都没你多的人，却在你瞧不起的工作中取得了优异的成绩；还有多少各个方面条件都不如你的人，却在不如你的工作中获得了可喜的成就。既然他们能取得优异的成绩，你为什么不能？既然他们能获得可喜的成就，你为什么不能？这时，你就应该好好想想，为什么你就不能成功？你受过的教育比他们高，接受的培训比他们多，你怎么就不行？归根到底，是因为你奋斗的目标不明确、拼搏的精神不足、奋进的力度不够。

约瑟夫·普利策刚到美国时，身无分文，居无定所，每天睡在公园的长椅上，几年后却成了身价百万的报界精英。休·查默斯从一个小职员迅速成长为一个月薪达七万美金的高层管理者。英国的乔治·纽恩斯能从一个出版公司的小职员一跃成为引领公司的总经理。汉姆兹华斯从造纸厂的小学徒工一跃成为资产达上百万美元的纸浆木材经营商。玛沙·菲尔德在匹兹堡一家店铺勤奋工作，仍被老板解雇，说他没有经商的头脑，但是他不灰心不气馁继续坚持自己的理想，最终成为美国最大商业机构的领袖。

博克先生出生时家境殷实，但刚上小学时家庭突遇变故，为了谋生，全家移民到美国。博克先生讲："我十岁时有了第一份工作，给一个面包店擦窗户，一周五十美分。一两周后我又开始利用课余时间站柜台卖面包，一天一美元。每天，香气扑鼻的面包从我的手上送出去，可我却连一个面包渣都吃不到。"后来博克先生又站在路边卖柠檬汁，一杯十美分。再后来他晚上当记者，白天当办公室的勤杂工，半夜学速记，工作之余还得照顾体弱的母亲。这就是博克先生的奋斗史。

难道这些人生来就比你我都有优势吗？其实不然，在这片充满机遇的土地上，众多贫困但有志向的青年在逆境中顽强拼搏、奋力进取，取得了令人瞩目的成就。在这片土地上，一切看似很难实现的事情皆有可能实现。

伟人的成功既不是偶然也不是靠外界的提拔，他们成功的奥秘就在于他们自身。每个人的未来都要靠自己去创造，想要成功就必须在自己身上寻找令人奋进的力量，要挖掘出体内所有的潜能，发挥出自己最大的力量，全力以赴奔向理想的目标。工作中，有的人付出了全部力量，而有的人只付出了一半力量，正因为如此，每个人所获得的成就才千差万别。还有的人尽管使出了百分之百的力量，却因为在目标、方向上选错了，不但谈不上成功，还酿成了大的失败与恶果。爱默生说："我最需要一个能激发我全部潜能的朋友。"在人生奋进的征程上，一定要把落脚点落在自己力所能及的事情上，这样，奋进的脚步才不会落空。反之，总想着去做第二个林肯、做第二个拿破仑，就永远也别想取得大的成就。

要想实现自己的雄心壮志，必须抛弃效仿他人的想法。在遇到难题时，多问自己几个"为什么"。为什么我总是这么不顺利？为什么我不能像他们那样机智果断？为什么我不能像他们那样锲而不舍、细致入微地精雕细刻？为什么别人早已声名远扬，而我还在这里苦熬？为什么别人都在大展宏图，而我连个立足之地都没有？问题出在哪？究竟是什么阻挡了我的成功？

多数人失败的原因就是他们从不想办法发掘自己的潜能，他们的眼光总是盯着外面，向外界求助，可成功的巨大能量就在自身。当明白了这些"为什么"的原因，奋进的力量就会被激发出来，潜藏的能量就会被挖掘出来，钻研的灵感就会被启迪出来，美好的理想就会实现。

如果一个人在生活中，时时依赖别人、处处依靠别人，总是指望别人给自己带来希望和美好的未来，那他奋斗进取之路就算走到了终点。为此，我们要做的就是放弃对别人的期待，不要总想着不劳而获，毕竟摆脱贫穷和失败的力量来自于自身，等待别人的帮助只会使自己一事无成。

许多年轻人都有这样一个错误观点：有些伟人之所以能够成就伟业，是因为他们有成就伟业的天赋。当谈到林肯和格兰特将军时，他们就认为是时势造英雄，觉得在危难时刻拯救国家正是那些伟人天生的使命。实际上，那些为人类历史创下非凡业绩的人，同普通人一样，没有什么区别，只是他们在人生奋斗的征程上充分发掘了自身的潜在力量，最大限度地发挥出了自己的全部才能。

朋友！未来成功的秘密就潜藏在你自己的身体中，就算你没有林肯那种出众的才华，你也一定有很多尚未发掘的能力。倘若现在有人对你说，你已经江郎才尽了，你难道不生气吗？谁都不愿意自己的一生默默无闻、寄人篱下，你要相信真正的自己要比现在更伟大，只是现在还没到崭露头角的时候。如果此时有人不相信你、否认你，你一定要反驳道："你错了，我一定要用我的实际行动让你相信我、佩服我。让那些支持我的人为我的惊人壮举而感到骄傲。"

**决心的力量是强大的，而行动会让决心更加坚定。**如果以前总爱倒向失败一方，那么，从现在开始请立正站直，转身面向成功，一往直前地冲吧！不必理会那些嘲笑和挖苦，不要惧怕各种艰难险阻，双眼盯紧目标，心中充满希望，把所有的失败都抛到脑后，柳暗花明、前程似锦的美景一定会出现！

一篇传记在介绍美国南北战争时期的南部联邦司令杰克逊时这样写道：杰克逊刚到西点军校时，着装打扮非常土气，言谈举止非常拘谨，但他的脸上却充满着微笑，像是对大家说："我来了，我一定会学得很出色。"杰克逊的数学成绩不太理想，入学后在数学方面他花费了很大气力，耗费了很多功夫，熟背了大量的数学公式与定义，运算了大量数学习题，做数学习题经常做到深夜，熄灯号响了，他就蹲在火堆旁继续看书做题；火堆熄灭了，他就把题型牢记在脑海中，躺在被窝里继续思考运算，一直运算到进入梦乡。工夫不负有心人，在期末考试中，杰克逊的数学成绩名列前茅，而且，其他科目的成绩也全都是优秀。从此，同学眼中的杰克逊，再也不是着装打扮非常土气的杰克逊了，再也不是言谈举止非常拘谨的杰克逊了，他在同学心目中的形象一下子高大起来，他的一举一动也备受军校全体师生的重视。在西点学习期间，杰克逊还编了许多激励自己拼搏奋斗的座右铭，比如：只要你把决心落实在行动上，你就会成功；每一次失败，都是让你在迷惑中及时醒来的清醒剂；每一次跌跤，都是让你重整旗鼓、奔向新征程的加油站。

所以，在人生奋斗的征程上，请不断地鞭策自己，时时地激励自己，让自己的目标明确，然后意志坚定地奔向理想的目标，最终成为人人敬佩的成功典范。

## 赢法定律 12 ╱确定目标全力以赴

有才华不拼搏奋斗就不能成功。只有坚定不移、持之以恒、永不松懈地拼搏奋斗到底，才能够实现成功。

——马登

总有年轻人问我，自己是否已经具备了成功必备的才能。我告诉他们："是的，你们的确具备了成功所需的才能，但我不能确定你们是否能够成功，因为成功还必须有坚定的信念和持之以恒的毅力作为支撑。当你其他方面的条件具备了，你们能够做到持之以恒吗？"

**才华出众只是成功的一个先决条件，把自己的才华落到实处，变成实际的力量才是最重要的。**这就是很多人付出了行动却收不到效果，本来可以事业亨通、生活富足，到头来却成了街头行乞的流浪汉的原因。如果你有远大理想，想让自己的一生意义非凡，那就赶快行动起来吧！还犹豫什么？是谁在拖你的后腿？好好考虑这些问题，就能找到失败的症结所在——你自己。你为什么失败？是因为体质弱还是意志力薄弱？是因为受教育少还是因为对自己的职业缺乏了解？

记住，没有人能拖你的后退，你也不缺少成功的机会，正是你生活中一些看似无足轻重的习惯和性格上的弱点，像捆绑在身上的铁镣一样阻碍着你前进的步伐。

所以，如果你对现在的成绩不满意，那就好好自我反省，找出被你忽略的纰漏。一个木桶由许多块木板组成，如果组成木桶的这些木板长短不一，那么这个木桶的最大容量不是取决于长的木板，而是取决于最短的那块木板。你要做的就是找出自己最短的那块木板，增加它的长度。不要总找借口说自己缺少机遇，没人帮你、鼓励你、资助你、指导你。如果你真的具备成功的潜质，就算前方没有路，也能靠自己的毅力开辟出一条路。

当初，美洲大陆的先驱者、开拓者们，面对那些虎视眈眈、非常欺生、不愿接受外来人的土著人，他们没有畏惧，没有退缩。为了能开辟出一片新的天地，他们勇敢地穿越危机四伏的热带森林，机智巧妙地躲过毒虫蟒蛇的一次次侵咬，用聪明的智慧和过人的胆识，将一次次危机化险为夷，给后来人开辟出了一片新的天地。当初，若没有他们的勇气、胆量，就不会有这片富饶的美洲；没有他们的聪明、智慧，就不会有这片充满生机的美洲大陆，更不会有这无数个繁华喧闹的大都市和四通八达的交通网。一位开拓者回忆起当年的亲身经历，感慨万千，自言自语道："我能活着回来，真算是命大啊！"有一次，密西西比河谷发生地震，大片土地被洪水淹没变成沼泽，开拓者前进的道路被隔断了。沼泽地里是又滑又黏的流沙，既不能走过去也不能游过去，想躲避土著人的追赶就必须开辟出一条新路。可此刻时间紧迫，后面那些气势汹汹的土著人手握长矛眼看就要追上来了，开拓者们急中生智，从旁边一颗枯树上扒下两大块树皮拖到沼泽旁，把一块树皮铺在沼泽上，站上去，再把第二块树皮放到前面，站到第二块树皮上去，回头捡起第一块再铺在前面……树皮的面积很大，正好能禁得住自己的体重，他们就这样相互效仿着把树皮一颠一倒踩在脚下，全都越过了沼泽。等到土著人来到沼泽边时，他们已经藏身于对岸的树林中，土著人找不到他们，自然也不会知道他们是怎么过的沼泽。

总是等待好条件、好机会到来后才采取行动的人永远不可能成功。只有不惧怕逆境、屡遭否定仍执着前行的强者才能成功，因为困难能锻炼意志、培养耐力，成功的力量就是在克服困难的一次次努力中激发出来的。

1574年，西班牙战舰围困荷兰小城莱顿，荷兰军队坚决不认输，说一定要打退西班牙军，西班牙司令听后哈哈大笑，说："荷兰人如果四个月后还能坚守到底，那我就能上天摘星星了！"但是荷兰司令威廉姆坚定地下达命令："毁掉所有防护堤，我们宁可让大海淹没整个国家，也不能让她沦陷！"荷兰人民开始摧毁离岸十五英里远的所有防护堤。这是个费力费时的工作，每天海岸警卫队员忍饥挨饿不分昼夜地工作，西班牙士兵在不远处观望，嘲笑他们是蚍蜉撼树不自量力。但有志者事竟成，秋分时大海涨潮，海水朝内陆翻滚而来，几乎淹没了整个西班牙军队驻地。第二天风向改变，海水退了，荷兰军民出城迎击西班牙舰队，发现敌人早已仓皇逃跑。荷兰人又重新修建了护堤，并在第二年春天，建立了一所大学来纪念莱顿城这次抗敌的成功。

任何力量都无法阻挡意志坚定、奋力进取的人。前进的路上遇到一块绊脚石，他会把它当成向前奋进的垫脚石，他的脚步迈得更高；身无分文，他会自强不息，一切从零开始，在逆境中慢慢挺起那令人敬佩的刚强的臂膀，他的意志炼就得更加坚强；身有残疾，他就刻苦锻炼其余正常器官的功能，让它们达到或超过身体健全人的水平，他的能力超过了正常人。拼搏奋斗中，他们能充分发挥自己的智慧，最大限度地运用自己的才华。他们所走过的人生路上，留下了一个又一个令人敬佩的、闪光的足迹，他们的成果是那样硕大无比。

很多年轻人总想着条件如何困难，成功如何不易获得，看到一点困难就悲观泄气。交给他一件不算困难的工作他也会说："哎呀，我可干不了，完成这种工作根本就不可能嘛。"结果他在任何领域都一事无成，将来也不可能有出息。

看不清成功之路，那就连一步也迈不出去。如果我们的目标仅仅是不费吹灰之力就可以取得成功，那么人生就毫无意义。**伟大的志向必须有毅力和决心的支撑才能实现，临阵逃脱当逃兵，是永远不能取得成功的。**想开创一番事业，又对前方的重重障碍无计可施时，不要气馁，要勇敢地走向那些貌似可怕的困难，只要心中充满自信和勇气，前方道路上的障碍就会在你面前越来越渺小。盯住目标坚持不懈地努力奋斗，不论道路两旁是诱人的世外桃源，还是险象环生的丛林沙漠，都不要左顾右盼，否则一旦偏离了目标，就再难找到既定的轨道，疾病和残疾也会阻碍成功。

塞缪尔·斯迈尔斯说：“仅仅怀有希望和意愿只能产生嫉妒心，必须把愿望落到实处。守株待兔没用，一旦找准目标就要毫不犹豫地奋斗到底。如果因为一个小小的理由就改变初衷，那你注定是要失败的。”让自己忙碌起来吧，对于意志坚定、雄心勃勃的人来说，这个世界上没有失败。

只有通过工作，人的能力才能得到发挥，思想才能得到锻炼，人格才能得到提升。没有工作，人类只能做没有骨气、没有品德、没有毅力的低等动物。爱默生说：“人们谈论胜利时，像是在说件走大运的事儿。其实，工作就是胜利，你能干工作就是获得了胜利。”

如果一个人能够“克服天生的弱点，冲破外界的层层阻拦，抓住幸福时机的裙脚”，那他就比其他同龄人伟大。歌德说：“人群里拥有坚定信念和坚强毅力的人，就像狮群中的狮王一样伟岸。他能按照自己的想法改变世界。”雨果说：“人们缺少的不是力气，而是毅力。”现代人评论恺撒大帝时，说他的成功源自于果断的行动和坚定的决心而非军事战略。

如果年轻人创业之初就能眼观六路、耳听八方，抓住身边的一切机遇，吸取一切教训，用毅力支撑自己不断前行，那么他们的人生就必定成功。

世界会屈服于意志坚定的人，意志能够为人们打开每一条“不可能”的路。记住：“**再向前迈一步，你就会成为冠军；再坚持5分钟，你就会赢得战斗。**”

## 赢法定律 13 ／锻炼出色的口才技巧

没有任何一项才能能像口才一样给人留下深刻的印象。交谈技巧是艺术中的艺术，有了好口才就是有了一个无价之宝。

——马登

不论做什么工作，口才都十分重要。在工作中能言善辩、谈吐幽默的人往往比知识广博但言语木讷的人更具说服力与号召力。比如，当公司里某个重要职位空缺时，人们会说："选 ×× 吧，在任何场合他都知道该说什么该做什么，选他做领导最合适了，因为在重要场合他能给人留下好印象，为公司争光。"口才是成功的一个必备条件，它不但能帮自己塑造一个良好形象，还能让别人敞开心扉快乐地与自己交谈，所以不论是贫穷还是富有，有好口才的你都会备受欢迎。人们都喜欢邀请能说会道的人参加这样那样的聚会来活跃气氛，就算他有很多缺点也无所谓，只要他说话动听，人们就愿意和他相处。

有个古老的传说，讲一个教徒被逐出教会后死去，在一个天使的引领下来到地狱接受判罚。这个教徒为人和蔼、心地善良，还能说会道，所以朋友遍天下。很快，这个天使就成了他的好朋友，连天堂中的天使也不远万里来和他交朋友。这个教徒虽然被打入地狱的万丈深渊，可他却因心地善良、妙语连珠让地狱变成了乐园。后来，因为实在是找不到合适的地方惩罚他，天使就又带着他离开了地狱。最后，这个教徒不但没有受罚，还上了天堂成了圣人。

美国著名女作家汉纳·莫尔是一个十分健谈的人。一次大夫来家里给她看病，这位大夫感觉她的谈话是那样耐人寻味，由于听得入神，以至于把看病的事都忘在脑后了，转身下楼时才想起来还没问汉纳的病情，于是匆匆转身回去，这才问她：“孩子，今天感觉怎么样啊？”

我们必须承认，能言善辩的律师，若没有一副好口才，就无法到法庭上替人辩护；人类灵魂的工程师——教师，若没有一副好口才，就无法站在三尺讲台上答疑解惑；巧嘴利舌的政治家，若没有一副好口才，就无法在大庭广众之下发表自己的演说。

**好的口才，不经过刻苦努力的磨炼，不付出一定的代价，是休想获得的。**一个著名作家说过这样的话：“出口成章的人都是有思想的人，都是博览群书的人，都是见多识博的人，都是有高深见解的人。”换句话说，在好口才里面，还包含着善于思考的头脑、广博精深的文化知识、审时度势的敏锐目光。相比之下，一些人说话时信口开河，对问题随便发表议论，不加思考，想怎么说就怎么说，结果，语言乏味，议论浅薄，缺乏个性，难入听众之耳，人们也就不爱听。

切斯特菲尔德说：“只要用心，每个人都能做到语言生动，出口成章，耐人寻味，打动人心。”尽管口才要通过不断地练习才能获得，但如果脑中空空如也，是说不出引人入胜的话来的。要知道，大脑贫乏，说话就像鹦鹉学舌，纯属闲扯。而那些博览群书、善于观察、勤于思考的人就不同了，他们的头脑思绪万千，他们的语言生动感人，他们的观点寓意深刻。

无论是在商业贸易还是在社会交往中，只有知道如何恰当地使用语言才能吸引对方，让自己受益。简单地说，只要吐字清晰，言之有物，说话时大方得体，就可称得上是个健谈的人。想出口成章就得会看、会听、会想；就得抓住一切机会学习知识，了解自然、了解人性。读书很有用，但不要看那些平淡无味的小说，而应该多看些能让人增长知识，能让人产生思考，能激励人勤奋进取的书。良好的阅读习惯可以扩展知识面、丰富头脑，同时，它还能扩大词汇量。许多人的头脑里因为没有丰富的词汇，心中有许多好的想法却说不出来。词汇丰富了，说话时也就不愁无法表达自己的观点了。勤奋学习，博览群书，善于表达，你的语言才会生动感人、风趣幽默、掷地有声。养成多读书、多和智者交谈的习惯，那你就会拥有一副好口才，成为一个健谈的人。

历史上，很多人通过不断地努力成了著名的演说家，他们的名字记载在历史上，向世人昭示着语言的伟大力量。拿破仑骁勇善战攻无不克，却十分惧怕法国文学大师斯达尔夫人，因为斯达尔夫人能言善辩，感召力极强，她的言论往往能影响整个法国舆论界。拿破仑怕斯达尔夫人扰乱民心，便销毁了她的所有作品，禁止她进入法国。斯达尔夫人并不漂亮，她的影响力完全来自她敏捷的头脑和魅力无穷的语言。

作家约翰·兰道夫说他见过说话最感人的人是一个在黑奴拍卖市场里从没读过书的黑奴母亲。当时这位母亲声泪俱下地跟在场的人控诉人贩子如何残忍地把她和孩子分开，分别卖给两个奴隶主，她的哭诉博得了在场所有人的同情。兰道夫说："那个黑人母亲的表述令人心碎、令人心寒，让你听到后不能不深表同情，不能不前去帮助。"这个女奴不识字，也没接受过口才方面的专门训练，是当时的场合激发了她的潜能，也许她此后再也说不出那么感人的话了。每个人都具有足够的语言潜能，只要充分挖掘，就能做到。

同活生生的人面对面地交流，这是获得知识的最好方法。著名词典编撰者韦伯斯特说过："在我接受过的所有教育中，同智者谈话比看书更能给我启迪，跟他们谈话比看他们的书学到的东西还要多。在对话中他们的思想和我的思想相碰撞，让我能领略到他们成功的奥秘，而这些东西在书本里是学不到的。"一个杂志编辑说："亨利·克雷议员的语言来自生活，来自他所接触的所有的人和事。他的词汇中仅有一小部分来自书籍，其余的全部是从交谈中学到的。亨利接触过的人三教九流，有好有坏。他既同西部牛仔握过手，也同东部学者谈过学术；既同俄亥俄州的车夫拉家常，也和来自弗吉尼亚的长官聊政治。从这些人身上，亨利搜集到了大量普通却丰富多彩的词汇。”

练就好口才的方法就是多听、多看、多说。从容优雅的谈话态度，可以首先通过使用简单的词语来练起。

经常练习表达自己很重要。如果不知道如何表达自己，你就算是百科全书，说话也会同普通人一样平淡枯燥。也许你习惯于独自生活不与人接触，也许你没有机会和有教养的人交谈，但只要有决心，这些困难都可以克服。

德国皇后奥古斯塔曾跟一个朋友说，她学习交谈礼仪时，每天都要对着几张空椅子说话，想象每张椅子上坐着一位重要人物。如果对着真人说话不好意思，那你就像这位皇后一样对着椅子练习吧，或者像美国议员亨利·克雷那样背诵名人的演讲，然后在田地里、树林里把牲口、小鸟当成听众大声朗诵。

因此，**不论身处何地、对谁说话，你都可以把所说的每一句话当成一次口才的锻炼**。你读过的每一本书，接触过的每一个言谈得体的人对你来说都是很好的学习资源。经常练习清楚地发音、幽默地说话，就可以练就流畅精彩的口语。就像美国文学大师爱默生所说：“在交谈这门艺术里，要把所有人当成你的对话者。每一次谈话都是一次练习。”

不学习表达的艺术，尤其是演讲的艺术，就很难攀登到社会阶梯的顶层。在古代，口才被视为衡量一个人成功与否的最高标准。因此，年轻人不论今后想做什么，都应该学习演讲。演讲使你具备在任何领域都能成为领袖的素质。柯里博士说：“演讲能影响你的工作，培养你的思维能力和判断力，锻炼你在与人面对面交谈时仍能正常思考的能力。”在演讲过程中你要牢牢把握住自己的思维，全神贯注，时刻作好准备应对突发事件。一个好的演讲者能吸引听众，传递感情。演讲的意义在于让演讲人体会到自信和尊严，使他在今后任何场合都能谈吐自如、落落大方。其实，演讲中出现的失误也有好处，它能坚定一个人战胜挑战的决心。英国著名政治家迪斯雷利的那句“诸位听我指挥的时刻就要到了”就是很好的例子。

青少年时代多读好书多查字典就能掌握大量词汇，这样在今后的演讲中就有足够的词语表达思想。读好书、阅读好的报刊，欣赏经典的歌剧或去听音乐会，这些活动都能丰富你的头脑，为谈话储备材料。学着说说你的所见所闻，说说有意思的新鲜事儿。对于一个敏锐的观察者、一个聪明的倾听者、一个敏捷的思考者来说，话题是无穷无尽的。锻炼出色演讲技巧的方法是：头脑中必须备有充足的语言材料加上不断练习表达的功夫。格拉德斯通给年轻人提出如下建议，他自己就是用这些技巧训练自己的口才的：要想感动、说服听众，演讲中就要始终目视听众，语言要平实，用词简单，句子短小精悍，吐字清晰，在演讲前要充分理解演讲的主题，反复论证自己的论点，以免遭到质疑。

法国人就十分善于表达，他们讲话总是内容精彩、妙语连珠。据说法国上流社会的人在为重要场合的谈话作准备时的细心程度不亚于梳妆打扮。他们认为，不论穿得多讲究，如果说话枯燥无味，自己的形象就毁于一旦了。语言一旦被谋杀，多少天赋、多少教育、多么华丽的衣服就都无法把你装扮得漂漂亮亮。一次聚会上我亲身感受了这个道理。聚会中有一个仪表堂堂的人十分抢眼，我便找机会和他攀谈起来。谁知他的谈吐完全不像是个有教养的人，那美丽的泡影瞬间破灭，优雅外貌树立的高大形象顷刻间垮塌。谈吐能反映一个人是否受过良好的教育，洞察力敏锐的人常能通过别人的言谈判断出说话人的背景，勾画出他的成长历程，并推断出他的交往人群。谈吐就是社会对人评判的依据。还有很多人因为找不到合适的话题而苦恼，就像美国作家阿蒂莫斯·沃德一次被邀请作即兴演讲时一样：“实际上我口才不错，但今天实在是没有准备。”这些人觉得自己具备演讲的能力，但就是不知道该说些什么。诗人朗费罗给这些人的建议就是：“每天欣赏一副优秀画作，走进大自然感受美景，聆听一段优美的旋律，读一首好诗。不论多忙每天你总能抽出半个小时做其中的一项，一年以后你就会发现，脑中积攒的东西已经闪耀出了钻石般耀眼的光芒，连你自己都会感到吃惊。”

身处现代社会，不读书、不看报就是远离文明，不与人交谈就会孤陋寡闻。在纽约，一个女孩子就组织了一个专门训练女子口才的俱乐部。在接受媒体采访时，她说：“女子无才便是德的年代已经过去了，现代社会的生活需要人们思维更敏捷，美貌和身材已不再具有绝对优势，如今的男人都想找一位与自己有共同兴趣爱好的、有共同语言的伴侣，所以我组织起了周围的一些女孩子，每周在写字楼里聚会一次。我希望大家能对社会花边新闻之外的其他话题也感兴趣，但我不会说教似的命令她们说什么，只是引导大家谈些高层次人群关注的各行各业的新动向，来扩大视野增长见识。有一次我们谈论驻外领事馆和大使馆在处理外交事务时所采用的策略，大家都觉得这类话题很有意思。我们也喜欢谈论海上贸易，这一话题也是国会开会时议员们经常讨论的问题。很多女孩子在谈论自己感兴趣的话题时并没有意识到自己同时也在接受教育。我们谈话的目的不是教大家应该怎样看待所谈的话题，而是像古希腊演说家德摩斯梯尼说过的那样‘我希望你去思考’。”只要你做到这样，只要你愿意，不论是城里人还是乡下人，就都能做这位姑娘所做的事。

优秀的谈话者不必太严肃，也不必太在乎事实和数据，那样会让人感到疲惫。生动是最重要的。谈话过于沉重令人乏味，过于轻浮让人生厌，要把握好两者之间的度。有的人总把谈话看成是一件特别严肃的事，觉得不该说些琐碎、没有意义的话题。这种人认为去剧院就是一种学习，不该为了娱乐而去。他们把谈话看成是说教，总是一个人口若悬河。他们的谈话单调乏味，就像是长时间看绿、红这些单一的颜色一样让人感觉疲劳。

所以，谈话时应该时常转换话题，这样才能让气氛轻松活跃。一位在社交界非常活跃的女士说：“只要保证气氛轻松愉快，说什么都行。千万别一言不发地坐在那儿等别人主动找自己说话，那种人是最无聊的。”尽管空洞的谈话也不能算是成功的谈话，但它有时也有用，起码它能活跃气氛，不至于让大家都尴尬地坐在那儿一言不发。口才好的人在聚会中也时常走来走去拉拉家常。另外，谈论小的话题其实也需要智慧。比如谈论做布丁，也就无非说些关于面粉、鸡蛋、糖和香料的比例和制作流程的问题，但想把这样的话题说好也不容易，说话人不仅要懂得布丁的制作方法，还要有轻松的谈话风格，要描述生动、声音动听、姿势优雅，这样才能使这件小事儿引人入胜。

谈话也不一定非得是“等价交换”，你告诉别人多少信息，对方就一定要透露多少信息给你。美国人说话时就习惯抖出一大堆奇闻轶事，以达到娱乐听众点明主题的目的。林肯就是一位运用奇闻轶事的大师，他清楚谈话的气氛必须轻松活跃，让听众能发自内心地笑起来，所以他在讲话时总爱讲些笑话，这样听者就会感到轻松自在，就会毫不拘束地把自己的想法告诉给他。

**想吸引听众，就要进入他们的内心，通过谈论对方感兴趣的话题来感动他们。**如果听众对话题不感兴趣，知识再怎么渊博也没用。口才好的人说话讲究策略，他的话题有趣还不冒犯人；他尊重听众，不会因为显示一时的小聪明而揭穿别人的秘密让人尴尬。

给别人表达自己的机会，并礼貌地倾听，也是好口才的重要因素。最受欢迎的谈话者一定是个优秀的倾听者。独自滔滔不绝地说个不停不叫谈话，如果一个人只顾自己说，不容别人插嘴，连他的好朋友也会不耐烦的。说话声音也不能忽视。著名演讲家亨利·萨摩赛特女士说：“我觉得，人类声音在说话中的作用跟在唱歌中的一样重要，也要讲究技巧。”刺耳尖厉的嗓音听起来不舒服，而清晰低沉的声音代表良好的修养，会给人留下好印象。”

美国作家米娜·托马斯·安特里姆在一本杂志中写过这样的故事：命运之神对三个女人说：“我可以让你们每个人实现一个愿望。”

“我想要美貌。”最年轻的女人说。

“我想要权力。”第二个女人说。

“我想拥有低沉的、具有感染力的嗓音。”第三个女人说。

故事的最终结局是，每个人的愿望都实现了。第一个女人有了美貌，但因一场事故毁了容。第二个女人有了权力，但她的权势只维持了短短几个月。第三个女人一生都拥有迷人的嗓音，并因此而获得了比美貌更好看的容颜，比权力更大的号召力。

## 赢法定律 14 ／展示美好的形象

华丽的服饰虽然不能成就一个人，但是，衣着整洁的人一定是个品行良好的人，这是一个普遍规律。

——亨利·惠勒·萧

著名英语散文大师休·布兰德说 ：“我年纪越大，涉世越深，越重视外貌。”在社会交往中，良好的形象可以给别人留下深刻的印象。

聪明的商人都明白大脑思维会受到眼光的巨大影响，所以，他们都非常注重对商品的包装。人们在购物时，全凭双眼来挑选商品 ；对于商家来说，商品要想销路好，卖出个好价钱，就必须有精美的包装。商人们为了赚得更高的利润，总是千方百计、想尽办法在商品的包装上大做文章，让商品吸引人，让商品的包装更吸引人，甚至把质量一般的商品也装点得华美亮丽来高价出售。超市的柜台里，一颗颗五彩缤纷的糖果装在精美的糖盒里，格外吸引人的目光。其实，糖果本身不值几个钱，可是，一裹上漂亮精美的外衣，价格就是它原来的好几倍。尽管如此，但人们仍然愿意购买它，其原因也许就在于那漂亮精美的外衣。

哈伊勒当初只是一个在街上兜售糖豆儿的穷孩子，后来一跃成了身价百万的富翁，其成功的秘诀就是，他深知糖豆儿包装起来卖所潜藏的巨大价值。因此，在后来的生意中，他在糖豆儿的包装上大做文章。果然，他的生意越做越红火，越做越成功，财源滚滚而来，他终于成了富翁。

很多事实证明，想让你的商品销路好，首先就要把你的商品包装好，包装漂亮精美，你的商品自然就受欢迎。但是，要注意的是，你商品的质量与包装要保持一致，否则你将前功尽弃，另外，还必须有一个整洁优雅的购物环境。很多商家舍得花大笔资金装饰自己的店铺，把商店装饰得像商品博览会现场，以此吸引众多顾客源源不断地前来购买商品。反之，商场里蚊蝇乱飞，橱窗里落满灰尘，商品摆放乱七八糟，你还愿意走进这家商场购物吗？

同理，一个人的衣着外表，就像一件商品的包装，人们会根据一个人的外表来衡量、判断他能力的大小、水平的高低、价值的多少。以貌取人的确有些荒谬，但我们生活在一个快节奏的现代社会，想衡量、判断一个人能力的大小、水平的高低，不可能像搞科研那样去深入彻底又全面地了解一个人。所以，第一印象十分重要。试想一下，如果一个人衣着不整、油污满身，你看见他，能认为他是教师、医生或歌唱家吗？特别是在招聘面试时，面试官对应聘者的才华和能力不可能做到深入又全面了解，因此，他只能凭双眼给应聘者打分。此时，考官大脑中的计分器快速运转，不论应聘者手中握有多少份发明专利，获得过多少次大赛金奖，考官都要以貌取人。此时，外貌就起到了决定性作用，它相当于诚信的证明，是最具说服力的鉴定书。如果你是位应聘者，但衣着不整、满身污垢，你认为你会应聘成功吗？

我的一个大学同学约翰·吉普森，学习成绩很好，参加学校组织的各项活动表现得也很出色，可就是在日常生活中，在整洁方面非常不检点，不爱修整打扮自己，出门在外的着装总是埋埋汰汰、邋邋遢遢，自打我认识他以来，从没见他穿过干净漂亮的衣服，若素不相识的人见了他，谁也看不出他是一位才华出众的大学生，都以为他是个街头的流浪者。正因为如此，大学毕业后，他一直没找到自己理想的工作，只要一参加面试，就被拒之门外。不修边幅，不爱整洁干净的习惯，拖累了他聪明的头脑，浪费了他出色的才华，他的智慧无处发挥，他的能力无人赏识。正是他那不体面的外表，毁灭了他出众的才华。

相反，一年前，刚来纽约打拼的一个穷小子乔治·比杰，平时非常注意自己的着装外表，平整的衣服、洁净的领带、笔直的裤线、黑亮的皮鞋，任谁见了也看不出他是一个才来纽约的穷小子。这个小伙子认为，人的衣着外表就是一个广告，它时刻在向人们展示自己的才华，说明自己所拥有的价值，所以一定要让自己的穿戴提升、放大自己，绝不能让其降低、贬损自己。后来，他在纽约终于打拼成功，在华尔街有了属于自己的公司和办公室，与那些世界有名的大公司平起平坐，不久，他也步入了富商之列。纽约有很多这样的年轻人，有的人甚至借钱装扮自己，为的就是给银行、给贸易伙伴留下良好的印象，为自己的事业打下坚实的基础。

对于一家企业来说，既有整洁优美的厂容厂貌，又有紧张繁忙的生产场面，说明这家企业生产经营搞得好、企业职工干劲高，企业的生产利润一定会逐年递增。倘若有这样一家企业，厂容厂貌修建得不但整洁优美，甚至可以说是富丽堂皇，可生产车间里面却冷冷清清、死气沉沉，你能说这个企业生产经营搞得好、企业职工干劲高吗？如果有这样一家企业，紧张繁忙的生产场面让人看着眼花缭乱，生产场面乌烟瘴气，厂容厂貌破烂不堪，你也能说这个企业生产经营搞得好、企业职工干劲高吗？

同样的道理，对于一个人来说也是如此。所以，我们就要随时修整打扮自己的外表。当然，注重外表不一定非要穿华丽高档的衣服，即使生活艰苦，买不起名牌服装，也不要邋邋遢遢、满身污垢，只要穿着得体、整洁大方就好。及时刮去腮上的胡须，随时掸掉身上的灰尘，这些爱整洁的好习惯，会给人生带来巨大的变化。

**想让事业有成，就要用风度翩翩的外貌去抓住每一次成功的机遇。**因为，外表就是一个人最直观的标志，它时时在无声地告诉人们你的身份、地位和志向。你看那些各国的驻外大使、互相往来的宾客，哪一位不是仪表整洁、举止大方、谈吐有分寸？要知道，他们象征着一个民族的尊严，代表着一个国家的形象，更标志着相互交往能否成功、最终能否达成协议。许多叽叽喳喳叫的小鸟，就是注重自己外表的好榜样。看看站在枝头上歌唱的小鸟们，哪个不是羽毛靓丽、五彩缤纷、色彩斑斓？它们的整洁漂亮，给它们的生活带来了快乐。同样，衣着整洁的人性格也一定开朗。

文明和肮脏不能共存，靓丽和邋遢不能同生。请把自己打扮得漂漂亮亮、干干净净的，让自己有一个美好的形象，使自己的生活充满阳光、充满欢乐、充满信心，一步步奔向理想的目标。

## 赢法定律 15 ／以最好的表现做事

我讨厌做事不专心的人。如果你认为决定正确，就放心大胆地去做；如果你认为决定不正确，那你就干脆一点也不要做。

——吉普林

第一次世界大战时，一个并不支持德军的著名作家说过这样一段话："从武器装备、军队管理、后勤保障、交通运输等方面看，德军更具优势。"

德军的优势从何而来呢？就是他们一丝不苟的精神。这种一丝不苟的认真精神是德国文化的基础，也是世界各国成功人士的共同特点。正是因为一丝不苟的精神，德国人在科学、技术、音乐和军事等领域取得了巨大的进步。

一个美国人对德国制造的精密仪器赞叹不已。于是，他问一个德国朋友："你们为什么能做得这么精细？"

德国人回答："我们德国人做事从来都是严谨仔细、一丝不苟的。"

这就是德国全体国民的性格，不论做什么，他们关心的是最终结果，而不是进程、速度、成本。为了生产制造出合格免检产品，就算耗费再多的精力、花费再多的时间、投入再多的资金，他们认为也是值得的。这种严谨仔细、一丝不苟的工作作风，深深扎根在德国人的骨髓里，而且世代相传。他们在工作中从不敷衍了事、得过且过。德国人在孩子很小的时候就教育他们做事要严谨仔细、一丝不苟、有始有终。对德国人来说，随随便便、马马虎虎的工作态度是令人厌恶、不受人尊敬的。他们的认真精神在一则招聘广告中就可见一斑："如果没有军事化的严明自律性，没有搞科研工作的谨慎态度，请勿前来应聘。"

在战争期间，德国人一丝不苟的性格优势便充分体现出来。德国的军队就像是一台性能优良、系统严密的机器，做事严谨认真、坚持到底的态度让他们能够带领着几个弱小的盟友一次次打败了具有强大攻势的盟军。他们甚至连后勤保障的小细节都不放过，比如，德军士兵的裤子都是双排扣的，这样，万一有一个扣子掉了，战士们就可以直接用备用扣子，以便把更多的精力投入到战斗中。

在战争期间，许多美国工厂因为无法购买到战前一直从德国进口的一种染料而被迫停产。其实，他们不是买不到用来生产这种染料的原料，而是没那个耐性对原料进行更精细的加工，做不到像德国人那样对产品精益求精。

一切科学尖端、一切研究发明都建立在极其精确的基础上。计算上一个小小的错误就会导致最终结果的错误；化学实验中一个小小的疏忽，就会导致整个实验的前功尽弃。能够让人敬佩的人，包括天才在内，无一不是对工作严谨仔细的人。因为他们很清楚地知道，除了一丝不苟的工作态度，没有什么能够弥补先天不足的缺陷。

有一次，我到弗吉尼亚拜访园艺大师卢瑟·伯班克先生，我被他严肃认真的工作态度折服了。具体的情形是，当时他正在研发培育黑莓和西伯利亚草莓的杂交新品种——公主莓。为了找到一株理想的幼苗，伯班克先生不惜扔掉四万株杂交实验幼苗。他说："为了这一株公主莓，我的大部分植株都成了垃圾。"在他的培养箱中每年栽培近万棵植株，其中仅有几株最终能够存活下来，其余全为实验而成了垃圾。

伯班克收集了世界各地超过一万五千种仙人掌，花了十年时间进行实验，培育出了无刺仙人掌，这样，动物就可以以它为食了。伯班克先生告诉我，他在培育著名的白色黑莓时，为了挑选出成熟后不太黑的黑莓，搜寻了各地两万五千个黑莓灌木丛，再通过实验把挑选出的黑莓的绿叶变白。经过耐心努力的研究，伯班克先生研发培育出了很多水果和花卉新品种，在园艺史上创造了前所未有的成绩。

同这位园艺大师一样，那些留下传世之作的大作家扔掉的手稿也不计其数。一位作家在书籍出版之前不仅对原稿一遍又一遍地反复修改，还写出三四种版本供自己选择。他说："想写出一本好书，就要先准备足够写好几本书的材料。"他建议那些梦想成为作家的年轻人：别怕写得多，删减比写作更容易。尽管扔掉的部分让人心痛，但读者没见过就不会想念，留下的精华、章节足以抵过扔掉的那部分。

不断进取向更高层次迈进是人类美好生活的主旋律。**人生最伟大的事情就是能让你亲手做的工作产生巨大的价值。**谁在最不起眼的事情上有突出的表现，谁的生活水准就将会有大幅度提高。当一个人尽最大努力把自己的能力发挥到最高水平，把工作都做到最好时，他的业绩就会震撼人心，他的名声就会响彻四海，他的整个人生就会得到升华。

一丝不苟的工作态度是塑造高尚品格的基础，在不断拼搏奋斗的过程中，我们为此付出了巨大的努力，把一切才能发挥到极致，展示出了最真实最高贵的自我。

希望做得更好的愿望能够产生一种神奇的力量，能够推动人们不断前进。不论一个人外表看起来多落魄、寒酸，只要他渴望改变生活并付诸行动，他就有希望过上美好的生活。

一个雕塑家对青年艺术家说："奋斗吧！努力做得更好，不要满足于现状而放松了对自己的要求，这就是成功法则。"想取得巨大的成就，在事业起步阶段就不能允许自己的成绩低人一等，要保证点滴的工作都很优秀，不要让任何不好的业绩玷污了你的声誉，给你的事业抹黑。否则，就算是付出更大的代价，做出更多的努力也很难挽回损失。一切敷衍了事、得过且过的工作态度都会使你的工作半途而废、前功尽弃。

人们都信任工作一丝不苟的人，信任他们的工作态度，信任他们的工作成绩。这样的人会因为工作业绩突出而赢得别人的赞誉。人们会说："看那个人，他的工作多么优秀，将来一定有出息。"查尔斯·施瓦布在纽约给孩子们演讲时说："**只要做得好，你就会受到关注**。不论你在什么行业从事什么工作，成功的标志就是你在工作中做得比别人好。每个人都尽职尽责，但只要你比别人做得稍微好一点，你就会得到重用和提拔。"可见，工作一丝不苟的人一定能成功，严谨认真、一丝不苟的工作态度能带动其他优秀的品质共同帮助人们出色地完成任务，而马马虎虎、粗心大意的态度只能使人把工作做得一塌糊涂，最终两手空空、碌碌无为。所以请记住，无论做什么工作，只要有一个严谨认真的工作态度、勤奋刻苦的工作作风、有始有终的工作性格，就永远不用怕做不好工作，更不愁找不到工作。

每个人天生都有欣赏、赞美自己出色的工作业绩的品性。面对圆满完成的工作，我们会感到欣慰，会重新审视自我的价值。这时，身体的每一个细胞都在为自己庆贺，自豪和骄傲在我们心中激起一股新的动力，让我们更加自信、更加努力地去投入新的工作。

一个人一旦品尝到了认真工作后的欢乐与快活，就不会再去马马虎虎地工作了。商业家维布伦说过："员工的惰性，来自于员工马马虎虎的工作习惯。"而那些有远大志向、把工作当成像攀登艺术巅峰一样、认真刻苦地努力工作的员工，从来就与惰性、马马虎虎无任何关联，只要是经他们的双手完成的每一项工作都会被质量检查员刻上优质产品的标签。

无论是什么工作，每个人都可以成为一个技艺完美精湛的艺术家，每个人的生活和事业都可以成为一部杰作。史特拉第瓦里小提琴因品质精良而闻名于世，一把小提琴就价值几百万美金。为什么他的小提琴就那么值钱呢？因为史特拉第瓦里在制作每一把小提琴时都倾注了自己的全部心血，投入了自己独特的创造力，世界也因此给予了他至高无上的荣誉与回报。

大多数人的缺点就是重量不重质、贪大求全。人们觉得成功就是做一番大事业，但渐渐就会发现，因为一些小细节上的疏忽，他们的大业并不成功。年轻人总说："行了，够好的了。花那么多时间在这样的小事上较真儿值得吗？"这句话害了无数人，因为它是倒退的前兆，是失败的第一步。

几个商场服务员在下班的途中闲聊说：自己不能全心全意地为顾客服务，不能任劳任怨、尽心尽力地工作，是因为工资太少、工作待遇太差。她们的想法正是上千万个服务员业绩平平、当一天和尚撞一天钟的主要原因。一个人良好品格的培养和锻炼，全在他每天所从事的工作和事业中。不能单单考虑工作报酬的多少、工作待遇的好坏，因为工资少就马马虎虎地工作，因为待遇差就破罐子破摔，到头来毁掉的还是自己。

很多学习音乐的人总认为只要每天坚持刻苦练习，就算对音乐不是特别热爱，天长日久也会成为音乐家。很多从事其他行业的人也这么想，只要功夫深，铁杵定会磨成针。但是，人们往往忽略了一点，那就是兴趣与爱好。所从事的工作、所钻研的业务，必须建立在兴趣与爱好的基础上，因为你刻苦磨炼的动力来自兴趣与爱好，你刻苦磨炼的毅力来自兴趣与爱好，你刻苦磨炼的可喜效果也来自兴趣与爱好。

若是没有兴趣与爱好为基础，那么，你的练习将是心不在焉的练习、马马虎虎的练习、得过且过的练习。不但如此，你还养成了做事不认真、粗心大意的坏习惯，最终半途而废、一事无成。一个很勤奋用功的乖孩子，若不考虑他的兴趣与爱好，只是一味地让他刻苦读书学习，他一旦养成了敷衍了事的习惯，就将被马马虎虎、粗心大意的磁石磁化，一切优秀品质将全部消失，思想的指南针将在启航时就被毁掉。

细心观察那些事业成功的人士，就会发现他们有一个共同特点，那就是不论做什么事情，只要做了，一定要做到有始有终。这也许就是众多成功人士的座右铭。奋斗中能够做到严谨认真、一丝不苟的人，奋斗后都会得到理想的回报。而那些虽然有远大志向，但做起事来总是马马虎虎、粗心大意的人，尽管也拼搏奋斗了，但是志向总是不能如愿，理想总是落空，奋斗总是以半途而废来收场。

美国诗人埃德温·马卡姆说："工作和人亲密无间，它将伴随人至地老天荒。要清楚地认识到自己的工作态度在自己人生中的分量，因为工作承载着每个人的命运。人们通过工作改造世界，而工作也会反过来改变人自己。当石匠用心打磨一块大理石时，大理石也在打磨石匠的心。将心灵投入工作中的人，工作也投入他的心灵中。"

一个制造商说过：**"如果你工作认真，就算生产出的是小小的别针，也比质量低劣的蒸汽机值钱。"** 回报和投入成正比，所有马马虎虎、粗心大意的工作态度都是你人生的污点，一切粗制滥造的作品在未来的生活中会随时跳出来打击你、羞辱你。把工作做好、做得很出色，没有什么秘诀，只要你有一个远大的目标，有一个良好的道德品质，有一个勤奋刻苦、严谨认真、一丝不苟的工作态度，而这样你的工作一定会给你带来可喜的回报，最终实现你那远大的目标。

## 赢法定律 16 ╱做一个积极主动的人

人生奋斗中，态度积极热情主动的人，总能找到自己理想的位置。不要害怕与众不同，敢于大胆走属于自己道路的人才不会走上失败之路。

——马登

当今社会，想取得特殊的成就，就必须有积极主动的精神，就必须自强不息。勇于拥有自己的思想，善于运用适合自己拼搏奋斗方法的人才是最有希望实现成功的人。

过去，十万大军跟着统帅走，是为了能打赢一场战争；现在，亿万民众听从领袖的指挥，是为了能过上幸福美好的生活。现代社会就需要像英明领袖那样勇于走在人群的前列，开创出一片与众不同、辉煌业绩的人。

美国作家阿尔伯特·哈伯德曾说过："积极主动精神指的就是在没人指挥的情况下，仍然知道自己应该怎样做，应该做些什么。"

同理，合格优秀的员工就是那些在没有经理监督命令的情况下，仍能积极主动、自觉自律工作的员工。时时处处等待别人发号施令、等待别人指点江山的习惯是你取得大功绩的死敌。

这个世界总是把最好的奖项赏赐给那些积极主动进取的人。朋友们，让我们赶紧行动起来吧！使出我们全部的力量，发挥出我们全部的聪明才智，用积极主动进取的精神，早日把成功的硕果收入自己的囊中。

许多人凭他的能力本来可以出色地完成一项工作，但他由于缺乏自信心做事犹犹豫豫，前怕狼后怕虎，不敢越雷池一步，总习惯于接受别人的操纵和指使，离开了指挥，自己就迷失了前进的方向，不知该往哪儿走了。鸟群中有众多的盲从者，它们只会跟在头鸟后面，成群结队地飞行，很少单独行动，一旦离开了鸟群，就迷失了飞行的方向。它们的翅膀即使再矫健，飞行的速度再快，因为不习惯于单独飞行，最终也会被困死在鸟巢里。如果一个人像一只盲从的鸟儿，那他注定是要失败的。

其实人类社会中还是有很多人不愿意盲目从众的。这样的人有足够的智慧制订自己的奋斗计划，并付诸具体的行动。美国著名军医莱昂纳多·伍德年轻时在波士顿一家医院当实习大夫。一次，一个生命垂危的孩子被送进医院，情况十分危急，必须马上手术，此时，医院里能做手术的大夫都已下班，等他们次日来做手术已经来不及了。伍德想亲自做手术，可医院有规定，实习大夫不经医院办公室批准是不能擅自做手术的。当时伍德想了很多：一边是必须手术的孩子，一边是能做手术的大夫都已下班了；一边是自己违反规定亲自做手术，有可能会挽救孩子的生命，一边是自己违反规定亲自做手术，有可能被医院开除。思来想去，伍德决定，还是以孩子的生命为重。于是，他没理会那套死板的规章制度，马上给生命垂危的孩子实施了手术。结果，孩子的生命保住了，可是，伍德却遭到了院方的严厉批评，并被医院开除。

现在看来，伍德的决定是正确的、理智的。他用自己大胆的行为举止去打破医院的陈规陋习，用自己失去的工作换回了一条鲜活的生命实在是值得的。正是由于伍德不落窠臼，一切从实际出发，大胆走别人不敢走的路，他才在后来的人生旅途中，从一个西部军区的外科医生做起，一步步被罗斯福总统破格提拔为指挥百万大军的将领。

一个不称职的员工总能为自己一塌糊涂的工作业绩找到借口。比如，效率不高是因为工具不好，没完成任务是因为人手不够。可是，一旦工具好了，人手够了，他们就会又有新的理由。

真正懂技术、有能力的人，就是那些能够在危机中找到出路的人，能够在别人都目瞪口呆、手足无措时想出办法解决问题人，未来的社会中永远有他们的立足之地，人们一定会佩服他、赞赏他、相信他、跟随他。许多人都认为，那些卓越的领袖天生就具有一种能在关键时刻果断做出正确判断的能力，但实际上，每个伟大的决策者、每个优秀的领导者、每个在某一领域有过卓越贡献的人，他们都曾失过误、犯过错，只是他们比普通人更善于改正错误，勇于选择正确的方法继续行动。

一个颇有成就的商人朋友告诉我，如果他尝试了 7 次、8 次都失败，但只要有 1 次成功，他就认为自己进步了。许多人一生都不愿尝试新的方法、新的思路，他们永远停留在原来的起跑线上，永远把自己桎梏在早已锈迹斑斑的铁笼子里，久而久之，他们与生俱来的积极主动性、创造性就丧失了，麻木得不敢再做任何出格的事，最终自消自灭在铁笼子中。

**人一旦缺少了积极主动的精神，就成了一台没有发动机的汽车，不管外表多耀眼华丽，都只能趴窝在原地。**若是在隆重的汽车展销会上，你愿意购买这样的车吗？许多人一辈子就像鸟群中只会随大帮的一只鸟，一生中只会随帮唱影，只会随声附和，只会随波逐流。他们的特殊才能、奇思妙想从未得到过运用与发掘，他们终生过得孤陋寡闻，无所事事，碌碌无为。

年轻人若想活出一个真正的自我，就必须学会自己设计自己、鞭策自己、开发自己、创造自己，把自己体内巨大的潜能充分发掘出来，使自己在不平凡的、坎坷的人生道路上展现出自我的风采。而没有积极主动的进取精神，一切宏伟的理想都只会是水中月镜中花。大批青年在成功之门前踮起脚尖，一双渴求的眼睛向门里张望着，可他们大部分人只会躲在光辉的榜样身后，畏首畏尾地等待着门内机遇的召唤，只有少数几个人有勇气迈进门槛，开创自己的一条新路。

现代教育体系很少培养学生的建构性思维。学生们不了解创造力的重要作用，更不知道如何去独立执行一个具体的项目。结果，很多办公室里干杂活儿的小伙子都比大学毕业生工作出色，因为他们一直都在实践中学习如何工作、如何承担一项任务，在这个过程中他们的主动性得到了锻炼。而大学生们只会机械被动地吸收知识，只是在循环往复地锻炼着自己的记忆，很少在实际中体验过该如何把理论应用于工作。那些靠打工赚学费的大学生，就算学习成绩不突出，参加工作后的表现也强过那些只会学习的优等生。如果一个学生利用暑假卖货，那他就用这个假期学到了在大学里四年都学不到的经营的实践知识，知道了应该如何靠自己的能力去赚钱。当这个学生走出校门去卖货时，他面对着的是一个全新的世界，这时，他没有老师去可以请教，一切全得靠自己。他必须想尽办法成功，否则就连学费都拿不出来。渐渐地，他的办事能力得到了锻炼，自信心得到了加强，同时也具备了积极主动的进取精神。

消极等待的习惯源于消极软弱的思想意志。如果老师和家长从孩子小时候起就培养他们的建构性思维，教他们用积极主动的态度投入到一切活动中，那么孩子长大后自然也会把这种精神投入到工作中。如果我是一名大学校长，我要做的第一项改革就是选一名教授专门教授学生创业之道，教他们如何发挥出自己的全部才能努力取得胜利。像美国著名铁路公司的总裁詹姆斯·希尔、美国著名零售商马歇尔·菲尔德或约翰·沃纳梅克这样的成功人士最适合这个工作，他们可以通过言传身教，告诉学生如何积极进取，如何把握住自己的事业。

想拥有积极主动的工作态度，就必须行动起来，不能摇摆不定、顾虑重重。积极主动就意味着强有力地行动和果断地决策，一旦养成做事果断的风格，今后就再也不会拖拖拉拉、犹豫不决。

我有一个在纽约打拼的朋友，他头脑灵活、知识渊博，大家都觉得他的工作肯定特别出色，而且每次碰面他都说自己正打算开一家大公司。可几年过去了，也未见他兑现自己的誓言，因为他有一个致命的弱点——不敢开始。尽管他相信自己能创出好成绩，但就是不敢迈出第一步，就算大家都鼓励他，说他在开局阶段肯定能取得高效益，他还是裹足不前。这个人缺少的就是主动进取的精神，他总怕遭遇困难挫折，怕别人的冷嘲热讽。如果此时有人能在背后推他一把，或逼迫他前进，那他就一定能成功。很多人都像他一样，缺少主动精神。也许他们今天打算做一件事，并要马上开始，但很快就因为害怕承担责任而动摇犹豫，之后，便迷失了方向，直到哪天突然又心血来潮，计划重新出发。他们的日子就这样一天天流逝了，直到有一天他们老得已经不能再尝试任何新事物。这些人就像一艘永远处在即将出发状态的巨轮，尽管准备多年，生命之舟仍停留在枯港中，从未见过大海。

伍尔沃斯在美国各地成功开办了上百家连锁五元店和十元店，可他得到的唯一帮助只是他创业之初从朋友那儿借来的300美元。伍尔沃斯年轻时在别人的店里当售货员时就问老板，能否让自己把货架上五元和十元的商品收集到一起出售，用这种销售方式吸引更多的顾客，后来他就用这种自己独创的销售方式开始了自己的创业之路。

著名作家爱默生说："在自然的法则中行动就有力量，静止则毫无动力。"**胆怯是积极主动的死敌，克服它就能取得意想不到的成功。**自我肯定和无畏的气概是领袖人物的特质，但每一个人通过锻炼都可以具备这些品质。每一个在历史上留下脚印的人都是从自身找到动力的，在人的内心沉睡着巨大的爆发力，足以把每个人送到自己的目的地。别指望其他人能推你一把，你的力量就在自己身体中，你的价值要靠你自己去实现。

如果感到自己受到胆怯和忧郁的困扰，就一定要消灭这些缺点。对此，你可以每天早起后发誓绝不允许自己在这一天之内动摇，不允许自己坐等别人的援助，下决心做一个开拓者、一个领袖，绝不磨磨蹭蹭跟在别人后面听人指挥，要保持一个积极主动的姿态。你应该清楚，一个天生具有领袖头脑的人一生都在听人指挥是件多么悲哀的事！他其实完全能够自己做主，却要凡事征求别人的意见，任凭才能、自信一直在体内冬眠。本是一个巨人，却要做个侏儒，这想起来都让人觉得遗憾。

当今社会的成功者，可以不必是才华横溢的大才子，但他必须是一个持之以恒、信念坚定、从不畏缩的人。他的力量不会被削弱，他的信心不会被动摇，因为他有着积极主动的精神。此外，要想事业有成，要想力量无穷，那就把自己想象成被遗弃在孤岛上的鲁宾逊，岛上物产丰富，但是没有工具，没有机器，也没有人能帮你，要想生存下去，就必须依靠自己的双手和头脑。每个人在事业起步阶段都是生活在小岛上的鲁宾逊，只有依靠自己的力量才能建造出属于自己的美好世界。能勇敢开拓、不等不靠、不听天由命的人才能突破万难，开创出一片新天地。这个世界需要无畏的人，需要就算不敢说“我行”，也至少会说出“我要试一试”的人。

## 赢法定律 17 ／不断地奋斗拼搏

不向上看的人只能向下看，不能迈起脚步前行的人只能停留在原地，不愿开创辉煌事业的人只能一生默默无闻。

——马登

一个美国高官在谈到他成功的秘诀时说：“我还没有成功，其实，任何人都尚未成功。因为，在我们面前永远还有更伟大的目标要去实现。”

只有目光短浅的人才认为自己已经取得了成功，真正的伟人可不会有一劳永逸的念头，他们不断地取得成功，又不断地把眼光放远、不断把志向扩大、不断把自己成功的标尺向上推移。

一个人要想长得高就必须不断伸手向上跳跃，同样，一个人想要取得进步，就得不断奋力向上拼搏。因此，切勿把目标定得太低，否则我们与生俱来的斗志就会被扼杀。如果限制住了自己的目标，年老体弱回首往昔时，就会对所走过的一生感到遗憾，因为自己完全有可能创造更辉煌的业绩，结果却一直是一名默默无闻的小职员。如果现在各位觉得自己收入稳定、生活富足，已经没有必要再继续奋斗了，那你就危险了，因为你们正在放大自己的成就。

除了自身原因，人们也容易受到周围人的影响而丧失斗志。朋友和同事们也许会出于礼貌而褒奖你的工作成绩，久而久之，你就会觉得自己干得的确不错。或者当你准备进军一个新领域时，家人和朋友会出于好意劝告你：“新工作成功的把握可不大，既然现在你已经有了一个稳定的工作和不错的收入，干吗还冒那个险？如果轻易就放弃现在的工作，今后万一失败了，你可要后悔终生啊！”

奋斗的精神是人性中一种十分神秘的力量，它同自保能力一样，也是与生俱来的。正是因为每个人都有奋斗的精神，渴望不断改善周围的物质环境和提升自身的文化修养，人类才能从茹毛饮血的原始社会中走来，进而创建出今日高度发达的社会体系，才会拥有高楼林立的城市、技术先进的工厂、四通八达的铁路航运、浩如烟海的书籍和美轮美奂的艺术形式。

奋斗的力量是上天赐予我们的礼物，它既不是人们凭空捏造的也不是后天锻炼习得的，这种力量流淌在我们每个人的血液里，扎根于我们每个人的骨髓中。正是因为有了奋进的力量，我们才能够忍受各种痛苦和磨难，才能为心中的理想做出巨大的牺牲。这个动力存在于身体的每一个神经中，推动着身体的所有细胞向前奋斗。

人生最大的奋斗动力莫过于对非凡成就的强烈渴望，这个渴望推动着无数伟人不断前进。正是因为想建立更大的功业，一介贫民林肯才能入主白宫；正是出于对北极的强烈向往，皮尔里才能在经历无数次失败后终于到达世界之端。

朋友，你可曾想过人为什么要为荣誉、财富或权力而奋斗？究竟是什么支撑着人们每天不辞辛劳地努力工作？为什么人们一生都要不断地拼搏进取？奋斗的力量究竟从何而来？雄心壮志究竟指的是什么？所有这些问题其实有着同一个含义——为什么每个人可以为了崇高的目标而不停地拼搏奋斗。如果上天仅仅想让我们像低等动物一样生存，为什么不干脆让树上结满现成的果实？为什么不让人们住在气候温暖、不需要建造房屋躲风避雨的星球上？为什么不让土地自己长出庄稼，省得人类去辛勤耕耘？

所以，人活一世肯定有更高、更深远的意义，那就是要调动出所有的能力，通过自身的努力创造出属于自己的一片天地。

人们孜孜不倦诚实奋斗所取得的可不仅仅是物质上的成就，更有伟大的人格和高尚的情操。想必你知道运动才能长高，努力才能进步的道理。人一旦满足于口腹之欲，享乐安逸，停止奋斗，其身体、精神、道德就开始堕落。

**动机不纯就会走弯路，就会偏离原定的目标。**忠于自己的目标，摒除一切自私自利的念头，保持一个健康平和的心态，我们就将获得最大的满足。虽然，没人能确切地说出我们的努力奋斗究竟会取得什么样的成绩，也没人知道奋斗的力量下一步会把我们带向何处，但有一点可以肯定的是，它会带我们走向一个更加光明自由、一个充满希望和无限价值的未来。虽然没人明白电究竟是什么东西，它属于哪一类物质，但人类依靠自己的智慧，遵守了自然法则，充分利用了电能，从中获得了巨大的利益，使人类有了今天这排山倒海、上天揽月之力。同理，尽管不明白人究竟是为了什么而奋斗拼搏，但是要清楚，坚持不懈地努力奋斗不仅能过上好日子，还能让自己的人格更加高尚。奋斗的力量和电能一样，都能产生巨大的推动力。

和那些工作毫无热情的人相比，雄心勃勃的人在工作中能发挥出更大的作用。这两种人之间的差距就好比奔腾的大江和浅浅的小溪。当然，要想实现自己的理想还得看人们是否能够持之以恒。光做白日梦不行，要让梦想变成行动。只有意志坚定、不断奋斗的人才能实现自己的理想。

如果一个年轻人年复一年地工作懒惰、逃避责任，那他就越来越没有上进的欲望，那种催他奋进的声音最后会小得连他自己都听不到。一些雄心勃勃的大学生，念书时憧憬着美好的未来，以为自己毕业后能干一番大事业，可工作后热情渐渐消退、野心不复存在，于是开始怀疑大学时代的梦想是否现实，慢慢地开始听天由命，任凭平庸和失败的摆布。所以，不管年轻时代的目标有多么崇高，如果不努力奋斗，这个目标就会十分脆弱，根本经不起现实社会中风雨的摧打。

孩子没有母亲的管教便会无法无天，人没有了奋进声音的鞭策就会随波逐流、逐渐堕落。人类的奋斗精神与落后的惰性不断进行着斗争，即使最优秀的人也难免常常受到惰性的诱惑。但只要抵挡住这些诱惑，人们就会不断取得进步。

那些富家子弟之所以很少取得辉煌的成绩，是因为他们缺少实现目标的动力。前进的动力来自奋斗的过程，而非来自达到目标后的满足感。只有怀揣着理想和信念的开拓者们才能清除一切障碍勇往直前。

人类社会的发展永无止境，人类的雄心和夙愿永远不可能得到满足。一旦达到了那曾经看似遥不可及的高度，我们就会又有了新的期待、新的梦想，此时耳边就会响起催人奋进的号声，阵阵嘹亮的号声激励我们继续前进，不允许我们有丝毫懈怠。不论取得了多大的成就，总有一个声音在前方不断地对我们说："前进！要走得更远！"

没有任何一场战斗有如人类伟大理想和本能欲望之间的战斗那样永无休止。因此，我们必须时刻保持警醒，不能让惰性乘虚而入，不能让事业的宏图土崩瓦解。威廉姆·詹姆斯教授说："如果人生不是一场为收获而战的斗争，那它就连一出戏剧都不如。在人生的战场上，人们怀揣着崇高的理想和坚定的信念改造着世界，宇宙的一切都为之疯狂。"

没有远大目标的激励，没有坚定信念的支撑，就不会在世界上留下任何印记。**成功源于奋斗，源于宏伟的志向和坚定的决心。**志气一旦松懈，鞭策我们前进的动力就会消失；动力一旦消失，我们就只能随着时代的洪流淹没在茫茫的历史长河之中。

## 赢法定律 18 ／让激情成为一种享受和乐趣

用心做事就能获得成功。每一件被历史记载的伟大事件都是一次激情的胜利。没有激情便一事无成。

——马登

法国巴黎巴斯德学会会长、著名科学家巴斯德十分热爱自己的科研工作，每天都工作至深夜。一天夜里他离开实验室时叹着气说："唉！还得等七个小时我才能回来继续工作。"正是这种对工作强烈的热爱和孜孜不倦的执着精神，让原本繁重的科研工作在巴斯德眼中成了一种享受和乐趣，所以他才能在科学领域取得举世瞩目的成就。

几个月之前，我读到这样一个故事：一个农夫懒洋洋地坐在树荫下，锄头撇在一旁，菜地里杂草丛生。邻居问他是不是干农活累了想休息休息，他却说："没有，我不累。就是觉得干活儿太没意思，坐在这儿等着太阳落山好收工回家。"如果每个人都像农夫那样整天懒洋洋地待在办公室，百无聊赖、毫无热情地度过每一天，那么谁也别想成功。

不同的工作态度决定了不同的人生道路。朋友，你是否想把自己的一生打造成一部杰作？你是否带着满腔的激情投入到每天的工作中？你是否觉得每一天的工作都漫长无聊？你是否把现在的工作视为获得成功的一次机遇，而非仅仅把它当成赚钱的工具？

如果一个人能够以自己的工作为傲，每天早晨迫不及待地冲出家门奔向公司，以饱满的热情开始一天的工作，那他就是把工作当成了一种有意义的事业、一个人生的追求目标，而不是糊口的营生。这种人在工作中的状态就像是一位激情四射的画家，把毕生的灵感都铺洒在画布上，不顾一切地追求艺术、追求美。如果诸位也能把自己看成是一个渴望创造美的艺术家，把工作看成是一张可以在上面尽情挥洒的画布，那你们的工作也一定会像一件完美的艺术品一样令人叹服。

美国前总统西奥多·罗斯福的一大特点就是工作时激情四射。他不论做什么工作，教师、牧童、警察、职员、士兵、哈佛校长还是非洲丛林狩猎者，都带着极大的热情，真诚地投入到工作中。没有坚定的信念、无畏的勇气及能融化一切障碍的激情，是不可能成功的。激情能产生一股巨大的力量，向世界宣告你将冲破万难，取得成功。

美国议员詹姆斯·弗纳尔德说：**“要想克服前进中的困难，就必须拥有巨大的激情、坚定的信念和无畏的勇气。”**学识、天赋都不能取代一颗炽热的心灵。因为拥有激情，拿破仑指挥上百万人的军队用两个星期就完成了别人至少要一年才能完成的行军计划；因为拥有激情，少年林肯不顾路途遥远，徒步走到离家几英里外的图书馆借书学习；因为拥有激情，又聋又哑的海伦·凯勒学会了听说读写，创造了人类历史上的奇迹。可是大多数人一生都未体会过坚定的信念和似火的激情所产生的巨大力量。

有人分析，一战之初，盟军在欧洲战场节节败退的原因就是枪支弹药的动力不足，导致射程太近，而德军的武器却在这方面占尽优势，他们的子弹可射中二十英里外的目标。职场上，就因为动力不足，就因为没把足够的激情带入工作中，无数人在生活的战场上打了败仗。

激情是成功的后盾，而且一个人只有在全身心地投入到工作中，把工作当成毕生追求的事业时，才能拥有如火的激情。我曾见过一个热情洋溢的推销员，无论他遭到怎样的冷遇，从开口介绍自己产品的那一刻起，他都全情地投入，不受外界的丝毫影响。他从不催促顾客赶快购买自己的商品，只是非常愉快地跟人交谈，用生动的语言勾画出一副诱人的商品画册，让人觉得能买到他的商品简直就是一种特权，不买的话就是个损失。这个推销员用自己如火的热情不断感染着每一位顾客，有的顾客甚至还把他介绍给自己的亲朋好友。可见，只要有激情，不论是发明家、探险家、商人、律师、推销员还是教师，都会发现成功的大门正神奇地朝自己打开。

许多人都奇怪，为什么有人与他们一同起步，却转眼间已经大步流星地把他们远远甩在了后面？原因其实很简单，因为事业有成的人在工作中更有激情。许多人年过半百，事业却仍停留在大学刚毕业的阶段上，他们的激情早已消失殆尽，工作对他们来说成了永无休止的负担，没有丝毫进展，有的甚至在退步，但他们自己却不明白其中的原因。

诸位尚未成功的朋友，也许你把失败归咎于上天的不公，归咎于老板的歧视，但要知道，老板不喜欢那些工作态度马马虎虎的人，他们需要的是激情四射、热爱工作的员工。如果你不具备这一品质，凭什么希望别人重用你呢？现代社会是个竞争的社会，要么你挤掉别人，要么别人挤掉你，每天原地踏步毫无激情的人注定没有晋升的希望。对于心不在焉的员工来说，即使是充满乐趣的工作也是乏味无聊的低级工作。不过一旦遭遇经济危机，这种人将第一个被裁掉。前几天，我碰巧听到一个商人说，如果他发现手下哪个员工对工作感到厌烦了，那这个员工的职业生涯就到头了。大概这位商人的雇员做梦都不会想到有一天自己会因为工作没有热情而失业。老板把员工的激情看成是一笔非常重要的资产，一旦失去激情就将后患无穷。

唯有激情四射的人才能取得成功，因为他们积极、勇敢、自信，还富有创造力。如果工作不带一丝一毫激情，不以自己的工作为傲，不把工作当成毕生追求的事业，那就休想登上成功的顶峰。有一个普普通通的修鞋匠就是一个以工作为傲的人，他对工作的热爱绝不亚于画家对艺术的热情。就因为他手艺精湛、工作认真，尽管是个小小的鞋匠，他却受到了周围人的尊敬，在其他鞋匠为揽不来顾客而发愁时，他面前需要修理的鞋却早已堆积如山。他是个真正的“艺术家”，而其他的鞋匠终其一生也只是个匠人。

约翰·伯勒斯在一次访问中说：“能够享受忙碌的工作，并且不浪费时间的人是最幸福的。”在工作中保持快乐和激情是这位曾服过兵役的美国自然主义作家保持快乐和活力的秘诀。工作之余，他还做家务、擦窗户、劈柴、扫院子。无论做什么事，他都精力充沛、热情洋溢，让许多年轻人都自愧不如。

激情是可以传递的。**一个热情洋溢的人能感染周围的人，唤起他人的斗志，令那些碌碌无为的人感到羞耻。**传教士的感染力就来自于他蓬勃的激情，他的激情像一股强大的电流，传遍听众全身，把听众的情感从沉睡中唤醒，跟随自己的思绪前行。拿破仑把自己的激情传递给部队中的每一位战士，在他的鼓舞下，战士们个个骁勇善战，在战场上奋勇杀敌，无论遭遇何种不利的环境都能保持昂扬的斗志，屡建战功。在拿破仑的带领下，大家大步向前，毫不畏惧，视死如归。还有圣女贞德，她坚信自己生来就肩负着带领混乱的法国走出危难取得胜利的使命。凭着火热的激情和坚定的信念，这个从未接触过兵器，更不懂任何战略战术的平凡的农村姑娘满腔热血地投入战斗，取得了令战功赫赫的将军们都望尘莫及的辉煌战绩，创造了历史上的一个奇迹。

激情是奇迹的创造者，它帮助哥伦布横渡大洋，帮助恺撒大帝渡过卢比孔河，帮助拿破仑翻越阿尔卑斯山。从古代圣人苏格拉底、亚里士多德、德摩斯梯尼到历史名人华盛顿、林肯，再到今天的伟人爱迪生、奥维尔·赖特、约翰·沃纳梅克、卡雷尔博士，哪一个不是热情洋溢、激情四射？美国报界精英贺拉斯说最优秀的员工是既有头脑又热爱工作的人，在这种人眼前有生活、有希望，还有无限的前途，他们脚下踏着的永远是通衢大道。凭借火热的激情，他们能突破万难，一切羁绊和障碍只能让他更加奋进，就算每天只能前进一小步，他们也毫不气馁。

如果每个人都怀着激情去工作，世界的面貌就将大不一样。如果每个员工都能充满激情和活力，满怀期待地开始一天的工作，那么用不了多久，他们的名字就都将会出现在自己公司的门牌上，到那时，繁荣的商业盛世就会到来。

“不论你的工作是什么，”爱默生说，“都要让它成为你生命的一部分。不论你是个铁匠、哲人还是总统，请让工作深入骨髓，这样你就打开了流淌着琼浆玉液的天堂之门。”

这是一个属于年轻人的时代，只要有激情，今天的青年所面临的大好机遇绝对是史无前例的。对他们来说，激情就是皇冠，一切懒惰和被动都将在这皇冠面前臣服。世界期待着他们发掘更多真理，创造出更多价值。大自然忠诚地守护着自己奥秘的大门，等待着有志气、有才华的热血青年前来打开，还有更多发明、创造正期待着他们去探索开发。未来的美好世界正期盼着充满激情的有志青年去实现。

## 赢法定律 19 ／ 选择一个座右铭

想成功吗？那就选一个震撼灵魂的座右铭，把它牢记心间。一个振奋人心的座右铭是许多伟大事业的推动力。

——马登

一个年轻的推销员在完成一次推销旅行后写信给我，在信中他说："我边旅行边推销五金产品，曾被很多人拒之门外。一次我走进波士顿一家大型批发市场推销商品，在经理办公室的墙上看见了这样一句话：'机会的大门十分宽敞，没试过就别说自己进不去！'这句话深深触动了我，于是我鼓足勇气，使出了高考冲刺的劲头终于说服了那位经理，获得了一大笔订单。"

一个菲律宾高官说："我 27 岁时已经在纽约的纺织厂工作了 18 年，我没念过书，能够取得今天的成就，完全靠自己的努力以及靠书本和座右铭的激励。现在我仍然记得激励我的第一个座右铭：'伟人的成功不是一蹴而就的。当人们安然入睡进入梦乡时，成功者仍在挑灯夜战。'另一句让我受益匪浅的箴言是：'天才等于 1% 的天赋加上 99% 的努力。'"

一个振奋人心的座右铭能给人无穷的力量，许多成功人士都曾用座右铭激励自己不断前进。**座右铭是崇高理想浓缩成的一句话，铭刻在人们的心中，产生无穷的力量，决定着一个人的命运。**它能在人们受到诱惑停下脚步时督促人们继续专注于自己的目标，展翅翱翔。因此，我们完全有必要认真地选择一个座右铭，并把它牢记在心中，让它时刻提醒自己、修正自己，这样自己就会离心中理想光辉的形象越来越近。

有句话说得好：“一个人梦想成为什么样的人，他最终就会成为什么样的人。”口号体现出一个人的目标，激励他不断前进。它比万贯家产更有价值，因为它能焕发出人体内的潜能，这种能力对任何人来说都是最有营养的食粮。

这里就有几条曾指引许多人取得成功的座右铭：“把每个时刻都当成一个重要的时刻，也许有人正在考察你是否能胜任重要工作。”还有德莱登的名言：“自信者能征服一切。”爱默生的：“不努力就毫无所得。”弗朗西斯·威尔沃德的：“成功并非偶然，它是人们经过周密计划和准备，全力以赴努力取得的。”

许多成功人士都用座右铭来规范自己的日常行为，以防自己禁不住诱惑而浪费了宝贵的生命。拉斯金在书桌上立了块牌子，上面只写了一个词：“今天。”乔书亚·雷诺和大卫·威尔基面前摆放的座右铭一直是：“工作、工作、再工作。”伏尔泰则从“永远工作”这四个字中获得力量。司各特的座右铭则是：“永远不要无所事事。”很多成功人士都说自己的成功要感谢一本书、一句偶然间看到的话或是一次演说。一个英国皮匠技艺精湛、声名远扬，他说要不是因为看了卡莱尔的书，自己现在仍是默默无闻。

每年，成千上万的人因为一句座右铭而坚守住了自己的信念，摆脱了失败的阴影。不久前我收到一个青年人的来信，他说自己把大学时在我书里看到的一句话当作了自己的座右铭：“才华横溢，却目光短浅满足于平凡的成绩，真是人生的一大悲哀。”这个青年现在已经成为一个成功的作家和演说家，他说：“这句话让我从一个全新的视角认识了人生。如今，我也努力把这句箴言传递给其他人，让这句使我奋进的话发挥更大的影响力。”

座右铭不仅能唤醒沉睡的潜能，还能让潜能随时保持清醒。如果一个人性格懦弱、进取心不强，他就应该选择这样的座右铭：“要随时随地保持斗志。”如果能时刻记住这句话，那每次他想偷懒或浪费时间时，这句话就会从他脑中蹦出来，提醒他不能随心所欲，要“今天的事情今天做”。

著名数学家、天文学家阿拉哥，在自传中说他年轻时在一次实验中遇到了难题一筹莫展时，一句旧教材上的话令他茅塞顿开。这句话是数学家达朗贝尔鼓励同阿拉哥一样遭遇挫折的年轻人的：“前进！别停下脚步！现在遇到的困难自会迎刃而解。前进吧！阳光自然会照亮前途，灵感自然会降临于身。”阿拉哥说：“这个座右铭是我数学领域的良师。”

我收到过很多读者的来信，说在人生低谷时受到座右铭的鼓励和鞭策而渡过难关。一个著名牧师来信说：“我这一生经历过三次低谷，每次都是一个座右铭让我重拾信心。第一次是我还是个学生，因为承担了太多超出我能力的责任而感到力不从心、紧张不安，那时我鼓励自己的座右铭是——要驾驭任务，不要让任务驾驭你。第二次低谷时期，我每天工作18个小时，整日困倦无力，我就用‘神给他最心爱的子民以重任’这句话激励自己。第三次遭遇低谷时，我刚30岁，那时我养成了爱开玩笑的毛病，结果我每次说话或给出版商写信，都引得人们哈哈大笑，我一直以此为傲，直到有一天我看到了这样一句话：‘搞怪的语言也许可以令人大笑，但它永远也不能得到别人的尊重。’我不知道这句话是谁说的，但它深深触动了我，让我认识到了自己的缺陷。”

还有一封信是这样的：“小时候，我常在放学后给一位医生打扫房间，每周两次，能挣25美分。在医生的书架上挂着一个横幅，上面的话一直深深铭记在我脑海里，推动我进步，这句话就是：‘生活是一面镜子，既属于国王也属于奴隶。它既能折射出我们的外貌，也能照出我们的一言一行。向世界展现出自己最好的一面吧，因为最终它还是落入你的眼中。’”

美国知名商人约翰·沃纳梅克在家乡费城师范学院给一千名女学生作演讲，以激发学生们的进取心。在演讲中他把自己在路上偶然学到的一句格言送给了这些将为人师的孩子：“为下一步作好准备。”30年后，其中

一个学生在给我的信中提到了这件事，说自己一直牢记着这句话，它帮助自己规划了一个充实的人生。

一个南方优秀的外科大夫在信中写道：我相信座右铭是推动人们前进的一种重要力量，下面这些话在近20年里一直激励着我：

1. 在任何情况下都不要慌乱、不要担心。

2. 做就做最好，要么就别做。

3. 真理之船将载着你平安穿过波涛汹涌的生活之洋。

4. 把爱源源不断地洒向世界，无论是敌人还是朋友，你享受到的将是几倍的回报。

5. 怒火，哪怕只有一点点，也是一剂毒药，自控则是解毒的万灵药。

6. 为世界而活，全世界就会为你而活。这是一种明智的投资，投入一分，回报百万。

7. 自私是魔鬼，无私最珍贵。

著名画家拉斐尔在谈到他是如何创作出一幅幅令人赞叹的画作时这样说道："我尽情地释放自己的想象力，然后就用画笔把它们都画出来。"同样，人生的每一幅画作背后都闪烁着梦想的光芒、创作的灵感。而座右铭则是人生路上一条坚守的原则，决定了我们是能实现人生夙愿的成功者还是一个在人生之海上转瞬即逝的浪花。

英国历史最悠久的私立学校温切斯特的创办人送给学校这样一句话："态度决定人生。"许多美国大学的校训同样振奋人心，比如，耶鲁大学的校训"真理和光明"，韦尔斯利学院的校训"宁照顾他人，勿当被照顾者"，康奈尔大学门口有一块美国著名教育家、作家安德鲁·怀特题词的纪念碑，上面写着：**"走进这个校门，你将变得更有学问、更有思想。走出这个校门，你将成为对国家、对世界更有用的人才。"**

座右铭在教室中的作用最大，许多老师每天都在黑板一角写一句座右铭让学生们背诵。以下这些座右铭十分适合学生们：

有了渊博的知识和坚定的信念，谁还能阻挡你前进的脚步?

充分利用时间是至高无上的美德。

善待别人就是善待自己。

人生中的第一步决定了整个一生。

弱者相信运气，强者相信因果。

做一百件半途而废的事还不如做一件有始有终的事。

别感叹过去，别幻想未来，抓住眼前的每一分每一秒。

目标要崇高，毅力须坚强。

有德为君子，无德为小人。

坚守自己的理想，辉煌就会到来。

生活不是紧握幸运之手，而是用不幸之手弹奏出优美的旋律。

越来越多的人认识到了座右铭的重要作用，人们用它来装饰办公室、车间的墙壁，敦促员工们工作勤奋、生活节俭、礼貌待人。在纽约一家报社编辑室的墙上有这样一句话："简洁、准确、再简洁。"许多商人的办公桌上都放着这样的牌子："现在就行动！"还有人甚至把自己的座右铭印在他使用的所有印刷品上，名片、海报、笔记本……

"大胆地行动吧！"是著名编辑詹妮特·吉尔德的座右铭。大作家哈姆林·加兰则把自己的座右铭总结为一个词"专心"。美国政府前发言人卡农的人生信条则是一句可以让人受益的话："我要面朝东方，看向朝阳，不去理会那些关于人类命运的悲观论调。"另一个适合所有人的座右铭是作家爱德华·埃弗里特·黑尔的话："向上看，别向下看；向外看，别向里看；向前看，别向后看。此外，还要乐于助人。"

费城里的成功商人吉拉德先生说他刚刚踏上美国这片土地时，"既没有钱也没有朋友。我问一个码头上的老人该怎么办。老人说：'找个工作吧，

年轻人。你有座右铭吗？’

“‘没有。什么是座右铭？’

“‘每个人都应该有个座右铭。现在就想一个吧，然后出去工作。’老人说道。

“之后我就开始想自己的座右铭。当我走在街上，我看见一扇门上写着‘推’，于是就对自己说：‘就拿这个字当我的座右铭吧！’

“我推开门，走进了那家公司。里面的人问我需要些什么，我说：‘我想要份工作。您门上的那个字不仅让我有了座右铭，更让我有了自信，所以我敢走进来找工作。’我的态度赢得了老板的赞赏，他问了我许多问题，最后他说：‘我就想雇用一个有勇气推动自己前进的人，既然那是你的座右铭，我就用你了。’

“从此，我的人生发生了翻天覆地的变化，成功接踵而至。‘推’这个使我成功的座右铭也可以让其他人成功。”

一个记者从高中时代就养成了记录名言警句的习惯，他写信给我推荐了下面这些座右铭：

每天都是一个崭新的开始。

疑惑了就继续前进。

进步的终点就是堕落的起点。

这位记者说，这几句话中让他受益最大的就是第二句话：“每当我不知如何抉择时，就想起这句话，然后问自己：哪条路通向前方？”

**不同的座右铭适用于不同的目的、不同的心情。**有的座右铭激励人们不断前进，有的座右铭告诫人们不能无所事事，还有的提醒人们工作应保持高效。请记住以下这些锦言妙句：

坚持到底才完美。

正直是个无价之宝，它比红宝石、金子和王位更值钱。它是穷人的资本，带给人荣誉、安全感和力量。

人生要随时撒下芬芳的花朵，因为我们永远不能再走回头路。

机会不能靠等待，要去开创。

信守诺言。

确定目标、奋勇前行。

品德比任何事业都重要。

直面困难，不要退缩。

不要扩大自己的弱点。

不论从事什么职业，有个令自己振作的座右铭就会斗志昂扬、精力充沛，就能抓住前方的机遇取得成功。如果现在还没有座右铭，那就选一个吧。别选择那些只能鼓励人赚钱的座右铭，要选一个能让人雄心勃勃实现梦想的话。不要认为现在选择座右铭、努力改变命运为时已晚，要知道，成千上万个失败大军中的成员如果在半年内能专心努力地做一件事，就会发生意想不到的变化。只要能保持斗志毫不松懈，就可以改变现状。许多人本来已经失去了信心，就因为一句鼓舞人心的话、一本书或一个突然要承担的责任而改头换面、奋发图强。

想成功吗？那就选一个震撼灵魂的座右铭，把它牢记心间，这样就可以信念永存，斗志永在。

## 赢法定律 20 ／保持甜美的微笑

微笑是推动万事发展的唯一动力。要善于发现快乐，每天起床有个愉快的心情，那一天都会快乐无比。

——马登

美国西部快递公司的每部客服电话下都放着一张“保持业绩的诀窍”，上面写着：“电话另一头重复着你的声音，所以声音中一定要带着微笑，这不会多花多少时间，也不会浪费任何钱财，却能交到朋友。”

如果上百万人每天在电话中都带着微笑说话，如果电话线中流淌的所有怒气冲冲的不满都变成和谐轻柔的声音，如果每个人在任何场合都能面带微笑，那么生活的负担和压力就将大大减轻。

把阳光洒入周围人的生活，不仅能广结善缘还能造福人类。传递阳光心情和快乐情绪的能力比仅仅拥有美貌或才智更为重要。为此，我想送给那些刚刚开始挑起生活重任的年轻人一句忠告：面带微笑地去发掘生活中的乐趣。**不论身处何处、不论做什么，一定不能让不愉快的遭遇给生活抹上阴影，让心情变得沮丧。**

那些对待生活极其严肃的人、把生活看成是一种沉重负担的人、认为人生苦短应及时行乐的人，都是在以一种消极的态度消耗生命。这些人不明白，其实愉快的心情也是一种巨大的力量。玫瑰天生就要传播美丽和芬芳，人生来就应该学会传递快乐、阳光和爱心。悲观忧郁的生活是一种失衡的生活。美国幽默作家乔希·比林斯说：“如果一个人不会笑，那就是他面部构造有问题。可如果一个人不愿意笑，那就是他心理有问题，他就像一头掉入陷阱里的黑熊，拼命挣扎却仍无法逃脱。”

能够保持微笑并让别人也微笑的人总能在世界中找到自己的位置。有的人甚至不惜花钱请言语幽默的人同自己交谈，为的就是摆脱忧伤烦恼。已故好莱坞电影演员约翰·邦尼就是个能给众人带来欢乐的人。邦尼先生本是一名出色的舞台喜剧演员，但他想赢得更多的观众，于是 1910 年转战电影界，开始他每周仅有 40 美元的报酬，可三年后他每周的薪酬涨到了 1000 美元，因为他能帮观众赶走生活中的苦恼和乏味。

邦尼在世界各地备受欢迎，每天都有数不清的观众来信表达对他的仰慕之情。一次，邦尼作环球旅行，从登陆英国南安普顿到返回美国旧金山，不论是在人群拥挤的火车站月台还是在偏僻的英国乡村，不论是在风光旖旎的海滨胜地还是在繁华的都市大街，到处都有欢呼的人群迎接他的到来。在伦敦，一个陌生人走到他面前对他说：“邦尼先生，我在离开南非之前的几周看过您的电影，南非的黑人朋友们也十分喜欢您。”

所有人都喜欢阳光般快乐的人，因为他们能像太阳一样驱散生活中的阴霾和乌云。灿烂的笑脸是治愈一切疾病的良方，早一天学会保持甜美的微笑，就能早一天拥有勇气在黎明尚未到来之前去迎接前方的曙光。

一个乐观的生活态度和面对灾难时保持微笑的勇气使我们安全渡过了生活中的一切大风大浪，任何艰难困苦都不能伤害我们。如果所有人，尤其是爱发牢骚、悲观失落的人，懂得用微笑去治愈一切疾病、弥补一切失误，那么世界就将更加美好。任何人都不可能对一个面带微笑心情愉悦的人动怒。也许，你本来对他有诸多不满，可一看见那张友善的笑脸就会怒气顿消。一次，我看见两个人吵得非常凶，眼看就要打起来了，这时一个表情和善面带微笑的人走了过来把两个人劝开，五分钟内就平息了争端。

在战乱地区，很多勇敢善良的人用自己的微笑减轻了战火带给人的创伤和痛苦。“真庆幸自己还能保持乐观的心态，我还可以用自己开朗乐观的心情让简和海伦忘记伤痛，带给她们一丝希望。”这是一个法国劳恩的女孩给她远在美国的姐姐写的一封信中的一句话。二战时，她和爸爸、哥哥被困在欧洲战场，家已经成了伤员临时救助站，这个小女孩儿用自己的笑容帮周围饱受战火摧残的人重拾希望。镇定乐观的人永远都是解除伤痛的一剂镇痛药，他们身上发出的药香不仅能抚慰心灵的创伤，还能凝聚前进的力量。

曾有个商人认为一个朋友深深伤害了自己，就与朋友大打了一架，从此两人再也不来往。可后来他生意失败资金短缺，却又求助无门，无奈之下，他又找到了这个昔日的朋友，想请他帮帮自己。没想到朋友居然爽快地答应借他一大笔钱，商人顿时目瞪口呆。在生死危急的关头，在其他朋友都拒绝帮助自己时，一个曾经被自己视作敌人的人却伸出了援手，把他从毁灭的边缘拉了回来。这个故事说明了这样一个道理：要善待周围的每一个人，这样才能在悲剧和灾难降临时找到渡过难关的办法。

心情愉悦的人看到的总是万事万物光明的一面，这样的人即使失败了也能找到东山再起的力量。因为他们不仅使自己快乐，也给其他人一种难以描述的快乐幸福的感觉，所以他们在哪儿都是最受欢迎的。**笑对生活，困难和失望将在你面前倒下；紧锁眉头、阴沉着脸只能让别人远离自己。**

在一次严重的经济危机中，一家商店的货架上堆满了滞销商品，员工们一个个垂头丧气站在柜台前。一天老板无意中瞥了眼镜子，被镜中的自己吓了一跳。“镜子中的我十分悲伤，我觉得不能再继续消沉下去了，就对自己说：‘其实店里的生意还算不错，人们还没有失去购买力。但如果员工们整天这样灰头土脸，像待在垃圾堆里似的，就算在经济繁荣的时代，顾客也都会被吓跑的。’后来，我给员工们开会，告诉他们必须马上打起精神来。我要求每个人上班时必须面带微笑，绝对不能让外人看出来咱们生意不景气，谁不微笑我就炒谁的鱿鱼。从那以后，店里的生意红火起来，效益甚至比经济危机前还好，这都是因为微笑吸引了大批顾客。看来，面对萧条的经济，拉着一张长脸，还真会把顾客赶跑。”

的确，“没有微笑就没有顾客”，谁愿意和一张酸溜溜、怒气冲冲的脸谈生意呢？欢笑能吸引更多的顾客，让生意更红火。微笑是经商的妙计，是商场上的赢家，悲观忧郁只能毁掉微笑创造的基业。朋友，你可曾想过，一张悲伤的苦瓜脸和无礼的举止会把亲朋好友吓跑吗？每个人都愿意远离黑暗和寒冷，走近光明和温暖，走进和谐融洽的环境。

笑容是给朋友的最好礼物。美国著名作家爱默生在康科德的图书馆着大火时，好友路易莎·奥尔科特前去探望。她回忆说：“我看见爱默生站在大火旁，火光映照在他坚强的脸上，我想上前安慰安慰他，他却回过头来，笑着对我说：‘没事儿，路易莎。你看，这图书烧出来的火焰多么漂亮！好好欣赏吧，以后很难有机会看见这样的景色了。’我永远也忘不了这件事，从此以后，每当我遭遇什么损失时也学着像爱默生那样从中发现美丽快乐的一面。”

跟爱默生一样，主教菲利普·布鲁克斯在他所到之处也都给人以阳光般的温暖。一家波士顿报纸曾刊登过这样一句话：“昨天阴雨连绵，报社所在的整条街都死气沉沉的，可菲利普主教一走过，马上雨过天晴。”菲利普主教像太阳一样散发着光和热，他走到哪儿，阳光就照耀到哪儿。我曾在波士顿和他见过两次面，他的脸庞的确能鼓舞人心。看过他的人都说，菲利普主教就像是上天派来的使者，和宇宙的源头相通，给人带来无尽的力量。在波士顿，菲利普所在的教堂每天来访者无数，还有很多人还特意搬到菲利普的教堂附近居住，就为了能永远感受到他带来的快乐和温暖。因而菲利普的教堂周围的土地、民宅的价钱都大大上涨。

面带微笑的人就是一个太阳，这个太阳没有偏见、没有仇恨也没有憎恶。他不分美丑善恶，一视同仁，他的温暖能照进国王的殿堂，也能照进百姓的陋室。他的光线能穿过污秽之地，让淤泥中开出洁白的百合和鲜艳的玫瑰，让每一件事物放射出耀眼的光彩。看到愉快的笑脸，没有一个人不会感到神清气爽、精神振作。我脑海中就一直有一张朋友的笑脸，每当我忙碌不堪或面临艰难抉择时，这张脸就浮现出来，给我鼓励。不论多忙，只要一接到这位朋友的电话，我都愿意和他聊天，因为他能使我的生活轻松愉快。这个朋友心态平和、乐观豁达，从来不把地位、金钱看得很重，他认为，荣誉和品德才是生活的意义。他充满温情、热爱生命、感谢生活，所以很有人缘。

光芒四射的人能使生活之水变成佳酿，他们微笑的问候能魔术般地驱走人们心中的忧思，让所到之处摆脱黑暗迎来白昼，他们是免费的公共健康服务队。一个纽约报童说他有一个女顾客，每天买报纸时总是面带微笑同自己打招呼，单调乏味的卖报生涯也因她的微笑而变得轻松愉快。金钱的富翁只能给自己带来好处，而欢笑的富翁却能造福周围所有人。**带给别人的欢乐越多，自己收获的快乐就越多，就像放入地里的种子，种的越多，收获越多。**

乐观创建生活，悲观毁灭生活。欢乐具有很强的治愈能力，每个人都能在欢乐的笑声中重整旗鼓。欢笑是社会的主旋律，正是因为欢笑的存在人生才值得一活。和忧心忡忡的人相比乐观向上的人很少得病，因为欢乐能使人身心健康、远离疾病和衰弱的困扰；意志消沉则会削弱抵抗力，是疾病的元凶。

钢铁大王安德鲁·卡耐基说："没有欢笑就没有成功。人们应该从工作中发现快乐，面对愉快的工作，任何疲惫都会烟消云散。"然而，很多老板却不鼓励员工在工作中保持欢乐的气氛，认为这不够严肃，还浪费时间，会让工作秩序混乱。但也有很多人同意卡耐基的观点，觉得让绑紧的神经暂时放松反而能提高工作效率，还能使员工身心健康。

笑对困难的能力比所罗门宝藏更珍贵，有勇气突破黎明前的黑暗微笑地面对朝阳的人手中永远握有一笔巨大的财富。人们从孩提时代起就应学会将生活看成是上天赐予我们的一个美丽的礼物，所以每一天都应该像得到礼物一样开心快乐。每个人都是一个国王，生来就有得到成功幸福的权利，没什么事儿值得我们伤心失望。

有一个老妇人每天都非常快乐，别人问她为什么能那么开心，她说："小时候大人就教育我要保持愉快的心情，尤其是吃饭的时候。我爸爸是个律师，脑子里整天装的全是枯燥严肃的法律条文，可一到吃饭的时候，他就会面带微笑地跟每个人聊天，我家的餐桌总是充满欢声笑语。如果哪个孩子吃饭时哭丧着脸，大人就命令他离开饭桌，什么时候心情好了什么时候再回来吃饭。家长告诉我们，所有鸡毛蒜皮的小事儿和抱怨都得在吃饭时忘得一干二净。现在想想，那时父母的教育真是让我受益匪浅。"

**整日板着张脸、悲观忧郁、乱发脾气的人迟早会被周围的人视为无法容忍的另类。**整天绷着张臭脸生活在一个充满欢乐的世界里不仅是对同胞的无礼，也是对上天的不敬。保持快乐的笑脸是种义务，每个人都应该满怀希望地笑对世界，这样，整个人类社会才会健康蓬勃地发展下去。

我十分反感画廊中展出的一些面露忧伤的教徒的肖像画。忧郁的表情代表软弱和失败，可教徒应该是光明的使者，是传递快乐和希望的人，所以他们的表情应该充满胜利的喜悦，他们应该像凯旋的国王般阳光四射，而不是像受气的奴隶般满脸阴影。

美国作家比彻说过这样的话："滚开！这些哭哭啼啼的家伙！此刻鸟儿正在天堂欢唱，你们这些不懂快乐的人好好反省吧！赶快祈祷自己能早日走出昏暗进入光明吧！"相由心生，心中的每一丝怒气和仇恨都会在脸上表露出来，拥有甜美笑容的人一定拥有善良宽厚的内心。所以，一定要保持快乐的心情，时刻提醒自己："今天我不能对任何人动怒。"无论遇到什么烦心事，都要保持平和的心态。想做快乐的承载者，就要让脑中充满快乐美丽的图景，让这美丽的图景赶走悲伤和失落。

想吸引朋友、想工作优秀，就让脑中充满阳光吧。在纷争和怒火埋葬你之前，先把它们消灭掉。要学做一个日晷——“只记录阳光的时间”。

想在社会中大干一番吗？那就首先学会保持快乐的笑容去享受生活中的点点滴滴吧！不论遭遇什么困难，一定要从每天的生活中找到乐趣，让所到之处充满阳光，充满朝气！

## 赢法定律 21 ╱ 培养自己的勇气和自信

我喜欢步伐坚定、目标专一、不顾一切、勇于成功的人。揭去包裹在外表的甜言蜜语，懦夫将逃之夭夭，勇者将继续前进，勇敢地打拼出属于自己的一片天地。

——威佩尔

“想知道一个人成功的概率有多大，就看看他的眼神。如果他的眼神晃动不定，这个可怜虫就缺乏勇气和自信，需要鼓励。”

成绩和才能不成正比例的主要原因就是缺乏自信。仔细观察那些失败者就会发现，尽管他们有足够的才能，但性格懦弱，缺乏勇气、信心和毅力。这些人的潜能一旦得不到挖掘、才能一旦得不到发挥，他们便自暴自弃了，于是便落后于他人。

总想着失败的人，萎靡不振将伴随他，黑暗的未来将笼罩他。莎士比亚说：“懦夫在死亡之前，其实已经死过很多次了；但是，勇敢者一生只能死亡一次。”生活中胆小怕事的人、奋斗中怯懦退缩的人不可能成功，因为他们在行动之中总是思前想后，是向左还是向右，是向前还是向后，凡事都需要别人来替他拿主意，为他拍板定案。如果一个人连自己都不能相信，别人怎么会相信他呢？缺乏勇气和自信，就缺少拼搏奋斗之力，也就没有了创造力，一生只能听从别人的摆布与指挥，人生将失去辉煌。

缺乏勇气和自信的人，就只能做命运的玩物、时代的奴隶。就算一个人的各项能力都十分出色，但只要缺乏勇气和自信，在奋斗中他就必将遭受失败。唯有自信能消灭恐惧和疑虑，给人以无穷的力量，助人实现梦寐以求的目标。只有具备了足够的勇气和信心，各项才能才会充分发挥出来。而骄傲感和自豪感会推动人们再接再厉创造更加辉煌的业绩。

在古希腊斯巴达地区，母亲在孩子很小的时候就培养他们骁勇善战、勇往直前的性格。所以斯巴达的将士们个个都是敢打敢拼、不怕死的勇士。想成为王者，就必须像勇士那样无所畏惧、勇往直前。只有相信自己的实力，才能应对各种紧急情况，以势不可挡之势突破各种艰难险阻，出色地完成任务。一个充满自信的人往往能取得令世界瞩目的成就，圣女贞德的故事给我们的启示是，在日常生活中，每个人的能力只发挥出了一小部分，要想成就伟业，就必须有崇高的理想，用无畏的勇气和坚定的信念，将自己的潜能和才能全部激发出来，创造出令人瞩目的丰功伟绩。

天有阴晴冷暖，月有盈亏圆缺。人无完人，也没有时时都顺利的事。充满勇气和自信的人也要走弯路，也要犯错误，但从他们整个一生来看，用他们的成绩来衡量，这段弯路、这点错误又算得了什么！他们走过的人生之路远远比胆小懦弱者的人生之路辉煌；他们取得的成就远远大于胆小懦弱者的成就。

**成功永远属于勇敢无畏、自信自强的人。只要你自信、勇往直前，就没有你办不成的事、完成不了的任务。**据说，格拉德斯顿在第一次议会竞选失败后仍然每天坚守在自己的办公室里，一如既往地勤奋工作。他相信自己的能力与才华，相信自己选择的人生之路，相信自己总有一天会取得胜利。

一个伟大的灵魂敢于承认失败，但他们不屈服于失败。失败使他们奋斗的目标更加明确，勇气倍增，信心十足。每一次失败都使他们离成功更近了一步。塞勒斯·菲尔德在36岁时就退出了商业圈，他想做些价值更大、业绩更辉煌的事情。当时，人们为了通信更加方便快捷，想在大西洋底下铺设电缆，几乎所有的科研人员都认为此举是天方夜谭，但菲尔德却不这么认为。支持他的专家们经过周密思考、仔细测算后，一致认为此举可行。于是，他动用了自己大部分积蓄，横渡大西洋 50 多次，规划、设计、铺设。就在大功即将告成时，海底的电缆突然断裂，前功尽弃。但是，他们不灰心，不丧气，找出断裂原因，把它修好继续铺设。再断、再修、再铺设……一次次失败，一次次修复，一次次再铺设，终于，电缆将大西洋两岸连接起来了，将两岸人的心也连在了一起。人们为这一成功的壮举而欢呼跳跃，可此时此刻会有谁知道，塞勒斯·菲尔德与合作的专家们，为这一成功时刻付出了多少艰辛和汗水。他们的成功来自于那宏伟的目标；他们的成功来自于那不向失败屈服的斗志；他们的成功更来自于那充满勇气和自信的力量。

一些年轻人在人生道路上从不敢奢望这一生会取得什么巨大的成就，对美好的愿望只是想想而已，没有勇气，缺乏自信，因此，在学习工作及社会竞争中，常常表现为人云亦云、随弯就弯、顺水推舟、随大流儿、当一天和尚撞一天钟。最终，这些年轻人真就一事无成，美好的愿望全都破灭在没有勇气、缺乏自信的泡影中。而那些学业有成、事业有功的人则恰恰相反。他们敢于把自己美好的愿望变成现实，他们有勇气去拼搏、有能力去争取，相信自己一定能够做到梦想成真。

不过，**勇气和信心一定要建立在理智、切实可行的基础之上，否则，这种勇气和信心将会使自己变得狂妄自大、目空一切，**最终，理想也会破灭。由此可见，理智基础上的勇敢、自信不会使你的拼搏奋斗变得鲁莽、困惑、惊慌失措，也不会让你走错奋斗的方向。成功者需要理智基础上的勇敢、自信，领袖级的人物更需要理智基础上的勇敢、自信。

安德鲁·杰克逊年轻时曾在田纳西州当法官，一次开庭审判，一个暴徒突然闯进法庭，干扰了正常的审判程序，杰克逊命令法警将此人逮捕，暴徒突然掏出一支手枪指向法警，面对众人怒吼道："谁敢往前走一步，我就开枪！"法庭外的警卫们也都来了，可是暴徒仍然穷凶极恶，根本就没有惧怕、屈服的意思，继续与法警对峙着、僵持着。此时，法庭内死一般寂静，只能听到人们急促的呼吸声，一分钟、两分钟、三分钟……杰克逊冷静、果敢、坚定地说："现在休庭3分钟，请大家暂时离开法庭。"接着，他走下法官席，眼神坚定、毫无惧色，徒手走向了那个暴徒。暴徒顿时为他威严的气势所屈服，像小鸡见了老鹰一样瘫坐在那儿，俯首哀怜，请求法官大人宽恕他、饶恕他。原来，他就想通过暴力闯入法庭，发泄对社会的不满，在社会上造成一定的影响，以减轻生活中的压力，没想到碰上了杰克逊这位不怕死的法官。事后回想起来看，当时若没有杰克逊的冷静、果敢、坚定，法庭上就很可能发生枪击人命案，那惨案真的就会成为现实。

生活中，工作中，为什么不学学杰克逊呢？在社会竞争中，在成功的关键时刻，人们总是缺少杰克逊的那种气质、勇气和力量。勇气其实也分很多种。人们总习惯把勇气理解为英雄主义，比如在遭遇火灾、沉船、地震、交通事故等灾难时，一些人能英勇、冷静、果敢地救出被困人员；在战场上，战士们勇往直前、奋勇杀敌。这些英雄人物的勇气来自于面对危难时体内产生的一种巨大的爆发力、冲动力，每个人天生就具备这种勇气。而面对嘲笑、讥讽和诽谤时，仍能做到沉着、镇定、自若，坚守住自己的主张与冷静的意识，这比面对灾难所表现出的勇气更伟大、更崇高。因为，这种气质不是人人都具备的，更不是人人都能表现出来的。

在旧金山，飞行员约翰·弗里斯比要试飞一架新型飞机，他听说这种飞机在设计上有点缺陷，但想到自己是老飞行员，若是因为这点缺陷就犹犹豫豫不敢上飞机，恐怕别人会耻笑，说自己胆小如鼠，所以他只好硬着头皮上了飞机，结果飞了不到半个小时，事故发生了，飞机一个倒栽葱直冲地面。尽管约翰·弗里斯比快速把自己弹出舱外，但为时已晚，还是命丧黄泉。当初，他明知道这架飞机在设计上有缺陷，试飞有危险，但他碍于自己是老飞行员的面子，不敢去试飞，怕别人耻笑，怕被他人嘲笑，结果被面子夺去了生命。许多青年人一走进酒吧，就要喝上几杯酒，或是明知道有些事情自己不能做，但是为了争强好胜，为了不丢面子，为了显示自己别样的才华，不顾一切地去拼争，结果一个个喝得东倒西歪，又打又砸，最终被警察带进了拘留所，有的还因此发生了人身伤害或命案被判了刑。仅仅为了不丢面子，为了显示自己别样的才华，就付出了这样大的代价，值得吗？

在现实生活中，能做到坚持住自己的信条，不盲目从众，按部就班地走自己坚信的道路绝不是轻而易举的事。也有这样一些人，语言优美，举止文明，从不公然嘲笑、诽谤他人，更不四处招摇撞骗，看似是彬彬有礼、诚实守信的有识之士，实际上却是个懦夫。他们没有勇气，不敢表白自己的想法，更不敢拒绝别人的要求。别人让他低头，他不敢抬头；别人让他往西走，他不敢往东走。他们时时处处听从别人的指挥、摆布，跟在别人后面，遇到点难题难处就蒙了、蔫了，不知所措了，一点自己的主见、想法也没有。你能崇尚、赞扬这样的人的气质吗？精神上的勇气和自信，是一个人昂扬向上真正活出自我的强大支柱，它使人能够禁受住各种艰难的考验与迷人的诱惑，让人目标明确、一心一意地走在属于自己的人生之路上。没有这种精神的支撑，在困难面前总是思前想后、面露惧色、退缩不前，那么，你就将成为下一个没有主见的懦夫。

找工作、推销商品或寻求帮助时，一定要毫不畏惧地走向对方，直视对方的双眼，充满自信地告诉他们你想干什么，那样愿望实现的概率将会大得多。情绪可以感染人，充满勇气和自信的人身上有一种无法推脱、不可回绝的气势。如果一个唯唯诺诺的人走到别人面前占用人家宝贵的时间请人帮忙，那他得到的多半是回绝。想在社会上取得成功，想让别人相信你、寄希望于你，在这一点上起着关键作用的正是你对自己的态度。

世界只帮助勇敢、自信的人。只要你怀着一颗定能成功的热心去工作，你马上就会获得无往不胜的声誉，这个声誉往往能帮你进一步化解前方的危机。成功的信念带动出不可抗拒的力量，助人突破万难，拼搏到底，直至胜利。具有这种信念的人，在任何时间、任何地点都是领军人物。无论前方有多少失败、多少困难，只要牢牢抓住自信、不懈努力就都能成功。永远保持胜利的表情，只要一息尚存就不举手投降。战争中多少举旗手身负重伤却仍把旗帜高高举起，即使自己倒下了，也不让旗帜倒下，只要自己还活着，就必须让旗帜飘扬在空中。美国内战时，一个指挥官命令鼓手敲鼓撤退，鼓手说:“我不会敲撤退的鼓点，我只会敲前进的鼓点。”于是，他起劲地敲响了前进的鼓声，那英勇顽强的战斗情绪很快传递给全军将士，激励着部队最终转败为胜。生活中我们必须像鼓手那样，永远不打退堂鼓，高举前进的战斗旗帜，一直奋战到生命最后一刻。

**记住，当你允许自己泄气，当你感到自己一蹶不振时，你就正在放倒前进的旗帜举手投降。**失败的第一步就是开始怀疑自己。要想成功，就得相信自己生来就具有成功的品质，相信自己能够出人头地。贫穷算什么！逆境算什么！恶劣的环境更能激发我们前进的勇气和力量。

勇敢地否定一切不利因素吧！相信自己生来就是能够统摄自己命运的人。要像守住财富一样牢牢地守住自信，丢掉了自信就丢掉了根基，没有了根基人就不可能立稳脚跟。

这个世界上最值得怜悯的人就是怀疑自己的人。当今社会许多失败大军中的人都还在感叹，要是能重新找回自信，那自己也许还能再打一次漂亮的翻身仗。自信是一切勇气的源泉，要利用一切机会改造自己，不断提醒自己能够成功。相信自己，我能行，就能获得创造成功的巨大力量。

## 赢法定律 22 ／ 懂得坚持

每个人都必须奋斗，制定并坚持自己的决心，战胜自身的弱点和缺陷，没人能为我们做这些事情。

——马登

我们都有两种天性，其中之一是向后倒退，走下坡路，除非我们一直保持警惕且不断受到激励。这就好比让一个小孩子自己待着，没有大人的约束和指导，他们就会变得怠惰懒散，没有出息，甚至会道德败坏。我们把自己的父母或者老师当作榜样，因为他们与我们在一起生活的时间最长。他们总是鼓励、启发我们，试图挖掘出我们的另一种天性，他们的力量不容忽视。

**人如果能通过意志力去努力，试图全心全意地使自己变得完美，很多事情就会魔法般地发生转变。**比如，当发现自己曾处于邪恶或可耻的状态时，会使一个人震惊，使他重新审视自己，并立即决心改变自己的生活。做到这点，每个人都是可以的，只要他愿意转过身向正确的方向走去。因为，这只是一个意志力的问题，一个自我训练的问题，一个养成新习惯去代替旧习惯的问题。

许多人在生活中，通过阅读一本励志书籍，或者得到某个信任自己的朋友的鼓励，就追寻到了自我发现的转折点。这说明，即便没有经过长年累月的磨炼，人的性格也有可能发生彻底改变。这种改变仅仅是简单的一个转身，转身面向另一个与敌人对峙的方向，这才是原本应该走的正确的道路。

我们经常听见那些性格令人讨厌或者坏脾气的人抱怨他们生来就是那样。他们不知道自己的一生都被遗传的过错给毁掉了。在这里存在的问题就是，我们怎样解释那些悲剧发生后性格的瞬间转变？怎样理解下决心戒酒，告别糟糕生活的行为，或者突然决定改掉散漫懒惰等不良习惯的做法？我们怎样解释一个被认为一辈子都会无所作为的年轻人突然改变自己的性格？

一场意外，面临突如其来的灾难如至亲的离世、财产的丢失、火车事故或沉船事件、在火灾中面临死亡，对于自我或者生命真正意义的发现……这些都是导致很多人生活改变的原因。

所有这些事例都证明，我们的思维和习惯会改变，并且可以塑造一种全新的性格和品质。即使在晚年，这也是完全有可能的。

成千上万的人都利用新年计划完全改变了自己的性格和生活。我了解一些人，他们被社会遗弃，被自己的家庭当作难以忍受的人排挤在外。然而，通过某件事或某个人，他们突然间奇迹般地找到了自我，不仅改变了原来的行为和生活态度，并且脱胎换骨，从此生活在阳光下。

如果我们非常想做好一件事，那么，无论如何都会找到办法。但是，对于我们大多数人而言，问题是我们不愿为自己想要得到的东西做出牺牲，我们不愿以非此不可的态度去追求。事实上，只有这种态度才能带领我们翻山越岭，跨过海洋，到达目的地。如果我们只想轻松上路，而不是以有力的行动来支持自己的愿望，如果不积极、不尽力争取，那么我们是不会得到机遇眷顾的。

我们总是轻易给自己找借口，称缺少机会，但是按照规律来说，如果强烈渴望一件事，那么无论如何都能成功地抓住它，至少有这种可能。

机会的大门会为顽强的意志力和坚定的决心而开。在别人退缩的时候还坚持努力，只有这样的人才能打开机遇的大门。机会就存在于人们自身，存在于敏锐的大脑，存在于毅然决然的思维，存在于勇敢的品质，存在于坚持不懈的精神和持之以恒的努力。然而，让人痛心的是，无论在何处我们都会看到因误入歧途而导致希望破灭。那些因为等待太久而丧失了行动能力的人，慢慢地再也看不到机会，更无力抓住机会。

我亲爱的青年朋友们，你是否曾抱怨与别人相比你的生活缺少机会，抱怨自己一事无成是因为无人帮忙或者无人督促？那么，看看周围的人吧，他们与你一样念完了大学，正在从你认为毫无价值的环境中创造辉煌；残疾、健康状况很差或者是低能孩子中的杰出代表是否让年轻且身心健康却毫无作为的你感到羞愧？当一个失明或者聋哑的女孩可以完成高等教育、写书，成就更多非凡事情的时候，那些家境贫寒的年轻人又怎可为自己的碌碌无为和平庸找借口呢？

我知道一个新奥尔良州的女孩，她双腿残疾，却一直坚持在一所夜校读书，并且坚持了好多年。“坚定的毅力终会找到出路。”你缺少的并不是机会，而是精神、勇气和毅力，正是这些区分了生活中的失败者和无视困难、奋力达到目标的胜利者。

记住，在这个世界上，任何需要完成的事情都可以完成，且都将被某人完成。如果你缺少能力、勇气或者决心去完成，很可能离你不远的人能够也愿意去完成它。也许你无法找到方法，但是，你的周围总会有人能够找到方法。在他努力完成这件事的时候，意志力会使他充满力量，为他找到突破之处。

如果把贫穷的男孩和女孩取得的成就从历史中提取出来，谁会去关心、去阅读？但是要不是这些贫穷的男孩女孩的不屈决心，今天的我们可能还在乘坐马车，我们不会有电、汽车，甚至是缝纫机。需求不仅仅是发明之母，更是文明之母。

所以，贫穷的孩子并不真的需要如此多同情。与富裕的孩子比起来，他们有一些难以比拟的优势。当然，他们也有缺点，和我们大多数人一样，他们有时也会懒惰。对于大多数人来说，**世界上最难克服的就是天生的惰性。**普通人不去抵抗这种惰性，对我们来说，它如同呼吸一样自然，需要各种刺激使自己保持前进，向目标靠近。

你的余生怎样度过，完全取决于你自己和你决定怎样利用时间，这点我想不用经常重复，也不须特意强调。你的时间——每天，每小时，每分钟——都是你购买生活的货币。除了自我激励、自我启发，没人能帮助你。只有自己脑中的思想和意志能够在随后的年月为你做任何事。

知识永远宝贵，决心和勇气永远不会向机会乞求。拥有这些，你的生命便不会虚度；拥有这些，在你得到第一份工作之后，你就永远不须寻找下一个职位。反之，如果仅仅是愿意去做，而没有能力去做的话，也不会有适合的工作。当今世界从未像今天这样需要杰出的青年人，从未像今天这样强烈需要有头脑和健康体魄的青年人。我知道有些年轻人，他们在一个固定的职位上做得很好，然而别的地方仍然需要他们，有各种各样的职位向他们发出邀请，以至于他们的雇主不得不支付高薪，努力挽留。因为，他们以良好的才识和优秀的品格为自己赢得了好名声。这样的人在哪里都受欢迎。

年轻人意识不到他人创造的氛围对自己道德的影响，也意识不到来自他人的希望和美好祝愿的价值。有进取心的年轻人在受到别人的鼓励时，会产生一种巨大的自我推动力。被人称赞有前途是一种不错的激励和一剂受益终身的滋补良药。如果认识我们的每个人都在思想上鼓励我们，希望我们成功，为我们前进的每一步感到欣喜，这就比拥有一个巨额银行账户好得多。而那些能被人记住的年轻人，能够在周围环境中留下印记的年轻人，世界都会倾听他的故事。我们每个人都会仰慕那些奋勇争先的年轻人，会难以避免地支持他，在力所能及的时候不自觉地帮他一把。

一个无名小卒，一个虚度年华、没有骨气、没有出息的人，就像一堵死墙或深不见底的山谷，人人都会远离这样不求上进、浪费机会的人。如果他想改邪归正，他就必须先使曾经熟知他的人对他改变看法。但是这样一来，他把本来应该用于追求自己目标的大部分精力都消耗在消除别人对自己的谴责中。想想，这真的不划算啊！

我们不妨每隔一段时间就坐下来评价自己，问自己："我在成长吗？在进步吗？我在千方百计完善自己吗？我是在充实自己的生活，还是已经停止努力、停止前进了？"

每一次软弱地逃离生活都是对自尊的背叛。生活号召我们勇敢地加入建设世界的工人行列，赐予我们服务于同胞的神圣工作。如果我们怕任务艰巨而退缩，如果我们嫌辛苦劳累而退缩，如果我们因为味道苦而拒绝品尝困难这副药，我们就会失去自尊以及他人对我们的尊重。

源于自我改善的自我充实像是放大镜，增加镜头，提高放大倍数，便可以看得更远、更清晰。因此，我们应不断地扩充知识，提高能力，为成为伟大的人不懈地努力；开拓思维，使视野更加广阔。对于一个坚定而有抱负的灵魂来说，这是伟大的人生教导。

仅仅保持现状是不够的，这只是粗劣的没有价值的心胸。一个年轻人能够成功，其中一个永恒的因素就是胸怀抱负并且积极向上。那些实际上注定会成功的年轻人，总是野心勃勃地不仅要做，还要向上做；总是心胸敞开，时刻准备获得更多的知识，享有更高的地位；总是尽力创造量变及质变，提升自己的能力。

会赚钱或者拥有财富并不是衡量一个人真实能力的唯一标准。大多数情况下，最好的能力不是从金钱或名利中得来的。那些与生活作斗争的失败者，较之那些碰巧在胜利到来时活着的人，通常是更好的战士。

哪里都需要有能力的人。那些做事充满活力、有气概、有勇气、有决心、不离不弃并懂得抓住机遇的人，总是在紧要关头冲到最前线。因此，占据着担负责任与权力位置的正是那些辛勤工作为自己赢取声誉的人，而不是那些胆怯的、不可靠的、懒散的人。无论在哪个团体，当巨大的危机出现时，人们总是希望那些干过大事、有成就、有威望、总能出色完成任务的人来领导他们渡过难关。

我认识一个年轻人，他出自一个勤奋谦虚的家庭，大学毕业后不久，就在最近，他得到了来自多家公司提供的万元薪水的工作邀请。他不是天才，也没有特殊的天分，但是他懂得坚持自己的主张，懂得坚持就是胜利。他知道奋斗的力量，清楚勤奋可以带来奇迹，愿意为升迁付出代价。这就是他抓住“好机遇”的全部秘密。这个年轻人的进步并不神秘，也没有特别的运气，他没有显赫的家世，有的只是抓住并应用了杰出天分的最好替代品——努力。他知道成功需要坚持，需要自我挖掘、自我敦促；他知道生存之道；他不去等待需要别人确定的事情。这就是他成功的秘密。

乔治·艾略特说过：**“没有什么大事是由总是踌躇不决的人完成的。”**那些凡事都要犹豫的人不会在世界上做出任何卓越的成就。要改变这种状态，就必须有勇气去做那些值得做的事情，不去理会事情负面的可能性。如果想胜出，你的性格里必须有胆识存在。

一些对世界历史有突出贡献，给人类生活留下深远影响的人，曾经也是穷困潦倒的失败者。某些事触动了他们，唤醒了他们心中的美好，使他们从失望走向希望，由灰心丧气变得雄心勃勃。可能是因为读过的某本书、听到的某句鼓励的话，或者来自别人的一点善意的行为启发了他们，使他们想在自己的生命中做出一些什么。无论是什么，恰恰就是这造就了成功。他们开始走上正确的道路，从丑陋变得美丽，从错误转向正确，从阴郁的生活中走出来，开始做有意义的事。对于社会来说，正是这样的人、这样的事造成了痛苦的负担和荣耀的资本之间的区别。

实用心理学这门新学科就是要与众多失败作斗争，创造生活的奇迹。那些作为废弃的资源被送进监狱和贫民院的人加入了社会垃圾的行列。现在有许多这样所谓的穷人，他们富有能力和天赋，但是却因为丧失了对自己的信心而暂时失败了。他们放任自己意志薄弱。他们中的很多人因在某次经济危机中失去了财产和地位而变得垂头丧气。

其实，他们身上还保留着大量潜在力量，需要被唤醒。当他们意识到能够再次获得来自于生命这个万能之源的帮助，并且身上拥有可以带领自己走出贫穷和失败的东西时，他们一定会拒绝继续沉沦下去，站起来证明自己。正如菲利普·布鲁克斯说的："当人类瞥见更好、更完善、更有天赋的自我时，他不会满足于现在，直到变成他看到的那个更好的人。"

因此，每个人都必须奋斗，制定并坚持自己的决心，战胜自身的弱点和缺陷。没人能为我们做这些事情，尽管他们可以帮助我们、鼓励我们。如果想真正提高，获得物质回报，我们每个人最好还是成为荒岛上唯一的生存者，只有周围的水和头顶的天空陪伴。

如果性格有缺陷或者很贫穷，如果没钱上大学、没有资金做生意，如果缺乏影响力，那么，你更有理由唤醒最好的自己，坚信没有障碍能够削弱、妨碍你的进步。克服障碍并不是一件很困难的事情，只是决心、勇气和意志力的问题，而这却是财产和美貌的最好替代品。

你也许很穷，也许没人推动你、鼓励你，但是只要有意志力和决心，你就可以反抗整个世界。你可以把意志力和决心置于财产和影响力之上。当朋友背叛你甚至抛弃你的时候，意志力和决心会帮助你。

历史告诉我们，那些为世界做出贡献最多的人都是在冷淡、充满敌意的环境中将自己锻炼出来的。伟大的发明家为提高人们生活而进行的研究，都是在长年物资缺乏和他人恐怖的阻拦下进行的，他们被亲人指责、被朋友误解。比起他们坚定的决心，那些随遇而安、没有骨气的年轻人只会多愁善感，有的也只是一些淡而无味的小愿望，他们只会去做那些不花时间、不需要太多努力和太多牺牲的事情。可见，仅仅想着要做某事与咬紧牙关、握紧拳头、以坚定的决心去做事有着天壤之别。

文明与奇迹都是被以坚定的决心做事的人锻造出来的，他们把心思全部倾注在目标上，什么也不能阻挡他们奋力前进的脚步。面对这样的人，你能做些什么呢？他们对内心渴望的事情满怀热情，勇敢地跨越了不计其数的危险、饥饿，甚至是死亡，从没想过放弃。

当一个人愿意拿财产、名誉和他所拥有的任何财产，哪怕是以人做赌注，去完成他内心的渴望时，对此，你是无法阻拦的，只能任由他向前冲。

障碍的大小与克服它的力量和决心成正比。小人物会觉得眼前的障碍看起来很巨大，但是对于大人物来说，困难比起他所追求的东西要渺小得多。**事情越艰难，障碍就越大，而消除障碍需要的勇气也就越大。**

有的人把每一次挫折都当成终点，或者将它看作是自己不能成功的象征。那种坐下来哀叹、抱怨因为运气不好而导致失败的人很软弱，不会成就大事。

“什么是勇敢？什么是高贵？让我们依照最庄严、最高贵的罗马仪式去行动，让死神以带走我们为傲。”

对于那些注定会胜利的人来说，失败只是暂时的，失败从不是最终结果。他们只会把失败当作一次小失误，然后带着重建的决心、比以前更坚定的决心站起来，继续走下去。

## 赢法定律 23 ╱抛弃坏习惯

在培养新习惯丢弃旧习惯的过程中，我们必须用心将自己变得更强，而且要尽快下定决心。在新的习惯在心中根深蒂固之前，永远不许任何例外发生。

——威廉·詹姆斯

“将军，真的很奇怪，您经历了所有的战乱与前线生活，却从未有人要求您去宣誓。我从未听说您讲过什么誓言或发过什么诅咒。”

“哦，不知什么原因，我从来就不会宣誓。”他回答道，“我小的时候就对宣誓感到厌恶，当我长大了，更是觉得宣誓很愚蠢。我注意到宣誓容易引起一个人的怒火，当他因发怒而情绪高涨的时候，一直冷静的对手便会胜过他。事实上，我从来不觉得宣誓有什么作用。”

“我认为大多数人频繁宣誓仅仅是出于习惯，他们并不是想亵渎誓言。在我看来，他们是在浪费时间。”

以上是一本杂志中关于格兰特将军的一个朋友讲述的故事。这是他本人和将军在战友都已入睡后的深夜，坐在营火边展开的对话。

每个出生在这个世界上的孩子都是一个“由肉体、精神和道德组成的机器”，即一个“由习惯产生的机器”，它不同于那些只能重复做一件事的坚硬的钢铁或铜质机器。这主要是因为有意志作为这个奇妙机器的监管者，使得它拥有无法衡量的力量，可以实现几乎所有的梦想。需要说明的是，人类这个机器在幼年时期是可塑的、温柔的、易受影响的，而在这个时期的生产模式则组成了监管“这个机器的程序”。通过成千上万次重复同一个动作，在大脑里，我们建立思维定势，养成习惯。因此，比起未知的路途，走多年的老路会容易得多。

在这里，可以细化一下，人体这个机器的某些部件是基于以下标准建造的：

首先，它是由另外一种人体内部的真实性、精确性、敏捷性和勇气等等组建而成的。

其次，如果监管者坚持以一种精确、辛勤、小心的态度工作，从青涩的描摹父母和老师为他设定的工作模式到深深把这种模式刻入柔软的大脑神经组织中，又从不间断的重复中获得力量和其他组件，那么，要想成为理想的一个人，锻炼出良好的性格对他来说会简单得多。

但是，如果遵循的不是精确和严谨的秩序而是混乱和邋遢；如果任意说谎推诿、不诚实、不守信；如果胆怯懦弱没有勇气；如果处事躲闪、狡猾、不正直；如果用冷漠代替热情；如果偷偷摸摸、自我贬低、不自尊、不自信——很快你就会发现坏习惯已经悄悄侵入你的身体，你能做的只有不断重复地做坏事。

**“如果一个年轻人能够意识到他会变成习惯的奴隶，那么他在习惯养成的阶段就会留心自己的行为。”**威廉姆·詹姆士教授说。可见，哪怕是一个很小的精神上或不道德的行为对他的打击都会留下伤疤。对此，杰佛逊戏剧里喝醉的里普·万·温克尔每次玩忽职守后都为自己辩解道：“这次不算数。”好，我们姑且同意他这样辩解，他也许不把这当回事，但是，神经细胞、神经纤维甚至任何分子都知道他做错了，它们会把这些记录下来并存储起来，当下次面临诱惑时，这些记忆就会站出来反对他。这些都是事实，不会因为你的辩解而不存在。

只有通过痛苦的、被监管的、细心的重复，在每个动作中都特别地倾注意志的力量，才能在神经和脑组织中形成与原来相反的惯例。举个例子来说，通常你都会因为突然发现别人都认为自己是个谎话连篇的人时，做梦都想不到自己居然养成了这样一个习惯。在意识到这点之前，为了某些暂时的目的而稍加歪曲事实的意识行为，已经在你的神经和脑组织中形成了惯例，长此以往，撒谎几乎变成了你的一个生理需要，并且你会牢牢受制于自己的这个习惯。比如，我们经常为那些看起来正直诚实的人所犯下的罪行感到震惊，但是，如果检查一下他们的神经机制和习惯，就会发现正是一些他们认为平常的举动才引导其走上了犯罪的道路。这是因为，**习惯会使人们对于激励越来越敏感，越来越容易做出反应。**关于这个观点，所有的专家、学者和教育界的权威人士都是同意的。

每重复一个动作都会使我们更加倾向于做这个动作，并在神奇的身体机制中产生一种无休无止重复的趋势，这大大提升了重复动作的比率。最终这个动作将会由一个自然的反应变成一种自觉的反应。但是，我们总容易忽视习惯的生理作用。为了说明这一点，我们来看这样一个例子：一个音乐家能用钢琴在一秒钟内弹奏出 24 个音符。每个音符需要三个手指动作——弯下、抬起和至少一个侧指的运动，即每秒钟不少于 72 个动作，每个动作都需要单独的一部分意志力控制，要有准确无误的指挥、精确的速度和力度才能点到正确的位置。对于按下的每个音符，脑电波必须先从大脑传到手指，再从手指传到大脑。我们从中可以看到一个固定习惯所带来的巨大好处，就是可以使我们自觉地做出困难动作，但是这需要早期的刻苦练习。

纵观人的一生，大脑一直在锻炼身体的不同部位形成习惯，使反应动作变成自觉性的动作，从而把维持生命的大部分职责分配给神经系统。它为我们解决了如此多负担，并且不求回报地完成了我们的诸多需求。这是大自然奇妙的法则，把大脑从单个苦役中解放出来，使它可以自由调动身体各部分，全力实施高级行为。然而，为这种习惯的力量都付出了什么，对此人们意识到得太少。

一个著名的心理学家说过："二十五岁时，你已经可以看出年轻的旅行推销员、医生、外交官或者法律顾问身上的职业品德。你能看出他们的性格、思维方式、偏见、消费方式中存在的差异。一个人不能马上从坏习惯中逃离，就像他的外衣袖子不可能突然变褶皱一样。”这说明，在人生的每一个动作过后，此时的自己都与之前的自己不同。你正在快速地、准确地朝好的方向或坏的方向前进，身后是由习惯累积的推动力，通过一直重复某个动作而获得的推动力。它一直带着你向前冲啊冲，速度越来越快，越来越难以停止，越来越不可能停止，即使试图去停止，也毫无用处。

许多人只是由于习惯而长年待在不适合自己的位置上。比如，早上起床时，你会沿着习惯的方向下床，做你多年习惯了的事情，当然，这是再自然不过的了。一些人的习惯非常强大，甚至他们把它当作了天职。也就是说，他们处于不合适的位置太久了，即便本能告诉自己处于错误的位置，但习惯却牢牢地抓住他们，使其无法摆脱。

那些受制于习惯的人让我想起了之前不知在哪里读到的一则关于奶牛的趣闻。“这件事，”作者写道，“发生在俄克拉何马州伊尼德市一家自来水厂的抽水站。房子外边立着一个总是装满水的水罐，为路过的人和周围的居民提供用水。一头奶牛在早上过来喝水，它已经习惯在这个水罐里喝水。这天，山谷里到处是昨夜积的雨水，比水罐还高出两到三英寸。但是这头奶牛趟过混水，径直走向水罐。途中它两次陷在泥里，差点淹死，可它坚持不懈，终于到达了目的地。在喝了好久，喝了很饱之后，它四处走走，慢慢回到了岸上。”很明显，它很满足，因为它完成了今天唯一的事，喝到了水。

尽管通过坚定不移练习，在任何时候养成或是改掉一个习惯都是可能的，但是人们在25岁或者30岁以后除了在原来的路上走得更远一些，还是很少做出改变。很多没有找对自己位置的人在某个方面其实有着非常优秀的能力，但是他们在原来的位置上艰苦地做了太久，以至于即使机会来临，他们还是埋头在原来的老路上缓慢前进，不去想作任何改变。一个小丑的故事很好地说明这一事实。这个有经验的小丑看到一名退伍老兵把晚饭带回家，突然大叫起来："立正！"那名老兵立刻把手放下来，蘑菇和土豆都掉到污水沟里去了。军事训练的影响根深蒂固，已经深深植入到这名老兵的神经系统里了。

威灵顿公爵说过这样一句话："习惯是人的第二天性？习惯是人的天性的十倍！"实际上，对于一个中年人来说习惯就是他的命运。我在今天重复之前已经重复了20年的事情难道说不通吗？可是一个一辈子都懒散怠惰的人一夜之间变得勤奋，这有多大可能？挥金如土的人变得勤俭节约呢？或是放荡不羁变得品行端正？世俗、满口脏话的人变得文明又纯真？要是你足够努力，你就可以改掉坏习惯，如果不努力，机会就只有百分之一。

菲利普·迈耶在强调儿童观众养成好习惯的重要性时也阐明了改掉已经养成的坏习惯会很难，就像下面这个放荡不羁的小伙子与牧师的故事：

一个牧师做了长长的打了结的线，把小伙子全身都绑了起来，最开始用的是细棉线，之后用细绳，然后是麻绳，接着细电缆、粗绳，最后用了铁索和枷锁。当被捆起来的小伙子尝试挣脱时，他发现自己可以轻易挣断棉线，然后是细绳，使劲挣脱也可以将麻绳弄松，直到最后被铁索与枷锁束缚。这时，他才明白自己俨然成了一个囚犯，被习惯的锁链束缚着，挣脱不掉。

一个自由人与一个奴隶，一个有理想有抱负的灵魂与一个懦弱无能的灵魂，他们之间的区别完全在于习惯开始形成时的那根细若游丝的线。

小时候在学校里，沃尔特·斯科特先生特别想要在班级里名列前茅。然而，他发现自己的努力全部都是徒劳，直到有一天他注意到，总是回答问题的那个男孩经常摸着马甲上的一个特别的扣子。于是这位未来的小说家想到，如果那个男孩在不知不觉的情况下把那个扣子弄掉了，那么扣子的突然失踪会不会使他疑惑自己不能好好地回答问题。为了证实自己的这个想法，斯科特决定一试，结果事实证明自己的想法是对的——这个男孩不能好好地回答问题。

“提问时间到了”，斯科特回忆说，“然后，那个男生被提问了。和往常一样，他把手伸向那个扣子，但是没有找到它。他神色不安地往下看，发现他的护身符不见了，他疑惑了，不知怎样回答问题。我抓住了这个机会，回答了问题，从而取代了他的位置。此后他再也没有抢回来。”

“长大后我俩偶尔会碰面，”这个善良的作家补充道，“每次我的良心都受到谴责。我总是决心要为他效劳一次作为补偿。但总是没有机会，而且我也害怕没有了那时在学校企图替代他的激情。”

在生活和工作中，我们总是倾向于认为那些看起来并不重要的习惯没什么要紧，处理小事的方式并不重要。这都是我们称为无所谓的东西，然而，恰恰是这些无所谓使得世界大为不同。因为，我们处理小事的方式已经融入了生活框架。事实上世界上没有小事，生活中做的大多都是小事琐事，但是它们经多年的积累便不是小事，它们决定我们的命运。

年轻人经常有些小习惯或是小怪癖，这些都阻碍了他们的工作或是社交生活。这些小习惯本身或许不是重大的错误，可正是这些小习惯或小怪癖惹得自己的雇主不悦，尽管雇主并没有完全意识到这点。这也是许多年轻人有很大的社会价值、受过良好教育、有能力，但是却没能找到好工作，或是找到了好位子却没能保住的原因之一。换句话说，这都是他们一些不起眼的习惯或怪癖造成的，从而让别人对他们产生了偏见，而这些小毛病要是在小时候就被指出的话，原本是可以改掉的。

好习惯的养成其实也有益于自身性格的培养。比如，早上定时起床，准时赴约，彬彬有礼，真心善良，乐于助人，有条不紊，井然有序，准确地叙述事情，做事有始有终、小心诚实，永不怠惰，这些好习惯都会给生活带来不可估量的好处。这些习惯会在神经和脑组织中变成常规，深深融入心中。

**无论是培养好性格还是抛弃坏习惯，我们都可以让自己的意志听从吩咐，做任何乐意做的事，特别是在年轻的时候。**意志可以用来培养真心诚实的习惯或者虚伪可耻的习惯。它能培养出一个人或者一头野兽，一位英雄或者一个懦夫。它会坚定决心直到一个人创造奇迹，也可以使人犹豫不决在无为中浪荡，直到生活支离破碎。它能使你坚持不懈直到养成了勤奋努力的好习惯，也能让你变得好逸恶劳、无精打采，对所有的努力都感到厌烦，觉得成功遥不可及。

好习惯很大程度上依赖于自律和自我肯定，而坏习惯就像野草一样不需要播种便自己钻出来，像加拿大蓟一样，在任何地方都能生长。所以，自古便有“一朝播种，十年除草”的说法。

鉴于上述原因，最好时不时驻足回顾一下，看看我们正在养成哪些习惯。可以试着从别人的角度看自己，这能使我们从中获益。

多少原本可以大有作为的人却被早期养成的懒惰、无序的坏习惯给毁掉了啊！他们对坏习惯不任何的抵抗，任其发展，直到最后所有的努力都毁于一旦。太多女孩都被懒洋洋的习惯深深毁掉，她们衣衫不整地躺在房间里，读愚蠢的小说，整天无所事事。

随便，懒散，讲话没谱，语句混乱，马马虎虎，不修边幅，表达啰唆，所有这些坏习惯都可能影响一个人的命运。无论在哪里都可以看到挣扎着想要摆脱早期养成的坏习惯的人。

谁能计算出自卑或者不经好好洗漱、穿戴整齐就出门的习惯给人带来多少伤害？如果养成了做小事粗心大意、不修边幅的习惯，你就会把这种习惯带到所有重要的事情中，带到生活中。

我知道有的人削的铅笔就像是被某种动物啃的一样。即使这种小事也是一种性格的暗示，且将影响你其他的生活习惯。洗手、整理头发的方式也会体现在生活中其他重要的事情上。我们认为微不足道的习惯最终会影响到整个生活。

人类是由习惯累加起来的生物。习惯的好坏决定了我们的生活是在祝福中还是在诅咒中度过，是得到帮助还是受到阻碍。

人一旦成年，就有很多习惯难以改变，最糟糕的就是一个人已经习惯了失败，习惯了不是事事都能赢。对此，我们应该给予足够重视，否则成功永远与你背道而驰。具体来说，**失败令人感到尴尬，除非你把曾经挡路的绊脚石当作踏脚石，否则，对于成功你会感到是一种可怕的尝试。**如果我们不能把失败变成重建的、更坚定的信心去争取成功的话，一段时间后，失败就会使我们越来越尴尬与气恼，直到最后我们习惯于被打败。自信不见了，我们也就轻易地成了庞大的失败大军中的一员。

对于关系到命运的习惯是如何养成的这个问题，一名大学毕业生在一本杂志中讲述了他的一个同学也是他的好朋友的故事。

"朋友与我从同一所高中升入大学，"作者说道，"一起去上一些课。我清楚地记得上第一节数学课的情景，在那之前我们还一起作了预习。数学一直是她的弱项，第一节课就弄得她灰心丧气。

"'我真不相信自己能上那门课。'当我们分别的时候她对我说。第二天早上上课前我们才碰面。

"'你准备好了吗？'我问她。她摇摇头:'不行。我学了整整一个小时，什么都看不懂。我打算放弃了。对我来说这太难了，我希望今天不要被提问。'

"开始提问了，我的朋友被第一个点到名字回答。她完全不知如何回答，老师批评了她，她满是恼火不知所措地坐下了。

"'看起来我永远不能在数学课上回答问题。'离开教室时，她几乎含着眼泪对我说。

"'我昨天一整天都没复习数学。'第二天早上我们飞奔向教室的时候，她小声对我说，'昨天的课和前天一样难，当我想起那天的情景，我一点都学不进去了。今天老师肯定不会提问我了，我明天再看吧。'

"结果是那天她又被提问了，像前天一样，她又不知如何回答。这件事彻底打击了她，明显地，她再也不愿尝试上课了，一次又一次地失败，直到期末考试。而新学期开始的时候，又将面对更加复杂的数学课。

"'我永远学不了那个。'她说完后去找排课教师要求取消数学课。

"'不可能！'排课教师回答，'那是必修课之一。你必须把丢掉的补

回来。'

"'那么我就辍学。'她真的这样做了，放弃了大学教育。"

要是这个女生一开始就努力一点点，她就会有一点点的决心和精力去克服难题，把失败的结果扭转。要是她把精力都用来想怎样学习，怎样克服大学课程里的第一个困难，她的生活便会向前迈步，而不是一开始就毁了前程。

成功还是失败，取决于主导的习惯。正如卡莱尔说过："习惯是人类最深刻的法律。它是至上的力量，而在某些情况下，也是使我们最痛苦的弱点。走自己的路，沿着自己的脚步寻找光明与成功。我留下的脚印将指引我再次来到这里，因为这是我最熟悉的一条路。习惯是我们在生活中遵守的最主要最基本的规则——习惯和模仿——没有什么比这两点在生活中更经常出现。它们是世界上所有工作、所有实践和学习的源头。"

想一想年轻时养成提高自我修养的习惯，多读一些有益的、扩充知识的书籍所带来的巨大好处吧，与读那些肤浅、过度激进、使人产生邪念的书比起来，它们更能启发你，鼓励你。

千方百计获取知识，细心研究，对有价值的问题刨根问底、思考、联想，这些习惯是多么棒的自我教育和自我推动啊！细致地观察，不仅仅要看事物的表面，更要从各个角度去了解事物的本质，这种习惯的价值谁又能估量得出呢？

"我什么时候开始教导我的孩子呢？"一位年轻的母亲向一名杰出的物理学家问道。

"您的孩子几岁了？"物理学家问。

"两岁了，先生。"

"那么你已经失去了两年。"

"你应该从他的祖母开始。"奥利佛·温德尔·霍尔姆斯，这位物理学家在被问到同一个问题时如是说道。

如果你具有罗斯金看待事物的习惯，你便能时刻提升自己。他能在看到的任何事物中寻找学习的材料。每次室外散步，每次访问一个国家，看到的每颗星星、每只鸟、每棵树与每丛灌木，对他来说都是有价值的一课。

正是小时候养成的观察习惯赋予了罗斯金作为作家的杰出的描写能力。他的父亲，一个酒商，每年夏天都会到全国经商，而他和妈妈便陪伴父亲在马车上旅行。

“他们总是在他父亲的生日——5 月 10 日这个家庭纪念日过后启程，”科林伍德先生在他为罗斯金写的传记中提道，“乘坐简易马车穿过英格兰南部，从西到北，再从东干道回家，从一个省会曲曲折折到另一个，访问每一个郡政府所在地，他的父亲从不落下任何一名顾客或潜在的顾客。生意间隙，他们欣赏每个经过的地方的风景——大学、教堂、画廊、公园、遗址、城堡、洞穴、湖泊和山峰——他们有计划地欣赏每处景物，带着浓厚的兴趣去观察每件事物，访古问今，查阅书籍，作好记录，就好像打算写一本大不列颠指南书和地图册一样。罗斯金刚学会写字，他们就开始这样做了。他模仿父亲记录下旅途日志，父亲的知识留在了他的身上，就这样，善于描写的习惯便养成了。”

如果我们早期都接受过训练养成了良好的习惯，那么社会就将革新。从每次的经历或机遇中总结经验，从闲暇的时间中找寻可以自我提升的机会，自力更生，诚实守信，勤俭节约，胸怀抱负，这些习惯能让你形成良好的性格，帮助你建立完整的家庭。如果年轻时可以养成这些好习惯，那么只需要几代人的时间就足以将整个世界改头换面。

成功者与平庸者的区别在于他们是否仅仅看事物的表面，这也是成功者会拥有舒适的生活而平庸的人却过着贫穷、饥饿的生活的原因。如果在自我控制方面受过训练，那么我们将会像说“是”一样容易地说出“不”，这将会带来多么大的不同啊！我们将抵得住任何诱惑；我们将逃出种种危机。**如果能早点养成自力更生、自我批评和果断决策的习惯，我们的性格与能力就将会更强。**

如果养成正视生活、永远向着光明、将影子甩在身后的习惯，如果养成积极向上、精神高涨的性格，如果拥有心地善良、谦恭有礼的美德，而不是愚昧无知和用令人不快、叛逆的想法与行为给自己的大脑套上枷锁，那么，我们的命运就将会产生巨大的不同。想一想，要是小时候就养成科学卫生的好习惯，即使逃脱不了小病小灾，但是仅仅这样一个好的习惯也可以彻底改变我们的生活。

如果绝大多数人早早养成了自觉进行完善自我的习惯，那么生活将会多么不同！要是习惯地认为我们是幸运的而不是不幸的，要是总是期望遇到最好的而不是不幸和糟糕至极的，要是谈话的内容总是积极向上而不是消沉的，要是经常谈论快乐的时光而不是艰难的岁月，要是总是看到他人身上最好的一面，总说别人的好处或者干脆什么都不说，那么，我们的生活定会充满阳光，自然地，我们对自己的影响就将始终偏向于对人类有益的一面。

纽约公立学校的负责人威廉姆·马克思威尔博士在最近向教师们强调学生养成好习惯的重要性时说道："难道我们没有看到养成好习惯的迫切需求吗？难道雇主们没有抱怨我们的学生工作不认真、东西随便乱放吗？难道应该将人们的名字大声念出来搞笑吗？我们不是一直在寻找那些能够专心做事并且有始有终的人吗？在国会上持久辩论是否该在十字路口设立百货商店难道不是在浪费时间吗？这个世界难道满是那些不能努力改掉自己错误的弱小动物？不计其数的失败不正是由于人们不能用正确的方法解决问题吗？比如大学毕业生不能一看到拉丁文就读出来，而应从句子里领会含义；农民不能准确了解作物耕种、施肥和选种的方法；牧师不知道如何解决道德问题；教师不能解决学生的纪律问题；仓库保管员不知如何出货进货。不正是由于缺少自力更生的习惯，社会和政治生活中才有了如此多罪恶吗？贫民需要公共或私人的慈善，法律系统中的贿赂给纽约的公平之名抹黑，政客们的统治破坏了政治秩序并一直威胁我们的公立学校。

"如果想让下一代变得更强、更好、更有能力、更优秀，不仅需要从婴儿时期开始培养他们的好习惯，还要在学校里继续下去。唯一确定可行并且可以阻止这些罪恶传播的办法就是让那些进入我们学校的孩子在道德和品质上养成良好的习惯。”

我们的国家乃至整个世界需要的不是更多金钱、财富、名声，而是更加卓越的男性、更加高尚的女性。那么就将美德、荣誉、诚实、忠诚、爱情所有这些优秀的品质统统融入到他们的身体中、意志中，去创造大自然最伟大的作品——完美的男人和女人吧。

## 赢法定律 24 ／明确自己放弃的底线

一个人的成就不能衡量他是否成功，衡量成功的标尺是他在遭遇众多反对、面对阻碍时坚持斗争的勇气。

——马登

“探索、抗争、追寻、不舍”，这是竖立在伟大的南极探险队长斯科特和他勇敢的同伴们墓前的碑铭。

这是多么动人的一段颂词啊！它向我们充分展现了勇敢的、近乎神奇的南极探险队队员不屈不挠、自我牺牲的精神，坚强的毅力，以及他们取得的人类伟大的成就。这段碑铭对即将出发进行自我探索之旅的青年们来说，是多么宏伟的一句箴言啊！

在生活中，获得成功的大小极大程度上取决于如何去面对种种挫折、批评、指责、中伤与失败。所以请你不妨想一下，在放弃之前，你会坚持多久？你会在哪里放弃？哪里是你的终点？

马克·吐温说过，除了失望他可以抵挡任何事。许多人可以承受很多，却承受不了挫折与失败。当厄运降临到头上，他们的勇气就消失了，挫折使他们变得暗淡无光。一个人承受失败和挫折的能力是对他性格很好的检验。

当一切顺利时，做好一件事不用费什么脑筋就行。但是，当遇到棘手的事情时，你还能积极面对，解决问题，这便非同寻常了。要知道，这是对你意志的检验，是对你性格及能力的检验。

最近，我与一个人交谈，他的事业被欧洲战争和财政紧张搞垮了。他说他失去了这个世界上所拥有的一切，但是幸好他的顽强意志还在，他的决心还在，他决不允许任何困难和灾难将他的生活摧毁。对此，我印象深刻。

对于物质造就出的男人和女人，让他们拥有决心、耐力、勇气和精神，这些都是成功的主要因素。无论你多么杰出，如果缺少这些品质，你都永远不会赢得生活。

如果一只钟表的主发条变得无力，那么无论其他部件多么完好，都不能带动这个机器，因为它失去了原动力，这只表也就没有用处了。同理，当一个人的勇气消失了，不管他其他的能力多么出色，也无济于事，因为他再也扮演不了决策者的角色。

一个人人都知道的事实是，无论多优秀的赛马，如果输掉几场比赛就失去斗志、失掉勇气，那么它都再也不会取得它曾经的辉煌了。据说一名优秀的职业拳击手在被打昏几次后，就会输掉这个回合，之后便更容易被击倒。

**一个人如果失去了勇气，所有的事都会从他身边溜走，没有人会支持他。**不久前，我问一个大型机构的经营者是否会为他曾经的雇员推荐职位，他是这样回答的："不会，我不会推荐。因为他已经失去了在这里做事的勇气。"

纽约的一幢商务大楼上有一条这样的箴言："当其他人放弃的时候，我们只是休息一会儿。"

对于你的老板来说，他对你的忍耐极限会很感兴趣。他希望知道你爆发之前能忍耐多久，在艰难的环境中你的信心会保持多久，你会坚持多久。他希望在提升你之前对你的耐力有一个衡量的标准。他知道一名见习水手可以在风平浪静的海面上掌舵，但是面对飓风，只有老练的水手才能与之搏斗，挽救自己的生命。

那么，哪里是你的极限？一切都取决于这个临界点。每种木材都有它的断裂点。关键是在这一时刻，谁能坚持住，不会断裂。一片柔软的、海绵一样的铁杉不会像云杉那样挺立，云杉不会像桦树、山毛榉或者枫树那样挺拔。而这些树木都不如长在山坡上的橡树坚毅。在造船的季节，工人们常常为船板挑选材料，他们要求硬度、强度最好的木材，因为这样的木材才能抵挡骇人的暴风雨所带来的重压与撞击。用松木和云杉做成的船板在平静的海面上与橡树船板没什么两样，但是在强烈飓风的包围下，情况就截然不同了。

可见，老板想知道你是一株柔软的松树还是一棵挺拔的橡树。他想要的是一个在面对风暴时可以站得稳的人。他需要的是一个面对狂风暴雨毫不退缩的人，一个能够克服困难的人，一个可以跨越障碍的人，一个不会逃跑的人，一个具备胜利品质的人，一个注定可以赢的人。

有些人总是徘徊在成功的边缘，他们中有许多人的目标其实就在眼前，但是，他们却因为缺少足够的耐力、足够的坚持以及足够的勇气，结果无法认清自己的雄心壮志，于是，曾经拥有的雄心壮志就这样被泯灭了。

由此可见，耐力是对一个人能否成功的最后一项检验。任何一个普通商人在市场繁荣的阶段都能做赚钱的生意，但是在艰难时期，人人恐慌、资金短缺的情况下就不是这样了。在这种情况下，只有那些伟大的商业家才能操纵生意，只有具有持久耐性和冷静、清晰头脑的商人，才能度过巨大的经济危机。

**勇气是连接一个人智力的桥梁，没有了勇气整个智力结构就会倒塌。**任何事都依赖于勇气，同时它又是一个领导者，只有当它引领了方向时，其他的能力才能得以施展。如果缺乏了勇气的领路，第一步就会软弱无力。

有人说勇气是结果之父，是成功之母。没有勇气的人，虚弱得就像是坏了的卷尺一样耷拉在外面。他也许有公牛般的力量，他也许头脑聪明绝顶，但是却没有勇气缩回卷尺里，当他再次探出头测量另外的尺寸时，他会认定自己只能躺在架子上慢慢地生锈，最后被扔进垃圾桶里。

有些人非常专注，他们似乎在世界上投入的全部力气都是为了事业的成功。如果获得成功和升职，就说明他们足智多谋、有创造力。但是，如果不幸、厄运、损失或失败来临，影响到事业与受人尊敬的地位时，他们就会失去信心、失去勇气。此外，很多这样的人虽然能承受得住个人感情上的伤痛，甚至失去至亲的悲痛，但是，事业上的失败却能让他们完全丧失勇气。这是因为在他们的意识里自我荣誉感时刻紧绷着，他们对任何影响到自己声望的事都非常敏感，认为事业上的成功可以证明自己具有能力和冷静的头脑。对他们来说，失败或部分失败会将自己排斥在成功的大门外。

为什么你认为自己的幸福、舒适的生活和满足感都是纯粹的偶然？那是因为你选择了为这样的生活而努力。难道不是你在操纵自己的命运吗？对你来说没有什么事比这更重要，不是吗？你为什么要对着自己的下属黑着面孔、灰心丧气、难过、伤感？就是因为你的一个小小失误或者失控的局势，致使你遭到了经济损失。什么原因使你非要以这样阴郁的面容示人？这个原因就是为自己的不够精明、缺乏远见而感到惋惜。

所以，更重要也更有意义的事是你应该高昂起头，直面整个世界，无论发生什么，不管盈利还是亏损，时刻都要准备获得成功或遭受失败。在这过程中，有一件事世界会赞同你，那就是作为一个人，你需要尊重。有很多事比你赚大钱更重要、更伟大，那就是，无论走到哪里，身上都散发着崇高的气概，勇敢地表现自己的力量，这样你就会赢得尊重。如果你的行为让人钦佩，人们就不会在乎你是贫穷还是富有。

如果你受尊敬、尽职尽责、清白坦荡，而且已经竭尽全力，如果你诚实、友善、乐于助人，那么这些你性格中的特点都会显著地表现出来，会令世界对你在生活中的每一个小事件都印象深刻。失败，在你人生的历程中，会被单独搁置在一边，根本不算什么。

有谁曾经问过林肯是贫穷还是富有？世界不会关心他有没有积蓄，他人格的伟大和人品的高尚，会令询问林肯有多少遗产的人感到惭愧。如果一个人足够伟大，那么，他不懂得精明计算花钱的这个缺点跟他辉煌的一生相比就显得非常渺小，比起他性格的高贵、人格魅力，这点儿失败的地方在他个人传记里几乎不值得一提。只有那些渺小的人，才会感到失去了金钱就等于失去了一切，才会认为自己的好运已逝、霉运当头。如果生命本身是富有的，口袋里或者银行里的东西简直不值得一提。对于一个小气、狭隘、吝啬、自私、贪婪的人来说，失去了金钱就是最大的损失。而对于一个真正具有高尚人格、宽广胸怀的人来说，失去金钱没什么大不了的。在他们看来，失去了一些舒适、安逸，并不是不可弥补或者举足轻重的事，相比之下金子般的人格、美妙的人生对他们更为重要。

希腊之神赫尔克里斯的形象是由一个爪子交叉放在下颌的狮身所代表，表示我们可以征服自己的命运，众神会成为我们的助威者。赫尔克里斯就是我们的偶像。

一个人的成就不能衡量他是否成功，衡量成功的标尺是他在遭遇众多反对、面对阻碍时坚持斗争的勇气，就像亚历山大从失败中学会了战争的艺术。

有的人在实现宏伟目标的过程中，慢慢地变得开始可怜自己，抱怨不断，牢骚满腹，到处挑错，试图为自己找借口，这样的人最终会一败涂地。人只有真正放弃了自己生活的目标才会被打倒。一直朝向自己目标努力的人无论他现在是否到达目标，都是不会被打倒的。

坚强的灵魂只会做一件事，那就是无论遭遇怎样的不幸，他都会朝着自己的目标前进，决不左顾右盼。尽管有伊甸园里夏娃的诱惑，他也不允许自己被失败或可怕的灾难吓倒。当一个人开始不断地说起自己是多么失败、多么倒霉不幸时，他就已经将自己的脸转向目标的另一边了。有多少人能真正认识到当他们认为自己一文不名、一事无成时，他们正在放纵自己的灰心丧气、忧郁低落。又有多少人能认识到，认为自己的错误是不可磨灭的这种念头正在产生新的失落，诱导自己停止前进，走向放弃。

有人说勇敢的战士最害怕自己背对着敌人死亡或者受伤，因为对一名真正的战士而言，背部受伤被认为是一种耻辱。同样的道理，当你将脸转过去不再朝向目标，当你灰心丧气，当你谈起自己的遭遇和不幸，我的朋友，你就是背部受了重伤。

**一个人如果没有毅力就无法超越自己，这就意味着，留给他的只有失败。**他们不知道在抱怨退出、勇气溜走、希望渺茫时，坚毅才刚刚开始进入状态。大多数人都具有勇气，但只有真正的勇者现在和未来都永远不会屈服。那么，你不妨问一下自己，你有多勇敢？这是一个很好的问题，你可以每天早上这样问自己：“我带上自己的勇气了吗？”这意味着你在问自己，我做好这样的决定了吗？即使被打败，无论何时会被打败，也要坚定不移，永不放弃。

毅力是大多数人最缺乏的品质，也是非常难能可贵的一个优点，特别是伴着旁人的指责、评价还能坚持下去，尤其如此。不过需要加以说明的是，如果一个人缺乏最基本的常识，还一味坚持着，我认为这样的人是在作愚蠢的冒险，这不是我谈到的毅力。

毅力和勇气是一对双胞胎，它们经常跟随积极努力的人。积极努力的人从不屈人膝下，从不抱怨、不找借口、徒自哀叹；他们从不低头弯腰，他们坚定，充满希望和自信；他们身体里流淌着刚强的血，拥有大理石般坚硬的脊梁。

我曾经在一个大城市看到一家银行的门上写着这样的话：“发生在这个银行的任何事都可能在任何银行发生。”我知道有这样的人，他们几乎被夺走了所拥有的一切，财产、家庭，所有一切都被夺去，但是，我很确定，无论发生什么，这些人都会朝向目标，雄心勃勃。我想象不到他们面对挫折会选择放弃。

不久前，一伙人在谈论一个成功的商人，一个人强调说：“这个人不可战胜。我曾经亲眼目睹他在商战中经历可怕的经济危机，未出售的货物堆积如山，当时他的现金非常短缺，所有的资金都投资到其他项目，几乎不可能从银行贷到一分钱。银行里与他站在一排手里拿着很多现金的人垂头丧气地退到墙角，可是我却看到他脑袋都不偏一下，一点都没畏缩，没失去勇气。”现在，世界在寻找像他这样的人，不会被打倒的人，在任何情况下都不会畏首畏尾、失去勇气的人。你可以依赖的就是这种人，试图挫败他们想都别想。

我们喜欢这样的人，面对失败轻松地报以：“让暴风雨来得更猛烈些吧！我不会放弃的！我也许会失去财产、存款、现金或者朋友，但是我的信仰、我的自信、我的毅力将永远属于我。”

内战时期，随着唐奈尔森堡的投降，在最激烈的夏伊洛战场上，比尔将军询问格兰特为撤退作了什么准备。

“我有六艘船。”格兰特说。

比尔将军说：“这些船只能载 1 万人。”

“我回来的时候就不会有这么多人。”格兰特回答。可是后来，整军归来的竟然有 5 万人。

格兰特的意思是，如果他离开战场，一支军队他都不会给带到船上的。南方联盟统帅说过格兰特的成功基于一个事实，就是他从不知自己何时会被打败。正是这种从不知自己何时会战败的人，从霍屯督人到林肯、格兰特，从威灵顿到格莱斯顿，推动了文明的进步。

在现代竞争日益激烈重重压力环绕的环境下，人必须有耐力——很好的耐力和坚强的毅力，必须挺直腰板，还必须学会坚强、坚持，不然只会被拥挤的人群抛在一边，像浮木般随波逐流。**要明确自己放弃的底线，不要幻想，要确定目标，这样你就永远不会超越自己勇气的极点，因为耐力在左右着你。**当勇气、耐力都用尽了，其他的能力也就随之消失，这时，坚定的目标就是你的向导。

坚定与否决定你是胜者还是败者。意志坚定的人实现目标，犹豫不决的人惨遭失败。其他人放弃、退出的时候，胜出者只是为再次出发调整呼吸而已。

面对生活中各种悲欢离合时的精神状态可以衡量我们的意志，考验我们的能力。一个还是孩子的哨兵在法国的一个小镇遇到德国人，德国人问他是否有法国军队埋伏在附近的城镇，并声称如果他不说，就要射死他。这个孩子没有丝毫畏惧，他径直走向电线杆，背靠着它，直到步枪向他瞄准。据说，这个男孩在面对死亡时，不仅没有一点胆怯，而且在被射中的瞬间，他稚嫩的脸上还带着蔑视的微笑。

勇敢的男孩面对自己的命运做出的惊人举动，将永远留在射死他的士兵的脑海中。对此，我只想说，人们在面对不可避免的事情发生时表现出巨大的不同，面对命运的残忍，要以怎样的精神去面对？是接受还是做胆小的懦夫，抑或无畏的英雄？

最近在墨西哥，一名普通的士兵——塞缪尔·帕克斯的尸体在墨西哥边境被发现。墨西哥陆军中尉在对他的死亡报告中这样写道："帕克斯勇敢地死去，面对熊熊大火，目光坚定刚毅，没有丝毫畏惧。"

海军准将佩里年仅 27 岁，之前他从未亲眼目睹过海军战役。那天他带着自己仅有 51 门大炮、九艘船的小舰队在伊利湖上与英国拥有 64 门大炮的舰队交战。

早上很早，佩里升起了自己的旗帜，那一整天旗帜在奄奄一息的劳伦斯上空飘扬着，上面写着："不要轻言放弃。"

英国人的大炮都对准了率领小型舰队的佩里，几个小时地连续炮轰，他的旗帜燃烧着卷了起来，直到剩下最后一颗炮弹，他也没有离开劳伦斯。22 人死亡，61 人重伤，只有 13 人幸存下来，佩里决不投降。当他的船完全被摧毁，他才拉下战旗，乘着一条小船向尼亚加拉河撤退，边撤退边与英国舰队用手枪对射。到了尼亚加拉，他在一封旧信的背面留下了后来作为给哈里森将军的历史性报告："我们遇见了敌人，他们属于我们。"

腓特烈大帝年轻时非常胆小，第一次在战场上，因为非常害怕，他竟然逃跑了。留下来的他的忠诚的将士，奋力保住了西里西亚省，那场战斗意外取得了胜利。

战斗结束后，人们发现他在一个昏暗的农舍里哭泣得像一个伤心的小孩。“完了，一切都完了，”他抽泣着，“我什么都没有了，所有的一切。我的国家不会原谅我，永别了。”之后，他考虑过自杀。但是哭过之后，他打定主意即使被打败，即使王位受到侮辱也要重返战场。他扣上自己的剑，回到了军队。他面色憔悴，士兵们并不知道他刚才所想。他的眼睛因流淌过滚烫绝望的泪水而布满血丝。尽管只统治五百万人民，他却将弱小的普鲁士扶上跻身欧洲第一强国的位置。

这个曾经的懦夫，曾经像胆怯的孩子逃走的人，最后成了战争赢家。懦弱是他儿时的外衣，并没触及到他的灵魂。

即便是最能干的人遇到挫折时，也会躲避困难和推卸责任。暂时的低迷和失望让我们对自己产生怀疑，觉得自己很渺小。但毕竟生活是有价值的，扮演一个懦夫或逃避责任的人是危险的，如果这样做了，之后我们就会觉得丢脸并且惭愧。经历这样时刻的时候，最好先不要迈出重要的一步或者作彻底的改变。

当前方灰暗、无法找到出路时，要暗下决心：“我想，现在是时候该我上场了。”咬紧牙关，大步向前，相信黑暗终会过去，即使前方乌云密布，也终会有拨云见日的一天。这样你就会惊喜地发现，尽管阻碍重重，自己不顾一切的坚持使自己充满了勇气与力量。

征服属于你的世界。记住，勇敢就是胜利，懦弱就是失败，一切皆效力于勇敢的灵魂。

## 赢法定律 25 ╱ 诚实对待生活

诚实是一种非常宝贵的品质，远比钻石、金子、皇冠甚至王国要珍贵，它是穷人的财富。它可以给人以信任、安全和力量。

——霍兰

一个人如果有雄心被世人铭记，就不要做优秀的律师、医生、商人、科学家、制片人或者学者，而是在自己的领域中做一名真正伟大的国王。

没有什么比一个人绝对忠实于自己内心的“本我”更值得表扬的事情了！

一个人可能是个天才，也可能是个智力超群的人，但是聪明的才智永远无法与平实、简单、诚实的品格相媲美。因为，任何美德和品格与诚实相比都会大打折扣。

关于目的的诚实，只要它忠于友情、忠于生活、忠于职业、忠于我们与他人相处，它就能弥补其他方面的缺点和不足，即使我们仅有一种才能且地位卑微，它也能带给我们心灵的平静，带给大众信心。

每个领域里都有一些举足轻重的人，他们凭借自己的能力影响他人。这是因为他们绝不沽名钓誉，有极高的道德标准，代表了思想的正确方向。

奉行率直原则的人在任何领域中都是一笔财富，这些品质会彻底地贯穿在他的做事原则之中。在自己的职责内踏踏实实做事，所有的人都为与他在同一队伍而感到自豪，每个人都因为有他这个同伴而感到高兴。

那些正义的、诚实的、纯净的、真诚的人，那些尽情打开思想和心灵之门的人，他们无所隐藏、无所畏惧，才是真正推动世界前进的人。别人能切实感受到他们的力量，主动为其让路。

出于本性，我们对诚实且信仰忠诚的人总是充满敬佩之情。人的天性是真诚、正直的，这个我想每个人都会深有体会。我们对那些故作姿态、不坦诚和喜欢隐藏的人总是持怀疑态度。因此，我们自然地对那些紧闭心灵之门的人，以及那些掩盖自己某些缺点而博取别人好感的人充满了怀疑。另外，让人们揣测不已、捉摸不透其品性如何的人也在这其中。

**不能诚实地、真实地做自己，会使一个人失去力量，品格受到损坏，自尊和自信遭到击毁。**当一个人带着伪装的面具走错方向的时候，连他自己都不会相信怎么会这样。在他们内心深处的“本我”总是不停地说：“你是一个骗子！你总是故作姿态。”

当林肯还是一名与贫穷生活作斗争的律师时，他处理案件也从不颠倒黑白。他说：“我不能这样做。否则，在法庭上辩护的时候我会一直在想：林肯，你是一个骗子，你是一个骗子。我认为我应该忘掉自己，把真相大胆说出来。”

“诚实的亚伯”这个外号与林肯后来能成为美国总统有很大的关系。每个认识他的人都非常信任他。人们在他身上看到了一种绝对的真诚、绝对的诚实和绝对坦诚的做事原则，以及没有任何东西可以改变他的原则。当然，这主要是因为林肯诚实坚定的信仰给人们的内心和思想注入了信心，任何人对他都坚信不疑。

真诚最能塑造成功的人格，是铸就高贵品格坚不可摧的奠基石。因此，做事坦诚、光明正大对年轻人的成长非常有益。特别是在开始职业生涯的时候，决心会让你经得起考验，而待人诚实、诚恳会让你进步更快。

如果每个人都能像林肯那样诚实，那么我们的幸福生活就会来得更快！如果我们能够有效地处理那些现在司空见惯的种种骗局，那么我们的生活将变得多么简单啊！

在这个世界上，如果一个人想走得更远或者取得更好的成绩，那么他就需要诚实。因为自然法则都是为了击败谎言、愚蠢和欺骗而存在的。正直最终会胜利，诚实终将能胜出。

正直是通过法律的力量体现出来的。当真实说话的时候，世界都在倾听。林肯之所以优于他的同辈而成为一个伟人，是因为他有原则——能用正义支持这个原则。但是，并不是所有能使林肯成为伟人的伟大力量都可以在各个人的心中产生。林肯能让这种力量在他心中产生，源自有一个原则在支撑他，正义的力量使其战无不胜。

我们知道有一些人，他们的正直毋庸置疑。这些人活在诚实中，为诚实而活，且通过诚实而活。他们的行为处处可以体现诚实的影子：脸上的微笑，亲切的话语，优雅的动作。他们脚踏实地地走着自己的路，浑身散发着正直的光芒。

在总结美国海军陆战队总司令休·伦诺克斯·司各特与印度人打交道的成功经验时，一位作家这样说道："当需要回答问题或者谈论的时候，他往往告诉听众的是真相。印度人几乎不怎么使用委婉语，如果他们想知道对于一个杀人犯的惩罚，他们宁愿直截了当地说'死'，也不愿刻意措辞来缓解不可改变的事实或者坏消息带来的打击。他对印度人诚恳的态度，使他成为印度人心目中'不会说谎的白人'。"

生活和工作中，我们可以通过一个人的信誉度来衡量他是否诚信。有些人是绝对能信任的，无论何时何地都不改变，我们从不置疑他们的正直，而另外一些人，我们可以与他们共事——但是我们警惕他们。

很多人对诚实的含义有错误的理解。比如我们太崇拜金钱了，总是把诚实的含义与金钱、与金钱相关的东西以及财产联系到一起。其实，诚实是一个非常广泛的概念，它意味着你要忠实于你的思想，对待工作尽职尽责，尤其是对待自己以及生活要诚实。它意味着心灵和目的的纯洁，在工

作中干劲十足，对每个人都公平、公正。

诚实具有纯粹的属性，不能半真半假。如果你在偿还赌债时谨小慎微，但是却在服务质量上欺骗你的老板，如果你在工作中逃避责任，不真真正正地履行自己的工作职责，那么你就不是一个真正诚实的人。有很多人从来不骗取老板一分钱，但是一有机会便玩忽职守、逃避责任，这也是欺骗。

很多光顾酒店的人其实是小偷。他们拿走用餐剩下的卫生用具：香皂、毛巾、餐巾甚至是勺子，尤其是只剩下他一个人在房间的时候，更是如此。

一位在奥马哈的朋友曾经向我吹嘘说，他们家有各种各样的纪念品，都是他去世界各地旅游时获得的，如小的银器、餐巾或者毛巾。

不少酒店客房里装饰品比较少的原因之一，就是一些人喜欢偷偷摸摸地拿小东西，如小饰物、小表，或者浴室用品等。

许多人觉得从阅览室拿走报纸、杂志是理所当然的事情，特别是那些畅销的杂志和吸引人的期刊经常消失不见，这在酒吧里尤其明显。事实上，当别人看不见的时候他们才把杂志拿走，这本身就证明了他们认为这样做是错误的。

**不拿不属于自己的东西，别人不在时也不要拿走你认为可以拿走的东西，要把这作为一种生活原则。**如果有权利拿走一个东西，那么在任何人面前任何时候都可以拿走它。

在你看来，上述这些事可能不算什么，但是这会伤害到你。要知道，千里之堤，溃于蚁穴。

工作中，有多少员工会毫不犹豫地偷公司的时间呢？比如早退、迟到、旷工，老板不在时怠工，甚至对客户敷衍了事、态度恶劣，赶客户走或者不让他们买东西。所有这些事情都像拿别人的钱一样不诚实。或许你会对此进行辩解，但是，我想告诉你，从钱盒子里拿出25美分，或者拿走一些商品，或者不择手段地从老板那里窃取半小时或者一个小时，这些并没有什么不同。不诚实有很多表现方式，言行举止和眼睛都可能会撒谎，甚至在该表达的时候保持沉默也是不诚实的表现。

一家餐馆或者酒店的经营者会因经销商应该付佣金却没给而感到被侮辱了，但是他却对购买送货上门的商品时没有发票、抵押公司去还房贷、没到付款日就发催交单这些事不以为然。

一家轮船公司的采购人，他的家里有各式各样的银器、瓷器和礼物，都是别人在圣诞节时送给他求他买船的。还有大量没有附带账单的燃料，也是向他介绍产品求他购买的。这些东西都是他荣誉毁灭的"熔点"。

许多有钱有势活跃在宗教圈子里的商人，他们会把在本土生产的产品宣传为进口商品。他们在处理人与人之间的关系上小心翼翼，但是贴假商标时却从不犹豫，以次充好。

如果走进那些表面看起来诚实的人所工作的营业所，就会在那里发现很多谎言。有不少这样的人:他们雇用谎言专家编写骗人的广告愚弄公众，给人提供受骗的机会。这些人通过写骗人的、冗长的广告不知道挣了多少钱，也不知道愚弄了多少可怜的、容易上当的倒霉蛋。他们将种种优点夸大写到药物说明书中，其实这些优点只是他们骗人的脑袋编造出来的。他们把各种疾病的症状描述得活灵活现，声称他们的药物可以治疗百病，并且把药物疗效说得听起来非常可信，令那些可怜的受害者受到了愚弄，否认了生命的自然规律，相信这些药物可以缓解他们的痛苦，于是他们从银行里取出最后一点点家底，甚至抵押房子、变卖财产去购买。

不久前，一名肺结核晚期病人向一位著名的肺结核专家咨询。她告诉专家，自己没有钱，请不起专业的医生为她治病，她的病情已经影响到了她的声带，现在只能低声说话。她的故事非常令人同情，于是，有一家医疗公司向她保证只收取150美元就能治愈她的病。她倾家荡产终于筹够了这笔钱，但是连续吃了三个月的药，病情不但没有好转，反而恶化了。随着疗程的增多，医疗公司"敲诈"走了她最后一分钱。她来到医疗公司，诉说了自己的经济状况，希望他们可以按照约定继续为她治疗，医疗公司却要求她签署一份已经拟好的保证书，上面写道：她曾经接受过三位著名医生的治疗都没有治愈，最终，是帕特医疗公司为她治愈了疾病，她现在非常健康。她因为担心自己在世上的时间已经不多了，最终拒绝了违背自己的灵魂去说谎。那位著名的肺结核专家在听了这位女士的诉说后，把女士送进了自己的医院，六周后，女病人辞世了。她用自己的实际行动捍卫了诚实，是我们应该学习的榜样。

在商界的道德规范里，有两种类型的诚实：一种是以商业为目的，适时而变的；另一种是保持其品质不变，为家庭和社会服务的。商人和非商人处于两个截然不同的团体中。用诚实的双重标准看待他们，商界人士会毫不犹豫地寻求那些被社会谴责为“骗人的、不诚实的、不道德的”方法。如果商业操作时有疑虑或者不安，或者面对一种特殊的状况，那么所有的问题都可以通过这个定律获得答案——这是惯例。每个人都这样做，圣经里也写道：“跟随众人去作恶。”

如果可行的话，事实上许多商人喜欢家庭式的诚实。但是鉴于这个双重标准被广泛认知和接受，说明这是个做生意的好办法。他们担心，如果仅仅遵循“诚实是最好的政策”的单一标准，利益就会受损，会被竞争对手超越。尽管从理论上讲，他们奉行的是黄金准则，但其实在道德上，并不是这样。

为什么会这样？主要是这些人还没有意识到，任何利用正当协议购买到的物质利益，或者与同行一起欺诈得到的物质利益最终都会在他们手中变为虚幻。他们还没有意识到那些不把诚实作为准则的人，无论聚敛了多少财富，捐助过多少大学和科研机构，最终的结局都是失败。正如比彻所说：人们都祈祷要奶油，其实要的是乳汁。

西奥多·罗斯福经常提到率真。当然，罗斯福自己本身就是诚实的代表。他的品格上有某些弱点，可能会犯错误，但是即使最恨他的人也从未控诉过他不诚实。对于罗斯福来说，主动的诚实使他充满活力。因此，诚实和主动诚实有很大的区别。从来不骗人，从来不干坏事儿，并不是真正意义上的诚实。诚实不是被动的。主动的诚实在人的生活中是一种活力，不仅仅是杜绝做坏事。但是，在生活中就有数以千计的人是被动诚实而非主动诚实，而且，他们对诚实并不看重。只有当一个人真正诚实时，诚实的品格才能成为他优秀品格中的一部分，否则，一切都无从谈起。我们每个人都要力争不仅在别人的眼里是一个诚实的人，而且要努力做到忠实于自己的内心。

为获得名誉而诚实与本质诚实同样有很大的不同。人格属于人与生俱来的东西，而名誉属于外在的东西。人格代表的是这个人本身，而名誉是别人的评价。我们每个人都应该感到自己的内心有一种东西，这种东西不可贿赂、不可收买，也不可出卖，丢掉任何东西都不可以失去它，如果必要，不惜一切代价也要去换取它。

**诚实可以避免恐惧，爽快、纯净和率直的人无所畏惧，因为他没有做任何丢人的事情。**诚实的人试图把每件事都做到正直、公正，以给人一个公平的交易，所以，他有什么理由恐惧呢？如果他依据诚实的原则做事，就没有任何东西可以伤害到他。另外，率直的人比那些纯粹诚实的人更有勇气。在团队里率直、勤快、绝对真实的人与随波逐流、人云亦云的人有很大区别。

许多人还没有足够的实力轻视金钱，金钱在他们心目中依然重要，因此他们要仰视金钱，金钱可以引诱他们。总之，金钱具有一种力量，它在传统思想里指代的东西扭曲了许多人。有一些人，在通常的情况下都很诚实，他们认真工作，按时付账，承诺了别人的事情就去做，一般的诱惑不能动摇他们，但是，当一种特殊情况——绝对“安全”的机会出现时，他们会利用职务之便获得好处，牟取一点私利。

你有没有发现这种情况：一些人看起来很强大，不会轻易倒下，但是就是这样的人却经常被小利益、小事情、看似琐碎的事情击倒。那些名声扫地的名人开始并不是因为大的欺诈，而是一些小的欺骗使别人失去了对他的信任。比如，他们会有这样一种心理：“撒一个小谎就可以使我摆脱现在的困境，”一个人暗自说道，“我不会依赖这个，这仅仅是一点小贿赂，不会有人知道的。当需要的时候，我会把钱还给他们的”。

有些人在诱惑面前非常诚实，这仅是普通的诚实，在一定“强度”的诱惑面前，他们的诚实就会被熔化。打个比方，金属或者说所有的固体，都有一种被称为熔点的属性，当把它们加热到一定程度，它们就会变为液体。这就好比我们检验一个人面对诱惑抵抗的诚实度。还有一种不诚实，他们在大多数人的眼里看似诚实，这是由于一种奇怪的心里法则造成的。持续地做一件事情，重复一种错误会逐渐剥夺他的滔天罪行，使其变得越来越具有合法性。

“他们还没有那么不可饶恕”，我们经常通过这样的方式原谅一些错误行为。我们中有多少人陷于这种“善意的谎言”之中啊！尽管我们或多或少会为侵犯了诚实这个法则而感到自责，但是，我们总以为那些我们认为害处不大的欺诈是可以得到原谅的。或许，有些人会说没有狡诈的骗局这个社会将不能存在，如果每个人都说实话，每个人就都会被激怒。因为没有人能忍受得了被告知关于确切的直率的自己。

在正常情况下，人类思维模式是为说出真相而构建的。**在生活中锻炼真实的自己，将真实的想法融入你的性格中，你将变得更坚定、更强大。**因此，“真相从来不排斥机智。毕竟，机智可以使我们在寻找真相的过程中更富有艺术性。机智和真相组合在一起便是真诚”。

当然，“一个人可以热爱真相，也可以将其打入不受欢迎之列”，该说话的时候说话，该沉默的时候沉默，甚至一个人还可以在真相还没有公布出来就隐藏真相。这些都是你的自由。然而，从来没有一个人能像林肯一样把诚实融入到品格里面，也从来没有一个美国人能在真相面前表现得那样机敏。这就是我们与伟人的重要区别之一。

在我们的头脑里有一种东西，因诚实而越发旺盛，能抵制所有的错误和欺骗，没有任何东西能持续如此长久，除了纯粹的真实，它不需要任何修饰，不用渲染。表达真相时，这种思想会变得旺盛且膨胀，但是，当被迫表达虚假的事情时，它就会变得软弱。

健康和成功追随诚实和坦率而来。而伴随谎言活着，把生活变成骗人的机器，这不只是意志的消沉，还代表了你是个弱者。真正强大、平衡的思想不需要要花招，完全可以透明、公开，因为它足够强大，无须任何隐藏。

真诚在英文中是由两个词根组成：sine 和 cere。sine 意为“没有”，cere 意为“杂质”，合起来 sincerity 就是没有杂质、纯洁、透明。

诚实会产生强大的力量。美国内战时期，当李司令与他的一个长官商讨军队的行动目的地时，一个农村孩子听到了他们的对话：李司令强调他想向盖茨堡进军，而不是哈里斯堡。这个反应敏捷的男孩立即把情况汇报给了科廷州长。州长说：我拿我的右手赌这个男孩告诉我的是真相。一个班长回答说：州长，我了解那男孩，他不会说谎的，他的血管里没有流淌任何一滴会说谎话的血。15 分钟以后，北方联军果真进军了盖茨堡地。世界知道了最后的结局。

如果仔细研究一些在公众面前失宠的名人，就会发现他们在早期的训练中缺少一种东西，也就是没有遵守道德的原则。他们由于缺少训练，不具有这样的意识：天才的成功都是建立在具有诚实的人格基础之上的。

试验证明，有时候我们所谓的钢铁可能只是软铁或易折的金属，当到达一定的拉力其就会弯曲或者折断。同样，一些金属不受各种酸的侵蚀，但是有一种酸除了金子之外别的金属都抵抗不了。这就如同把诚实的探照灯射向一个人的身上，只有纯金一般的人、人格完善的人才禁得起这样的考验。

当一个人意识到他在撒谎时，他就会尽量利用对别人不公正的优势。当一个人意识到自己不是天才的时候，他就会在心里承认自己是一个骗子，他会在诚实的掩护下干不诚实的勾当。当他意识到自己是一个骗子的时候，他就失去了力量，就像辛普森一样失去了锁也就失去了保护。

品格就是力量。一个人是否正确是客观的事实，他的所言所为涉及的不是个人，涉及的只是真相。因为诚实本身就是一个真诚的人的自然表达。而且，我们还可以感觉得到，以这种方式做事的人的身上带有一种不可改变的原则。

## 赢法定律 26 ／克服忧虑

如果你有过不幸的经历，如果你被置于一个尴尬的境地，如果你曾经被诽谤和辱骂，忘掉这些吧！这些记忆没有任何可留之处，它们造成的阴影会抢夺你很多快乐的时光。

——马登

在一次非常严重的金融危机中，一名很有影响力的西方商人为此困扰不已，他感到很恐惧，害怕自己多年经营的事业毁于一旦，害怕再也无法扭转现状。他的忧虑不仅影响了自己，还影响了事业失败后那些与他一起承担后果的人。他的思想被恐惧的迷雾所包围，重重忧虑使他很快失去了希望和决断能力。

在他最失意的时候，他到纽约参加一个商业会议。有一次，他要打公用电话，站着等待时，他的眼睛被电话机旁卡片上的格言吸引住了：**“当你觉得无路可走，一切都对你不利以至于你看起来再也挺不住的时候，一定不要放弃！你的乾坤即将在此时此地扭转。”**

这个人把格言又看了一遍，他被格言的内涵深深吸引了，沮丧立即一扫而光，如同一个咒语被击碎了一般。他重新返回办公室，开始繁琐的工作。这次，他充满了力量和勇气，不再忧虑，重新振作精神制订新的计划和工作，弥补曾经浪费掉的时间，最终挽回了败局。

在电话旁得到启发的那一刻究竟发生了什么呢？外界的环境没有任何

改变，这个人面临的问题依然同以前一样不能解决，前景渺茫，但是，一场巨变已经在他自身内部发生了，忧虑消失了，恐惧被信念驱逐。内心态度的改变最终使他转败为胜。

但另外一个例子的结果却不同了。最近，一个纽约人由于担心自己的薪金不能涨到 13000 美元，因为如果有了这 13000 美元他就能免于破产，最终的结果是，他因过于忧虑，自杀身亡了。报纸上几乎天天报道这样那样由于担心经济纠纷、担心不能抚养至爱的亲人，担心疾病或者死亡而导致自杀的事件。因为担心未来困难重重，许多人结束了自己的生命；由于陷于欧洲即将战争的忧虑，很多男女已经精神错乱或者自杀。

自从竞争诞生以来，恐惧和忧虑对人们的生活造成的毁灭程度甚至比所有的战争带来的毁灭程度还要严重。没有人能够估算出这些毁灭快乐的“杀手”所造成的损失有多少，因为这无法估算。而且，这些“效率的破坏者”——恐惧和忧虑仍在我们的生活中继续横行，它们令人心灰意冷，愁容满面，霜染黑发;它们削弱人的活力，毁灭人的雄心，扼杀人的勇气，打击人的希望，摧毁原来的自己。

如果能俯瞰一个大城市，看那些所有由于忧虑和害怕不知明天会发生什么事而失眠的人，你就将会看到很多让人觉得可怜的景象：

无论男女他们都在辗转反侧，他们的痛苦几乎要超过他们能忍耐的限度。他们在黑暗中担惊受怕地熬过漫漫长夜，同时又害怕面对新的一天。早上醒来时，他们看起来像刚从病床上起来似的，比退休年龄的人还疲倦，他们本该活力无限、精力充沛地在繁忙的生活中寻求出路，可现在却根本不是这样。

为此，许多人求助于兴奋剂，或者试图用鸡尾酒、威士忌、吸烟和药物等来保证自己精神振作，产生足够的“人造能源”以保证完成必须完成的工作。然而，他们所有的努力都没能使自己真正振作起来，并提高效率。他们的确做完了工作，但是他们干的是一天没有意义的工作，因此，回家后仍然忧虑和烦恼，同时继续失眠和重复前夜痛苦的经历。

面对上述情况所表现出的种种行为，最直观的结论是，这不是一个勇敢灵魂的做事方式。人是为克服困难而生，而不是为退缩、为苦难击倒而生。人不是作为忧虑的奴隶而生，不是命中注定作为恐惧的受害者而生。那些任由恐惧摆布的人，那些无法控制住忧虑的人，实际上已经退出了他所能控制的生活，把控制权交给了他“思想的敌人”。在生活这场战斗中，他已经变成了一个懦夫。

勇气和坚定的信念是恐惧和忧虑的克星。事实上，只有那些小人物，那些不自信的人才忧虑。当烦恼或者恐惧的时候，当要向忧虑妥协的时候，一定要扪心自问，林肯是怎么处理那些你认为很大的小事的？如果你足够强大，强大到可以克服你遇到的麻烦，那么你就没有必要忧虑，否则忧虑会越来越重。就像主教帕特里克说的：“揉眼睛不能将其中的灰尘弄出来，反而让眼睛更疼。”

**忧虑和恐惧是懦弱、无能、缺乏信心的表现，是精神的无能。**一个聪明人很确切地将忧虑定义为“精神近视”，即用一种笨拙的方法看待小事物，无端放大了它的价值，这是一种神经幻想。聪明人同时说道：“纵观全局，用正确的角度看待事物，洞悉内在的联系——没有这样经历的人就没有忧虑的资格。”

没有任何东西能像忧虑和恐惧那样如此快速地侵袭人的精神和身心。在和谐的关系中进行工作不会伤害我们，大脑和肌肉在充满活力和快乐的氛围中才能活跃。如果没有糟糕的疲劳和眼泪，没有因为忧虑、烦恼、焦虑、责备所造成的摩擦，那么在夜晚我们就将是精神饱满、快乐悠闲的，而不是像很多人那样，当一天结束时筋疲力尽、毫无生气。

如果我们的生活因有信念而安稳，因有统一宇宙的力量而保持现状，因有包围我们的爱将恐惧驱逐，那么忧虑就无法接近我们。但是，现实的情形是，忧虑和恐惧却铸就了一堵光明与力量无法穿透的坚固的围墙。

有人曾说过，消耗在毫无意义的忧虑里的能量如果可以储存并且转化为其他能量，比如电能或者动能，那么这些能量就可以操作世界上所有的机器。

如果有足够的分析能力和辨别能力，那么就可以消除众多男女面孔上的怠倦、疲惫和忧虑，尤其是那些琐碎的、烦扰了他们一天的令人焦躁的担心。然后，继续消除那些完全没有必要的日程——十分之九的忧虑源于此。

在一个地方烦躁不安、无所适从，只会一事无成。

忧虑来源于一个古语，意思是窒息或者扼杀。每一次忧虑都将扼杀完成某事的能力。有时，你会认为对事情的忧虑会使结果富有成效，以至于你向忧虑投降。当然，事实恰好相反，高效、清晰地思维一点点形成，达成共识，制作计划，完成任务。

习惯性的忧虑者像是一个愚蠢的磨工，在自己的水闸上钻孔，让所有在春汛时储存的水在干旱时流掉。忧虑者比愚蠢的磨工会受到更多折磨，因为尽管磨坊没有足够的水，不能促使轮子一直转动，然而至少磨工毫发未损，但是，当忧虑者忧虑时，他就伤害并且欺骗了自己。

许多冷静的人对自己的生意了如指掌，知道身体健康、环境平和，生意才能兴旺。他们意识到员工必须保持身体健康，不然会带来麻烦。奇怪的是，当员工们的财产，换言之，他们的精力、体力因为忧虑和恐惧而消失殆尽的时候，这些生意人还期待自己可以成功。

我们会经常遇到大危机，这就需要保存力量、积蓄力气，否则必将失去美好的日子。如果能力卓著的华盛顿是一个习惯性的忧虑者，如果他将所有的精力都用在忧虑战争的琐事上，那么历史就不会载有他的英名。

那些置身于商业的朋友，在一天的工作中，有多少次当你的精力和体力达到最高峰时，你发现自己已筋疲力尽？多少不眠之夜你被毫无理由的忧虑所折磨？当你最需要一个清醒的大脑解决严峻的问题时，你却因为忧虑而难以抉择，因为，你的忧虑使你处理不了外面的工作，而只能使其搁置。为此，我们应该做的是抛弃忧虑，高高兴兴地回家，享受睡眠。

当一个人处于商业危机之中，不能集资并且产品在货架上卖不出去的时候，如果他每天几次去银行申请贷款，但是这对于扭转即将到来的金融危机于事无补，他是不是就该暂时放一放呢？你会怎样看待这个人呢？

也许你要说："神经病！"是的，他真是个神经病。但是，你呢，与他并无分别。你将工作中的麻烦带回家，让别人同你一起忧虑。当你将这个麻烦带上床，辗转半宿去琢磨这个问题时，情况就更严重了。你没有像圣人、聪明的男女一样解决严峻的问题，除了失望，浪费体力，大脑混沌，你从忧虑和烦躁中得到什么了吗？一夜无眠，陷于忧虑之中是不能解决问题的。

是的，除了消耗生理和心理上的力量、浪费宝贵的精力、危害事业之外，**忧虑、恐惧、烦躁和发怒从来不能帮助任何人解决任何问题。**

我们小时候就知道不要接触火，不要接触沸水，给车让路，总之，避开所有伤害我们身体的东西。但是在一生中，我们却让忧虑和恐惧毒害我们的思想、伤害我们的精神，让我们感受到比普通身体上的伤害更严重的伤害。如果人们意识到忧虑和恐惧是剧毒，伤害健康，阻碍成功，那么他们就会像远离毒药一样拒绝这样的思想。

一个著名的伦敦医生曾经指出：如果一个神经进入到某组特定的肌肉群或者一个神经中心去管理这组肌肉群，就会扰乱它们的顺序，使肌肉失去紧张感，逐渐失去知觉，进而就会废掉。这是缺少必需的营养所造成的结果。所以，如果一个人想保持健康和活力，他就必须摄入足够的营养。自然界中每个事物都有可能通过系统毁灭供养物质（通过阻止食物消化的方式），任何可以影响大脑细胞、身体供养中心的东西都会危害健康和生命。忧虑和恐惧会伤害大脑的细胞，而且令其无法修复。这主要是它切断了神经营养物质的供应，因此，大脑也就无法正常运行整个身体系统的所有程序。

要想有高效的身体行动，思想就必须有充分的自由。没有任何天才可以补偿由于忧虑而造成的疲倦，缺乏活力和丧失雄心的损失。任何勤奋都不能补偿可怕的思想枯竭、身体萎缩。

我想，是不是一个人越是忧虑贫穷就越可能赚不到钱呢？恐惧会让他们的思想在财富面前退缩，恐惧关闭了他们通向财富的道路。他们非常忧虑明天的不可预测，非常害怕明天没有钱，害怕没有哪怕是基本的花销。这种没有理由的、毫无根据的忧虑是获得成功和快乐的敌人，它是自人类有竞争以来对人类最有危害的“杀手”之一。

我们生来的环境本来就令人恐惧：我们来到这个世界上，贴着忧虑的标签，带着未知的恐惧。因此，自然力被认为是决定人类命运的伟大力量。生活在自然力之下的原始人已经向自然屈服并与之成为朋友。比如，几千年来，人们认为雷电、龙卷风是人类的大敌。一个发怒的上帝，将它的雷电扔向大地，只有牺牲人类才能平复雷公的愤怒和减少龙卷风的光临。再比如，大海上可怕的景象——毁灭船只的龙卷风，被认为是海王星（海王星被认为是伟大的海神）发怒了；太阳和月亮的光辉变暗淡代表神不高兴了，许多人不得不以各种不同的方式死掉。

在人类发展的过程中，忧虑以残酷的形式逐渐消失是最有趣的事情之一。知识已经将对未知的恐惧一扫而光，当我们有足够的知识能认识到上帝其实只是爱的上帝，爱是法则，是秩序，是和谐，恐惧的血液便会消失得无影无踪。

然而，不幸的是现在仍有许多人被一些原始遗留的东西所控制，持续存在的忧虑阻碍了他们的成长，阻碍了他们的发展。忧虑从一出生就紧紧跟随他们，有多少无知的母亲总是通过恐吓的方式迫使孩子入睡，告诉孩子：如果不尽早入睡，就会有一只大熊过来将他吃掉。一个小孩子在妈妈描述的情景下，又怎能睡得着呢？可是，大多数父母居然继续让黑夜充满各种各样残忍的怪兽，以这种方式迫使孩子顺从他们。

许多孩子，尤其是敏感的孩子，他们的生活就这样被毁灭了。一个伟大的医学权威人士说，至少百分之八十的病态孩子可以通过实施科学的心理保健学——主要是勇气的暗示，得到挽救。谁能计算出有多少因为忧虑而短命的人？谁能计算出迷信和恐惧究竟伤害了多少人？如果知道这种残酷的方法会对孩子的生理和心理造成多大影响，那么他们的父母过去不会，现在不会，将来也不会以这样残酷的方式去对待自己的孩子。

我认识的许多人告诉我他们的各种担忧。他们担忧即将来临的不幸，担忧会有意外事故，担忧别人对自己的看法，担忧不能完成手中的工作，担忧疾病。所有各种各样的忧虑使我们活着不快乐，使我们大多数人的生活变得暗淡。那一丝恐惧。一种预兆。一些认为可能要发生的事情无情地摧毁了我们思想的平静，一直暗示并纠缠在我们思想意识的左右。

想想，这多让人痛心啊！真正能享受现在的人是多么少啊！一般说来，这些人不是担忧现在，而是担忧充满重负的明天。这样的担忧压得他们喘不过气来。他们不知道，既然今天已经给出了相应的力量，那么对于明天，明智的选择信任才是我们应该去做的。

明天还不属于我们，我们忧虑和抱怨的事情也是明天的。思想里的魔鬼全是你的假想，何况，大多数使我们沮丧或者缩短生命的事情并没有发生。但是我们依然要这样去想象，所以我们的思想意识里就会想着这些可能发生的事情，比如悲伤、损失、失败，担忧它们可能会降临。而正是这些忧虑吓唬了我们，袭击了我们。

如果能减少生活中那些事实上从来没有发生的事件的阴影，我们的脸上就可以减少多少皱纹？失去的活力会重新回来，思想也会重新焕发出灵感，但是，我们总是忧虑那些事件可能会发生。

对于这样的状况，你不妨回顾一下逝去的生命，我们想象中的魔鬼有多少变为了现实呢？生活中虽然有许多威胁，但是不管怎样，一条没有想象到的路向我们敞开了。我们以前的忧虑只是浪费精力，使自己提前变老，皱纹爬上脸，腰也弯了下去。想象的麻烦，忧虑的火难，一个都没有来。在一个作家的生活中，有许多次，当一件事看起来已无力扭转乾坤、毫无生机时，却又“柳暗花明又一村”。一些超乎人们控制的东西解决了麻烦，解决了看起来不能解决的难题。威胁船只的风暴没有了，太阳比以前照得更亮了，生活中的每件事都变得平静了。

如果那些经常忧虑和恐惧的人停下来想想，所有的忧虑和恐惧并没有意义，他们就会为这样的愚蠢而感到耻辱。你曾经有没有问过自己这样的问题：将全部精力都放在忧虑和恐惧上是否值得呢？把它放在一些有意义的事情上是不是更好呢？除了努力工作，用清醒的大脑和最敏锐的判断力去补救之外，我们无力挽救局面时，那时的情形是否值得我们筋疲力尽去忧虑呢？当面临的局势亟待我们用判断力、积极性和热情去挽救时，我们却被痛苦缠绕，降低了自己的判断能力，扼杀了自己的积极性，打击了自己的热情，这些是否值得呢？

**如果你在一天中尽力而为，那么，就不要再为你所做的以及你没有做的过度忧虑，过度自责。**

当你忧虑时，把工作做得反而很好，因为你前天的忧虑，第二天却把事情尽早并且轻松地处理完了，有过这样的事情吗？相反，忧虑会消耗你的力量、挫败你的活力，而且当你需要力量和活动的时候，却发现自己已经处于崩溃的边缘。

所以，获得力量和快乐的秘密是将我们的意识与神圣的自然力合为一体。当开始意识到伟大、创新、持续的力量时，生活会向我们展现它的另一面：没有时间忧虑，没有理由害怕。这种意识建立了生活的安全感、确定感，使我们懂得自己并不受机遇的摆布，也不是事故或命运的玩偶。当我们意识到自己与世界的创造者同为一体时，生活就将变得更加高效、和谐、安宁、快乐！

## 赢法定律 27 ／调整良好的心态

当遭遇苦难和悲伤时，当面临时光的流逝、担心前途暗淡时，一定要保持一颗坚强的心，不要担心脚步缓慢，这其实就是一种快速的前进。

——马登

成功是有力的激励，更多的成功就是更大的激励。我们的能力、我们的力量通过我们的成功得到增加，相反，它们也会因为我们的失败而丧失殆尽。增强自信心就是增强我们的能力，摧毁自信心就是扼杀我们的能力。

一位曾经在拿破仑的部队服役的著名外科医生讲述过他看到的情形：经过三天三夜恶战而最终取得胜利后，法国士兵的士气高涨，胜利的决心更为强烈，大家都沸腾了，根本感受不到疼痛、饥饿、疲惫，甚至感受不到致命的创伤。

由此可见，凡是能够增强信心的东西都可以让能力得到增长，凡是能够毁灭信心的东西也可以削弱能力。**成功犹如一剂具有强大功效的兴奋剂，成功的次数越多，“兴奋剂”的功效越强。**我们的能力、长处都是由成功叠加而成。反之，这种功效也会因为屡次失败而消失殆尽。

既然成功是已知的最强效的兴奋剂，那么在人们的心目中，他们普遍认为成功带来的效应更能调整良好的心态。成功使我们的长处倍增，立志攀越更高峰，并激励我们发展能力和资源。在这里，需要加以说明的是，到目前为止，我们很可能已经拥有了这些梦寐以求的资源，只是我们却不知道。

一个人如果被选为高管就可以激发他的勇气，巩固他内在的创造力，促使其付诸行动，鼓起勇气、发挥创造力，把事情做得更好，证明自己名副其实。可见，每一次成功都可以使我们更加自信，恢复勇气，同时增强能力；每一次成功都可以让我们感觉到自身更加强大。自身强大，在世界上具有影响力，在领域内举足轻重，为同胞争气，还有什么能比这种感觉更令人满意的呢？

对此，伍德罗·威尔逊因为成功竞选为美国总统而发生的巨大变化就是一个很好的例子。从普林斯顿大学退休不久后，威尔逊便竞选成为新泽西州的州长。很明显，威尔逊先生因对未来的不可预测而心情波动，他当时还怀疑自己是否有能力为自己的家庭提供更多东西，于是申请了卡内基财团的“教授退休金”。然而，突然并且非常意外地晋升为美国总统使他之前的忧虑和恐慌一扫而光，对于未来的自信和确定、持续胜利的信心迅速取代了怀疑与担忧。

毫无疑问，相比成为总统之前，伍德罗·威尔逊的能力确实大大提高了。当然，这都是他的持续进步造就的。如果不是成功的激励，他或许会一直默默无闻，但成为普林斯顿大学的校长使他强大起来，激励他进步；竞选为新泽西州州长进一步使他强大，而且激发了他新的能力；晋升为总统，入主白宫激发了他所有潜在的长处，在世界历史发展的关键时刻，他完全具有了总统这个伟大的职责所要求的一切能力。

晋升为总统提升了威尔逊先生的自信，增长了他的能力。他意识到，世界上所有的目光都聚焦在他身上，人们期待在他身上发生奇迹。这些都是巨大的动力，是调动他能力的刺激物。自从升任总统以后，他或许上千次地对自己这样说：“伍德罗·威尔逊，全世界的眼光都聚焦在你身上，你必须好好表现，任何情况都不能表现胆怯、缩手缩脚、愚昧无知。你必须时时像个圣人一样保持冷静的头脑。你的判断必须安全可靠，必须自我感觉良好，标准必须时时执行，雄心必须刻刻具备，必须珍惜爱护自己的职位。在任何场合下，当外物诱使你改变原则、变得懦弱、逃避责任时，你必须牢记自己的职责。从现在开始，伙计，你必须前进，前进，再前进。”

军事战略家非常了解失败和胜利对士兵产生的巨大心理作用。他们明白，惨烈的失败会让士兵们失去斗志；另一方面，即使是一支疲惫至极、气馁绝望的军队，胜利也可以注入给士兵们新的生命、力量和勇气。战略家们认为这种振奋的作用如同提供众多支援部队一样有效。

在将德国士兵赶到法国的“大门”以及接下来从马恩发生的进攻和撤退的艰苦卓绝的斗争中，以上事实得到了充分验证。胜利时，士兵们士气高涨，体力耐力大大增强，在即将成功的推进行动中，即使供给缺乏，睡眠不足，他们也依然表现英勇。相反，在撤退时，即使供给充足，睡眠充裕，士兵们也依然士气低落。换句话说，胜利对精神的影响及促进成功的振奋作用是不可估量的。

战败部队中受伤的士兵比胜利部队中受伤的士兵死亡率要高很多。对此，军医的解释是这样的：希望、快乐、期待的感觉增强了身体的抵抗能力和忍耐力。而失败的部队则向痛苦低头，在疾病的侵扰、伤寒的肆虐、痢疾或其他症状面前不堪一击。因为，身体和思想会产生交感，所以失败的想法会让人心情沮丧、精神萎靡。

我们来看看拿破仑。拿破仑在战场上的出现曾被形容为给军队增加了百万雄师，他那无可匹敌的热情点燃了军队的激情。德军的凯泽·威廉知道，自己在前线的出现将会给军队胜利带来巨大动力。革命战争时期，有很多次，华盛顿的出现使战况转败为胜。士兵们对他们将领的信任使其产生勇气和热情，让他们感觉到自己就是胜利者！

在声势浩大的欧战中，君王曾经不止一次收回战败将军的指挥权，多数情况下，这样做不是因为这些将军的能力不如接替他们的人，而是因为他们的失败对军队造成的恶劣影响。遭遇多次失败后，再伟大的将军也会士气大跌。毫无疑问，士兵们会对“常败将军”失去信心。一个新继任的将军，即使能力不如前任，但在被打败之前，也会对军队产生强大的影响力。

由此可见，无论是战争年代还是和平年代，成功更容易让人们产生处理事务的动力。我们都知道，成功地完成一个任务——哪怕只是一个小小的胜利，都能让我们感到振奋、激动，更加相信自己的能力。一个能力相对稍差，但是有幸持续进步、一直不败的人，比那些能力强于他们但是胆小、因多次失败而变得气馁的人更能担当大任。

同样的道理，**工作、生活中的每一次胜利都会增强我们的能力，挖掘出我们新的潜力**。因为成功给了我们更多自信，激励我们完成下一个更艰巨的任务。如果没有之前的胜利，这些看起来似乎就不太可能。加利福尼亚“幸运的鲍德温”之后的成功都是由于他最初取得的成功所带来的自信。自己天生就是个幸运儿的这种念头使他勇气大增，最终取得了一个又一个胜利。

所以说，成功的效力同兴奋剂一样，可以使人产生令人惊奇的创造力。根据精神磁性的法则，一个成功会带动另一个成功的出现，成功越多，越能成功。当所有的事情看似都对我们有利的时候，我们便很愿意坚持，愿意为之努力。于是我们不费吹灰之力就可以获得快乐、希望和勇气。我们可以勇敢地做事，精神振奋且充满热情。当处于成功的巅峰时，进步的意识、成功的欲望会激发人的自然天性，那时我们就可以化烦琐的事情而为愉快的事情，使能力发挥到极致。

当处于沮丧与失败的氛围，周围的环境抑制成长，贫穷不堪，看似处处都不利于成功，当前方如此黑暗看不清道路，最起码的希望都已失去，这时，需要的就是最优秀的男女用他们最纯的品质保持勇气，奋力向前。

当遭遇苦难和悲伤时，当面临时光的流逝、担心前途暗淡时，一定要保持一颗坚强的心，不要担心脚步缓慢，这其实就是一种快速的前进。

有许多忠诚、高贵的人，在诸事都对他不利之前，在大多数人都在为之奋斗的东西被剥夺之前，并没发现自己巨大的潜力。

失败的人，如果能在情况发生逆转后重新鼓起勇气，他们最终就能站起来。

很多人都多多少少怀疑自己的能力，除非他们通过成功展示过自己的能力。第一次获胜往往能增长、给予及隐藏能量，激发出更多的能力。第二次获胜会带来更多，直到一个人认识到自己原来有无限的潜力。胜利一次，勇气就增加一次，潜力就展示一次，于是便有勇气做更艰巨的事情，能力也就由此扶摇直上。

这些情况都在考验我们的忍耐力、毅力和勇气。**在失败面前，我们真正的所作所为才是品格的试金石。**事实上，成功曾经多次让人们清醒地了解到自己更大的潜力——这些潜力让他们感到出乎意料。无论经历多少次失败，都应该鼓励自己继续前行。如果我们自我鼓励，坚持前进，我们就必将胜利。

成功带来的刺激作用在西奥多·罗斯福的事业中得到了充分体现。罗斯福的每一次进步，从哈佛大学毕业到进入纽约立法机关，从坐上纽约警察局委员的宝座到纽约的州长、海军副秘书长、副总统，以至美国的总统，都展示了他能力的壮大、力量的增强。他的每一次进步都为他以后的强大奠定了基础，他的勇气、热情、谨慎都在进步，督促他勇敢地前进。

此外，成功还有驱动作用，适用于生活中的各行各业。以一个女孩为例，她认为自己很有音乐天赋，多年来她不顾父母和朋友的反对，一直与贫困作斗争，即使在困惑的情况下也依然奋斗不息。当她因为屡次受挫几乎要放弃时，她却在当地的音乐会上一举成名！这种振奋的效果是瞬间产生的，当掌声向她涌来的时候，她信心倍增，心灵犹如被重新清洗，她充满斗志，最终获得了成功。在通往音乐殿堂的道路上，每一次微不足道的胜利都带给了她勇气，鼓励她继续前进。

再举一例，据了解，亨利·福特史无前例地给员工涨工资的行为激发起了每一位员工的雄心、激情和热情。每一位平凡的、从未展示过自己非同寻常的雄心和能力的工人，在新的希望面前，在生活可能诞生奇迹面前，精神都为之大振。

经受多年失败的消极影响，一个人依然勇气十足，是否真的是这样很值得怀疑。但是，真的有很多人做到了。暂时性的气馁不算什么，但是如果放弃奋斗问题就将变得严重了。一个人只要不放下武器，就永远不会被打倒。无论是男人还是女人，在情况发生逆转时依然奋斗不止，就永远也不会被打倒。

我认识一个出版商，多年来他一直运气不佳，创办的几个公司都破产了。这个人能力很强，但是总是由于诸多原因，事业不顺。当他连一份报纸也买不起，只能通过唱歌得到金钱时，他心灰意冷。后来他下定决心作最后一次冒险，全力以赴投入到报纸运营中去——用尽所有的勇气和力气。当然，结果他成功了！事实上，他的成功是如此完美，如此之快，以至于他相信在那条道路上他还可以完成很多事情。资金有了，胆量也变大了，他接着开始从事别的出版物，现在他成功地拥有很多家报纸和杂志。

每个人生来就是为了与伟大的创造者合作，为伟大的目的服务，还有比这更让人兴奋的事吗？还有比一个人生来就是为了光辉的事业，为了完成伟大的任务更令人振奋、更令人心潮澎湃的事情吗？爱默生告诉我们："真正的英雄是始终不变的中心人物。"被伟大动机支撑的人才是"始终不变的中心人物"。这种动机的效力比成功的效力甚至还要大。为一个目标努力就是成功，而且是最神圣的成功。即使在孤立的团体中，伟大动机的振奋作用，以及缺少这样振奋作用所引起的"爆炸效应"每天也都在上演。

在美国的废奴运动中，许多原本激情洋溢的倡导者、揣着崇高理想的男女，在经历了一段时间可怕的挫折后，开始气馁并选择了放弃。他们无法再忍受嘲笑、反对、污辱、恐吓和身体上的暴力、监禁与威胁。但是，也涌现出像温德尔·菲利普斯和威廉·劳埃德·加里森这样的人，他们站出来反抗敌人残酷的侮辱，用身体抵挡骚乱和掷来的鸡蛋，抵御关押和凶器的伤害。

当时，来自英格兰的亨利·伍德·比彻勇敢地站起来支持废除奴隶制，坚决支持狂热反对奴隶制的群众。要知道，在内战早期，能够获得一个在公众面前表达自己心声的机会如同一个人的生命一样宝贵。比彻并没把疯狂的反对者看在眼里，他怎么会在乎那些暴徒的嘲笑、嘘声、狂乱和愤怒的人群呢？他毫不妥协地站在他们前面，暴徒们无法使他闭嘴，也打不倒他，整整三个小时，他站在满是支持奴隶制者的大厅里，面对着疯狂的人群。他们阻止他说话，想将他赶下讲台，然而，他依然坚定地站在那里，表情刚毅，无所畏惧，像真理一样无法摧毁，直至那些施刑者被迫听他演讲。比彻离开讲台之前，企图奋力阻止他演讲的人不得不为那些身体受到伤害的奴隶而离开大厅。

如果想战胜生活，证明你作为一个人的价值，如果意识到自尊的重要，你就必须保持高贵的思想，必须意识到自己的出身和遗传的伟大。这会帮助你击败失败与气馁，增添继续战斗的力量和勇气，即使与超人对决也毫不畏惧，直至达到目标。

“你可以更强大，更伟大！”每个人内心深处都有一个比人类进化至今更巨大、更强壮的东西，有一个比你完成所有事情更宏大的可能性。**只有引爆你的潜力，发挥你内部所有的长处，你才会知道自己能做什么。**

## 赢法定律 28 ／ 抓住教育机会为你所用

教育就是切割、打磨一颗粗糙钻石的过程。能调动一个人的激情，带给人振奋的成长过程，给人无法言语的满足感。

——马登

每年都有成千上万的男生女生以各种方式提出这个问题：我该不该去上大学？大学值得念吗？我负担得起学费吗？

年轻人经常会询问我的建议，让我回答他们提出的上述问题。最近我收到两封具有代表性的信，这两封信代表了即将读大学的两个男孩的类型：一个是父母为他付学费，另一个是必须靠自己打工赚钱付学费。

第一封信是来自纽约的一个男孩。在信中他这样写道："父母希望我上大学，但是我希望可以去找一份工作，想高中毕业就进入商业界，成为一个商人而不是律师、医生或与这类似的任何职业，我看不出有什么好的学校教育是我想要的。关于这个问题，我的家人让我写信给您。"

另一封信是来自乡村的一个男孩。他说："我是一个农民的儿子，我想成为一名律师。我很健壮，但是父母负担不起上大学的费用。我读过许多关于男孩用打工的方式来完成学业的故事。但是父母认为，这多数都是编出来的故事而已。他们认为像我这样的人以故事里的方式进行学习几乎不可能。希望您可以告诉我您的看法。"

当我还是一个可怜的穷孩子的时候，我用自己的方式完成了高中和大学学业，毕业后有了各种各样的经历。以我个人的观点，我可以毫不犹豫地说，那些经历可以使一个男孩或者女孩得到他们想要的东西。生活中没有什么比学业和教育更值得人去支付费用，就算必须付出牺牲也在所不惜。但是，是否每个男孩和女孩都必须去学校，这个问题就很难说了。

数以千计的高校毕业生也正在学校里斟酌这个伟大的生存问题。但是不管怎样，他们都会继续完成大学教育。对于高等教育流行很多种看法，因此，各式各样的劝告也就出现在寻找答案的人们面前。在这些答案里，你会发现，一些人正以轻蔑的姿态谈论着关于“学校的失败”和“书本知识的愚昧”，而另一些人则在夸赞那些在高等学府里保持最高分数纪录的成功人士。

另一方面，你会发现一些人夸大了学校教育的价值和重要性。例如，有人声称除非花费四年或更多的时间在学院或大学里，否则没有人可以拥有增值的生命。还有人引用统计数字来说明受过教育的人具有更多成功的机会。

其实这些说得都很好。因此，我们要小心地衡量和看待这些问题，要从多方面去看待，既不小看也不夸大教育的重要性。

事实上，有人真的被他们的大学课程所伤害。他们成了学院里不切实际的理论家，他们学到的书本知识已经成为一种阻碍，而不是竞争激烈的生存环境中的帮手。

另一方面，成千上万的人，甚至成功人士也在哀叹缺少大学教育，这也是事实。无论在何处你都会遇到这样的人：他们在年轻的时候，由于这样或那样的原因无法念完大学，所以他们感到缺乏教育对他们的一生来说是一种缺陷。

林肯是一个靠自学成才的人，但他终生遗憾的是自己没有任何机会去念大学。他觉得自己缺乏只有大学课程才能带给他的那种广博的文化知识。他在第一次就职典礼去华盛顿的路上，当经过罗格斯学院时，他指着它大声喊道："啊！这就是我一直遗憾的事——对大学教育的渴望，那些拥有它的人真应该感谢上帝。"

肖托夸湖畔的发现者约翰·文森特主教，对自己缺少的大学教育这样说道："这一直是我心中的痛。我通过演讲、写文章、言传身教教育我的儿子，对于肖托夸村的服务，多年来我一直把精力投入到高等教育事业中。"

昌西·迪皮尤先生说："我很幸运，这么多年来在很多企业中担任律师、法律顾问和生意合伙人，使我有幸与数百个不同的人有过私下的接触。这些人没有受过任何培训和教育，却已积累了数百万美元资产。但是他们中没有一个人不悲叹或是由于父母的忽视，或是由于自己可怜的命运而致使自己不能接受教育；没有一个人在有教养的人面前不感觉到羞辱，因为他们知道知识是无法用金钱买到的。他们全都时刻准备牺牲自己的命运，为的是不让自己的孩子因得不到教育而感到遗憾。"

最让人痛心的是许多少年为了蝇头小利，在刚刚获得一个教育机会时便离开了学校，走进商场或办公室。这样的行为严重地影响到他今后成为一个充实的人。

最近，在一座大城市里举行的一个盛大活动中，我与一个商人有过交流。这个商人穿着得体，生活富裕，但就是这样一个人，一开口说话就露了馅。除了他的生意以外，他说的每件事几乎都证明他过分无知。他谈论的信息非常有限，就算与他交谈现今流行的一些话题也是非常痛苦的一件事。一个人能在大城市做生意，却对自己狭窄范围外的事情一无所知，这看起来似乎是一件不可能的事。

因此，在考虑是否接受大学教育的问题时，记住，无论在物质上多么富有，无论积累了多少金钱，都只有真正、唯一、最大的一种财富永远跟随你。它不在财产里，不是土地或房产，不在房子、家具和衣服里，它在你自己的精神里，是你最大的财富、最宝贵的财产，它就是知识。

前些时候，有人在南非发现了一颗重达271克拉的钻石。据说，加工以后这颗钻石将价值几百万美元。但是，是谁赋予了这颗未经加工钻石的价值？假设钻石从来没有被切割过，或钻石的主人仅仅坚持打磨出一到两个面，仅让它足够露出光亮石头的品质，却不足以散发出丰富的色泽，露出它美丽的外表，那么还会有人愿意为它去支付巨额金钱吗？还会有人愿意去关注这块石头吗？

我们的教育就是一个切割和打磨钻石的过程。你目前所受到的教育正在打磨你思想的各个方面，通过打磨让你拥有更高的亮度，获得更大的价值。在这一打磨过程中，你走得越远，受教育的层面越广，释放出的价值就越大。

对于是否愿意支付大学费用这个问题，很大程度上取决于咨询者的抱负。你是想像许多人那样尽可能获得更多，还是只想获得更多的金钱而已？如果你的欲望仅仅是增加物质上的东西，通过采取阴谋手段等方法从竞争对手那里去获得更多金钱的话，我不建议你去接受教育，因为只有一个未受过教育的人才有可能是最坏的恶棍。

作为一个运动员，锻炼肌肉是为了使动作更迅速、更准确、更自然地做出反应。同样，四年的大学课程也训练一个人的心智和思维，加快推理过程，提高并强化人各方面的能力，使他可以更好地做出反应。

由此可见，接受教育的目的是多重的。简而言之，是为了生命的塑造和生活的改善。而最终的目的是让一个人能够塑造自己的生命，能够过上富足充裕的精神生活。

接受大学教育也是为年轻人谋生提供锻炼的机会。已故的伟大的耶鲁大学校长蒂莫西·德怀特说过：“一所大学不可缺少的一项工作就是提升学生思想的力量。”在谈到这点时，他作了这样一个分析：学生们的思想从开发到成熟的过程——正如他从少年时期进入到成年时代，从一个懵懂少年成长为一个思维缜密、思想丰富的教育家的过程。四年的大学教育使蒂莫西·德怀特在这方面突飞猛进，将他思维放大得无限宽广。

由于年少时期是培养思维最好的阶段，这时智力也在帮助他培养出一个广阔的思维。因此，无论何时蒂莫西·德怀特都可以轻易地将思想转向另一个工作。可见，思维的培养是大学里应该完成的功课，学校的目标就是鼓励年轻人在课程结束时充分表达自己的观点。要知道，一个人只有在刚刚成年时才能接受到这样的教育，在这之后的若干年里将没有机会再接受这样的训练。大学教育就是一个为你前程铺路的过程。

弗朗西斯·巴顿医生也说过："毫无疑问，在其他条件相同的情况下，学校培训一个人为生活中的大事所作准备的经验要比任何家庭和企业更多。学校带给他们广阔的视野，让他们看到事情相互之间的联系，让他们懂得没有任何一件事可以单独存在。"受过良好教育的人就是比没有受过教育的人更知道如何去聚集自己的能力。这主要源自于他们得到了如何集中精力的训练。通过这样的训练，他们的思想时刻保持严谨，当遇到困难时就会更加坚持不懈地努力直到问题被解决。

有人曾经说过，一个真正受过教育的人的心智就像蒸汽或电力一样，尽管不适合管理某个机器，却可以适应所有的机器。人们所认可的心智能力是通过大学教育获得的。高等教育是否都适合每个人的情况，也许高等教育正在不断地去适应所有的人，但不管怎样，教育会加倍偿还接受教育者所付出的时间和劳动。

**教育使你懂得遵守规则，让你了解勇气和决策的特质，帮助你养成勤奋、规律、守时、坚持、耐心、自我反省的好习惯，塑造你良好的品德和一个健康、自重的心理。**

"也许最有价值的结果是教育，"赫胥黎说，"不管你喜不喜欢这种说法，只有具备能力的人才可以做自己应该去做并且必须完成的事。这是人生第一课就该学会的东西。如果一个人很早就开始接受教育，或许到了最后他自己就会学透。"

年轻人经常问："如果接受教育就会成为商人、药师或农场主等等吗？"关于这个问题这里有一些相关的答案：

当今的文明变得如此复杂，世界从没像今天这样倡导普及教育。那些知识有限、狭隘、愚昧无知的人比起学识广博、胸怀宽大、多才多艺的人机会简直少得可怜。

银行家哈维·菲斯克在一篇题为《大学教育对一个商人的价值》的文章里说："如果一个人想成为一名小职员或是小商贩的话，他的父母便可以给予他最好的初等教育。

"一个年轻人在他早期的职业生涯中不会清楚地认识到错过受教育的机会带给他的损失。假如他 17 岁时就进入办公室或商场的话，21 岁的时候，他会觉得自己拥有的业务能力比同龄人更强。但是五到十年以后，就像他的朋友在四年前开始时一样，受过大学教育的人会更容易找到工作，对自己更加充满信心，会获得更多的成功。拥有大学教育的经历会增强他的能力，能够使他正确地使用它们，并让它们伴随他度过一生。"

耶鲁大学校长哈德利曾经说过："当今，各行各业对大学毕业生都有不同的需求，要求如此之多以至于我们的大学生已经不能满足它们。在近几年的商业扩充中，这种事时常发生。如果对比商业的繁荣时期和萧条时期，便会发现原始投资的价值要远远大于当前产品的价值。接受一次大学教育，需要投资两千到一万美元不等，其价值几乎跟汽艇或炼钢熔炉的价值一样。当有需求的时候，人们便觉得自己获得了最大价值。当没有特别的需要，人人都在购买现有的商品，他便会觉得投资在这上面的金钱没起什么作用。

"我认为商务专业和政治专业大学毕业生的增多，提高了公共服务和公共生活的标准。我想，可以认为这是政治改革的结果，而不是其他的什么原因。新的政治问题在国内和国外一样需要人们的观察及改善，需要正在接受教育的下一代官员们去解决。"

**知识是一把神秘的钥匙，它可以开启一个人成功的大门。**你应该抓住更多、更完整的教育机会为你所用。康奈大学校长舒尔曼说："现在，对于受过高等教育的学生的需求呈增长趋势。"虽然在受过教育的商业人士中，只有一小部分人在商场中占据重要地位，但这个比率却在逐渐增长，这表示更多的人准备在自己的职业生涯中接受教育。同样，值得注意的是学校里正在越来越多地设置实践考试，在教学中引入商业课程。

不管你是当一个鞋匠、农民、国会议员还是做个商业人士，这一生你想做什么并不最重要，重要的是，无论在任何领域，你都应该对教育敞开关闭着的大门。

一个人因为选择了农学专业，就应该排斥科学、文学和艺术吗？城市生活对他而言也许不重要，那么就这点而论，他就不应该去接受文化教育吗？难道他唯一应该谈论的事情就是牲畜、耕作和收割吗？难道解开植物生长的秘密，了解土壤神奇的化学魔力，熟悉农作物在大自然中发展规律对农民来说没有意义吗？解决繁荣生长的杂草，阅读农作物知识手册对他来说不重要吗？对一个农民来说，不值得知道原来彩虹不是上帝创造的秘密吗？了解农场的另一面原来是美丽的风景，这不很好吗？懂得风也会影响作物的生长及分辨云雀和夜莺的歌声不是很美的事情吗？

开放教育，即使对一个农民而言，也会给他单调的生活带来乐趣。不仅这样，开放教育还会使许多农民从他十分之一的土壤中获得更好的收成，相比那些无知的农民更容易获得肥沃的土壤。同样的道理，一个孩子通过大学教育学到农业和化学知识，通过研究气候条件对农作物所产生的影响，可以精心研制出非凡的种植方法。受过教育的人可以通过他们出众的专业知识种植出更完美的水果、蔬菜和谷类食物，使农学走向更专业的领域。

对此，我并没有不诚实和不谦逊的说法。比如，机械工程师看铁或钢的图纸就比一个不懂得钢铁化学合成的人看到的价值大得多。工程师们的思想价值在条形分子学上，他知道钢铁的分子运动，而没有学过的人则只是看到了自己并不感兴趣的一个铁块。前者了解金属的力学规则、吸引力、相互作用力和性能，这也是他们感兴趣的来源，而后者不了解金属的化学性质、分子的自然规律，所以显得茫然，但也正是因为茫然促进了他的求知欲，所以他的兴趣自然会勃然而生。

在每个职业或专业中，男男女女实际上都真真正正地存在于农业或机械中。就算教育是生活中的苦差事，它也让我们从中看到了荣耀，使我们从辛苦的奴役成长为一个工匠艺术家，让我们从中获得优势而不至于变得平庸，使我们拥有不平凡的人生，带给我们更丰厚的硕果。对此，斯宾塞先生就说过："完整的生活都是教育的功劳。"

大学是人生的转折点，大学教育使很多低级庸俗的目标让位于高品位的抱负。如果真的要把它写成书的话，它读起来就是一本浪漫的故事。当然，只有当你用自己的能力赚到一点点报酬的时候，你才能体会到大学教育的价值。

许多人走进大学时的抱负就是致富，但是经过四年或更长时间的学习，精神视野变宽了，能力得到了拓展，他们便会萌生出新的希望。这些希望会给一个人带来更多的东西，此外，美好的憧憬也能帮助他面对生活的压力。而接受教育之前，他的思想得不到扩充，梦想也就很难实现。如果你认为大学起不到什么作用，认为大学只能让年轻人展示青春、追求金钱利益以及一些愚昧的目标，那么教育会证明它的价值超过你认为的一千倍。

一些伟大的法官、律师、医生，甚至最杰出的作家在接受教育之前并没有什么特殊的才能，他们都是后来才变得有名的。"四年的大学教育"，布朗大学的校长方斯说，"具有跟随一个人 40 年的价值，一个人可以随时享受并使用它。"因此，大学教育，如果年轻的你忠诚地去追求它，你便会有无限可能得到充分的发展空间。有的人在接受教育的时候，可能做梦也不会想到它有这样大的价值，原因很简单，那就是他之前从来没有经历过任何教育。

马丁·布伦博教授说："对比教育来说，没有什么牺牲是更昂贵的。教育会给年轻的男女一次完整的生活经历。在乡下，遗憾的是人们的生活因没有受到教育而得不到任何改善。生活中最欢乐的事就是有条不紊地成长。"

的确，布伦博教授的这个说法是正确的。因为教育并不仅仅是为了谋生，还有就是为了更好地生活。只因为不喜欢某一个专业而放弃整个具有价值的大学教育，这就如同人们放弃一块有丰富矿藏但尚未开发的大陆一样，是没有道理的。

那么，哪些事情是生活中最有价值的？是金钱或者一个人带给家庭的物质，良好的心绪、广泛开放的文化，还是宽阔的胸襟、广博的知识与宽容、忍耐？倘若一个人通过某方面的教育提高了自己的能力，那么他还需要在同种职业中绞尽脑汁吗？这个世上还有什么比在教育、文化和男女成长中的投资更重要的吗？

对于一个女孩或者农民的妻子来说，教育就一文不值了吗？教育若是一文不值，那么她还能带给家庭和孩子文化培养吗？教育的价值还能够进入到家庭和社区里面吗？

你认为对孩子的思维、阅读能力和沟通能力的培养与你留给他们那少许的美元具有一样的价值吗？

一个仅接受过少许教育的人就如同一段不和谐的音乐，他的可开发价值屈指可数。有什么物质财富比世界上都是有教养的男女与宽广、深邃的灵魂更有价值？最高的价值是金钱衡量不了的，开放、进步的思想是不能在金钱和教育之间作选择的。许多没有受过教育的男女连一千美元都不值,因为他们不能使国家或自己的家乡变得更好。这些人即便是百万富翁，表现出的也不过仅仅是庸俗的富裕。

没有什么比发展教育更有利于整个社会了。发展是人类伟大的生存规律，是一种责任，深深刻在人类的神经纤维中。无论做什么，我们都没有理由埋葬自己的天赋，我们都要朝着发展的方向培养自己的能力。

**教育对一个人的事业、大脑的培养、灵魂的净化和生命的路程起到领航的作用。**无论你走到哪里，都不需要给人看你的银行账户或财产清单，因为他们所能看到的就是你这个人、你的性格魅力，他们能在你的眼睛里读到你的财产清单。你的每一次胜利都证明了你所在的高度，你的每一个毛孔都折射出你的自信与信念，这才是教育的真正力量。

也正是基于此，本章不会全面去谈论篇首提出的两个问题——我该选择大学吗？我可以负担得起大学的费用吗？但我可以给出建设性的意见。

第一个问题，大学遍及美国数百个地方，很难抉择选哪所高校。选择其他城市的学院、高等学院还是附近城市的学院呢？伟大的人物会从小型学院开始，而小人物则会从大型教育开始。

这基本是私人喜好和品味的问题。所以我们能做的应该是去了解某些城市、国家教育和大学的优势与不利之处。比如，农村大学往往少了许多城市方面的诱惑，这有利于健康的发展。在小城市的学院中，教授和讲师是难以找得到的，因为他们只在大学和更高一级的学院里。在较小的学院和团体中，往往更有利于人与人之间友情的持久发展，学生的关系会更友好。不过，从另一方面来讲，城市级别的学院和大学也有很多优势，特别是对于一个乡下长大的孩子而言，毕竟在某些情况下，教授的声誉及学校的传统、历史，数百年来培育的团队及其提供的鼓励是无价的。

参加讲座，自我培养，自我锻炼，这些机会在大城市中可以获得。去图书馆，参观博物馆，游览名胜古迹，感觉生命与人类的伟大成就，这些都是在塑造学生的未来。一个城市有许多有利的条件可以让学生在娱乐之中享受教育。

通常一个学生在一所城市学院会有更多的自由，可以去做礼拜或消遣。而较小的学院个人自主权却比较少。当然，较大的自由度也需要更大的责任感，有时候它对于年轻人来说却很危险，因为他们还没有学会自我控制。另一方面，自力更生、独立自主的个性会得到更大的发展空间，学生拥有众多资源，这也是一个巨大的优势。再者，在无限的资源中学会自我监督，这也是一个有利条件。在他们的生命中，尽早锻炼独立的个性比不断受到约束和监督更好一些。

上述这些都可以平衡许多事物对学生的诱惑，给予他们坚强的意志力和成熟的品质。城市生活的充实对男男女女的所见与感知有着不可估量的价值，也许这是它最大的魅力。然而，纯粹的学术和奖学金却只有在较小的学院里才有。

第二个问题："我可以负担得起大学的费用吗？"我可以回答得比第一个问题更明确。是的，你可以。不仅因为我完成了，而且因为我知道数百个学生在毕业后挣够了念大学的全部费用。

一个年轻人如果打算用打工的方式支付学费，就必须确定自己的勇气和决心，必须忍受一些苦难和放弃一些不太重要但很愉快的大学生活。然而，毫无疑问，对于一个健康、有毅力的男孩来说，他可以赚到学费，像其他的孩子一样念完大学。

如果你对自己的整个教育阶段作一个规划，在假期而不是学习期间去赚取收入，你就会得到更多。许多学生浪费大部分的课余时间去工作，没有时间参加俱乐部、辩论赛、实验和兄弟会，这不仅失去了户外的消遣，也失去了与同学们相处的愉快时光。

值得注意的是，那些规模较大的大学会提供很多工作机会给学生。举个例子，哈佛大学的5000名学生里，超过500名的贫困学生几乎完全依赖于他们自己的收入。那些有能力做新闻采访工作或家教的学生每年可以赚到700 ~ 1000美元，这笔钱对他们来说无疑是一笔额外的收入。而有特殊才能的学生则可以赚得更多。

艾伯特·贝弗里奇进入大学的时候带着向朋友借来的不到5000美元，还有他在俱乐部打工赚到的50美元和论文奖学金25美元一起作为原始资金。夏天来了，他去收割农作物，还打破了小麦收割纪录，形成了自己的一套实践理论。他全天带着书坚持学习。当他回到学校的时候，他已被公认为是有特殊经历的人了。

现斯坦福大学学生会主席大卫·斯达·乔丹以前在康奈尔大学就读的时候，通过当服务生、做家教、修理草坪及各种途径赚取学费。他认为一个年轻人不是通过自己的劳动赚取学费就不配接受教育。

另外，康奈尔大学一位学生主席雅各布·古尔德·舒尔曼也是通过打工赚钱来完成学业的。

纽约这座城市为年轻人提供了大量就业机会，与这里的其他名校相比，哥伦比亚大学给予学生更多的支持，至少有一千名学生通过打工可以赚得每年的全部或大部分开销。而对于波斯顿大学的花销，也有许多年轻人通过打各种工来支付。比如做调查员，夏季时候当货车司机，在夜校做助教，夜间为各种各样的公司记账，在酒店当服务生，在农场工作等。许多女孩也是自己独立工作，几乎无需任何帮助。我读大学的时候就有一个与我肤色不同的穷孩子通过自己的努力完成了法律专业。他当时穷得连一个房间也租不起，只能睡在法律图书馆前的长凳上。

美国大学的校长代表最近表示："我认为，完成大学教育的另外一个好处就是让学生通过自己工作赚到钱来完成学业。学习本身也可以给人以工作时的活力，让他认清现实。这和一个人通过真正的工作所获得的经验不太一样。"

伟人在学习上很少有偏爱。一个低的起点不会是一项伟大事业的障碍。大学里打工的人可以赢得尊重，他将会学到如何经营自己的一生，无论在学校与否他都会比一个百万富翁的儿子更有地位。农民、修理工、技师以及国家中产阶级家庭的所有孩子与有钱人的孩子比起来，并不比他们缺少资金和机会，共和政体的明天需要的是好市民与智慧。

最后强调一点，大多数男孩都希望获得自由的教育，希望获得一个比丹尼尔·韦伯斯特或詹姆斯·加菲尔德好百倍的机会。但是记住，在生命中健康是最宝贵的财产，身体是革命的本钱，拥有健康的体魄才能做你认为可行的事情。如果因为缺少食物、必要的休息或娱乐消遣使身体垮掉了，那么这个世界上所有的教育或金钱都弥补不了你的损失。健康永远放在第一位。任何名副其实的教育都意味着一个健全的心智寓于健康的身体中。另一方面，意志决定行为，世界从来没有像今天、像此时此刻这样有如此多方法可以让人建立坚定的意志和顽强的决心。

## 赢法定律 29 ╱ 学会如何简洁地表达

所有的人都应该学习直奔主题，所有的绕弯子、不坦诚和赘言以及没有必要的啰唆通通删除，不迂回曲折或模棱两可。

——马登

已故将军皮尔蓬摩根·基奇纳是个身经百战的战斗英雄。但他不苟言笑，沉默并固执，在他身上表现出的是那种令人难以捉摸的全神贯注和直率。个性独特的他无需任何人协助就能制订出作战计划。当执行计划时，他总是精神抖擞，精力充沛。

在布尔战争期间，有一天，他开始计划一次重要的远征，他的司令是唯一知道行动的人。在这个计划里，他只订购了一个火车头、一辆敞篷车以及一辆载士兵的卡车。然后，他下令清理路障。另外，他命令拉警报不准提前发电报通知，到达现场从不提前通知，军队里任何一个将军都不知道他会在何时何地出现。总之，所有的事情都要为他服务。

南非战争时发生的一件事情，更是充分显露了基奇纳的这些特点。一天早上六点左右，他突然出现在开普敦的纳尔逊山旅馆。他浏览了登记名单，找出了当时应该执勤却没有出现的长官的名字，然后没有和任何人说一句话，就径直走进了这个犯错的人的房间，留下了这样的字条："上午10：00，一辆专车将开往前线；运兵车则将于下午4：00前往伦敦。先生，你可以有自己的选择。”他从不听任何借口，也没有任何商量的余地，更不会接受道歉。所有的军官都明白，他留下的通知就是最后通牒。这是因为，他的自信及自控能力使他可以坦然面对任何紧急情况，因此，他对手下具有绝对的权威。他做的所有事情都暗示了他的强大。他远离虚荣、谄媚和想获得赞扬的欲望，藐视所有的社会荣誉和轻浮举止。他的个性具有伟大的自然力量。他做事有简单明确的目的：无声、高效、准确。同样，皮尔蓬摩根·基奇纳将军也拥有自信、果断、专一、迅速及冷静等优良品质，能瞬间抓住形势，获得成功。

在任何领域中，对成功最有帮助的东西就是学习简洁思考及行动迅速和坦诚直率。

“要简洁！”赛勒斯·韦斯特·菲尔德再一次这样建议他的朋友，“**时间是宝贵的。守时、诚实、简洁是人生的箴言**。千万不要写很长的信，因为生意人没有时间看。如果你想表达一件事情，一定要注意简洁。没有一个生意重要到用一张纸都表达不完。几年前，当铺设大西洋海底电缆时，我有机会发送一封很重要的信件给英国政府。我知道这封信将被英国女王和首相阅读，所以我用了好几张纸来写我要说的话，然后我读了20遍，缩减用词，使句子读起来更简洁，直到最后我将想说的话都浓缩到一张纸上才寄了出去。在预期的时间里，我收到了回复，当然，回复令我非常满意。如果信写了6页，你认为我能得到如此之快的答复吗？不，那是不可能的。因为‘简洁是最难得的礼物’！”

假如你要写一封电报，每个字要花去25美分，那么以最少的字表达最多的内容就不失为一个好办法。当你写完一封信或者一篇文章，认为已经很简洁的时候，请再读一遍，删除每一个多余的字，使句子更完善。通过学习如何简洁地表达，一个人就能立即克服掉马虎的毛病。

在一张纸上写满句子，体现的却是杂乱无章的内容和没有逻辑的思维，这样的实践会改变一个人的思考质量。同理，简洁也应当应用于谈话之中，应该努力用最少的语言表达最丰富的思想。

书架上有几千册布满灰尘的书，却从来无人问津。如果删除书中一半或者四分之三的词汇，它们就可能会成为畅销书——而事实上，这可以轻而易举地做到，并不会妨碍思想的表达。

有谁可以从林肯的演讲或朗费罗的《生命颂》或莎翁的作品中删除任何一句话呢？无论经过多少岁月的轮回，又怎能消除《圣经》里野百合的故事、登山宝训或者英国诗人格雷的《挽歌》呢？这是因为，那些让人们永远铭记的作家用最简洁的语言表达了他们的思想。他们去除了冗繁的表达，选择最能传达思想的文字。他们的文字经过漫长的岁月却从未受过任何影响与腐蚀，所以永远活在人们的心中。

在上班时间给一个人打电话时，要尽量讨论与工作有关的事情，并且用简短的词语，说完后迅速挂断。对方的每一分钟都是宝贵的，他可没有时间和你闲聊。斯图尔特将时间比喻为金钱。他在将事务陈述给门外的哨兵及办公室附近的另一个哨兵之前，是绝对不允许任何人进入他的办公室的。如果有访客请求私人事务，哨兵会说：斯图尔特先生没有私人事务。当允许进入之后，这个人需要简洁地表达来意。斯图尔特对公司的事务往往能系统且迅速地完成，这常常令对手震惊。没有懒散、空谈或者愚蠢，这就是斯图尔特。在公务时间里，他拒绝友好交谈，他没有时间可以浪费。

如果说有什么事情可以激怒一个商人，那就是让他尝试与没有任何成绩、从来不表明观点、说很多废话介绍自己、转弯抹角的人做生意。后者就像一只徘徊了很多次的狗，除了不谈生意什么都谈，最后又躺回到他开始起步的地方，没有意义的解释、介绍和道歉使人感到筋疲力尽。

由于申请职位时的废话太多，许多年轻人找不到工作。要知道，大多数生意人的时间都很宝贵，因此他们喜欢简洁。简洁的表达会给一个优秀的生意人留下美好的印象。

有些人永远无法把话说到要点上，他们总是就一件事周而复始，却从来没有深入到问题的实质，思考问题不直率，像在“毒药”这个游戏中的孩子一样，试图躲避与指定事物的接触。许多人之所以失败了，就是因为他们缺少快速捕捉结论的能力。当他们深思熟虑、平衡观点或转弯抹角时，就已经错失了挽救自己的机会。

经常在会议或者公共集会上见到这样的人，他站出来告诉观众只有几句话想说，然后一下子就高谈阔论了半个小时。**简洁是最宝贵的一种品质，它代表了缜密、简单和平衡的思想。**几乎没有人会去学习怎样将自己的想法简单扼要地表达出来。人们的谈话总是漫无目的，本来一句话就可以说清楚的事非要用十句话去说，无法将自己的思想融汇在简短的语言里。

当一些孩子或者年轻人问我如何取得生意的成功时，我试图寻找他们是否具有直率、简洁的表达能力，我会看他们是否能够心口如一、清晰明了地表达事情。如果缺少这些品质，虽然也有成功的可能，但是这种希望就会很渺茫，因为这些特征都是成功人士所必备的。

不坦率的人经常会工作不顺，虽然他们可能工作努力，但是从来没有取得什么成就。只有那些坦率的人、有说服力的人以及能深入问题本质提炼出精髓的人，才能成就大事。他们知道自己想要什么，从不持观望态度，从不把时间浪费在犹豫、寻求建议、平衡观点以及钻牛角尖上，而是根据事情一步步的进展作决定，然后义无反顾地付诸行动。

直率是一个成功人士最需要具备的特点。成功人士不会把一件事情搁置起来，而总是设法去完成。如果给你打电话说有生意上的事情想谈谈，他们不会花 15 分钟去介绍自己的目的。他们直截了当，不会在准备和讨论问题上浪费时间，而是尽快将身边的生意打点完。

直率是所有伟大的领导者所具备的品质。他们珍惜时间，从来不想把时间浪费在没有意义的谈话上。这也是所有大企业中的主管或经理人必不可缺的特点。

所以任何人协助不直率的人就像将生面饼放在平底锅里却没有生火一样，是烤不熟的。不直率摧毁了许多事业正处于上升时期的律师。美国最高法院的金牌律师说，这是他们碰到的最多的事情。许多年轻律师太重视自己在最高法院的地位，总是长篇累牍地介绍自己，拖延陈词的时间，自圆其说，直到触怒了法庭，自此也输掉了案子。

因此，无论有多大的能力，有多高的教育程度，如果不能简洁、果断、直率，那么你就永远也不会成功。许多带着大学光环的年轻人经常给我们留下这样的印象：拥有巨大的潜力和希望，然而却不专一，总是想谈到要点上却总也做不到。那些家境富裕、受教育程度良好并且富有才干的人经常令他们的亲人朋友以及自己失望，因为他们不直率，缺少集中精力做事的能力。

简洁而清晰的表达往往具有很高的价值，能给人留下美好的印象。面对众多应聘者的简历，一个智慧的雇主会选中那些直奔主题，用最少的语言陈述岗位职责，并且表明喜欢或不喜欢的人，而不是那些告诉老板自己曾经做了些什么，以及他能做多少的人，这只会让对方反感。

军事会议上，格兰特将军的手下们往往花费大量时间讨论形势、作战成功的概率以及行动失败的可能。但是格兰特往往在军营里来回踱步，背着手或抽着烟，既不说话也不提议，他只是思考。将军们正在讨论的时候，他往往从口袋里掏出一张纸条，递给他们，上面写着：先生们，明天拂晓行动，按照以下命令执行。

如果一个人的话很多，却没有要表达的思想，他要么没脑子，要么就患了啰唆病——原来，他已经养成了只说不想的习惯。

思想应该先于语言，但是有一些人总是不思考就脱口而出，然后便一直结结巴巴重复自己的话，没有任何逻辑可言。比如，在演讲时总是冗长而不严密，这样的人很可能是小时候没有被教会如何去思考，所以他们表达的意思总是含糊不清。直率、睿智和思路清晰的语言则表明一个人具有清晰、训练有素的大脑，反之，喧哗、冗繁的语言则表明这个人的大脑缺少逻辑训练。

物极必反，当然这种简洁的想法有时也不可以太绝对，因为如果太绝对就有可能让我们愚蠢至极。比如为生活作准备缩短我们的求学生涯；对工作玩忽职守，匆匆地完成那些需要精确操作的工作，最终导致失败；为了节省时间，吃饭时狼吞虎咽；不进行足够的体育锻炼，不度假，以至于最终毁灭了自己的健康。值得一提的是，美国人在这方面体现得最明显。

这是一个简洁且直率的年代，简洁将无处不在。在时间和能源都要节省的年代，简洁是普遍的目标，所有的复杂都要化为简单。人们将不再忍受古代曲折的旅行路线以及做生意的方式。通往每个目的地的路线都要尽量缩短，铁路花费巨资以缩短弯路和隧道海底路线，就是为了节省时间。

我们用在生意中的简洁证明了效率时代的到来。所有人都应该学习直奔主题，不迂回曲折或模棱两可。所有的绕弯子、不坦诚和赘言以及没有必要的啰唆正在从文学作品中剔除，就像从生意中去除没有必要的建议或者流程一样。

## 赢法定律 30 ／ 建立良好的信誉

如果你总是令人失望，使自己信誉的杠铃倾斜，你将会发现要想挽救在别人心中每况愈下的印象必须下大功夫、付出额外的努力才行。

——马登

当有人问卢·华莱士创作《宾虚》时的灵感从何而来时，他这样回答道：“我渴望在我生活的时代表达我的观点。”

明尼苏达州的一名州长曾经说过，他的志向是：“为了自己和这里的百姓们，将自己出生的地方建设好。”

还有比渴望在自己的团队中一言九鼎，得到当地人的信任以及得到同龄人的尊敬更远大的志向和更高贵的动机吗？

一位绅士向一名女士询问一个人，问这个人是在当地有名还是在国家更有名望。这位女士回答说：“他只在国家享有声誉而已。”

许多人与并不十分了解自己的人相处得很好。因此，一个真正的好人能跟邻居相处融洽，赢得真正了解他的人的尊重，这很大程度上依赖于他在当地享有的好名声。相比之下，从陌生人那里获得好名声要困难得多。如果你只能拥有一种名声，那么就要时刻保证在当地享有好名声。

每个商务人士都知道必须小心行事，以免对自己的信誉造成不良影响。尽管这样，这些对财务状况非常小心、经常产生嫉妒心理的人却对道德名声、个人品德不太在意，显得漠不关心。

大多数青少年并不认为他们的未来取决于别人如何看待他们。他们不知道给他人留下坏的印象要经过很多年才能改变，即便他们已经彻底地改变了自己，走上了生活的正道，坏男孩的形象还是要持续很多年才能被好男孩的形象取代。

一件小丑闻，即使只是无伤大雅的小事，也能摧毁无辜之人的幸福。年轻女孩不该对别人的看法漠不关心。我经常听年轻女孩们说，只要她们认为自己没有做错事，就不会理会他人的流言蜚语。但是有多少女孩的未来被这些不经意和鲁莽的行为，还有别人对她错误的印象给毁掉，以致以往的过失永远不能被遗忘？又有多少女孩因此错失了一个原本可以属于自己的幸福家庭？

我认识一名年轻的女士，她总是行事轻率，无意识地做一些毁坏自己名声的蠢事，将自己置身在风口浪尖上。结果是，她身上的闪光处、她的美丽以及很多令人钦佩的品质反而因此得不到人们的认可。

许多年轻朋友在一些琐碎的小事上，总是表现得不老实、不诚恳，给人留下了不好的印象。虽然这多数是无心为之，但是却会严重损害他们的名声。所以，如果有一件事是一个人应该多加注意的，这就是加倍地维护好自己的名声。名声对每个人来说太珍贵了，不可视同儿戏，因为对一个人来说好名声就是他未来的一切。一个人可以失去钱财、居所、职位和朋友，而这些都可以重新找回，但是好名声一旦失去，就永远不能完全恢复了。

年轻人常常认为将来有足够的时间去建立自己的良好声誉。但是，让我来告诉你吧，在你的一生中，没有任何一件事比尽早建立起好名声更重要，坦白地说，这很公平。**你不能低估一个好名声的价值，对你来说它意味着一切。是否拥有好名声决定你是成功还是失败，伟大还是平庸。**你是想尽早建立起良好、正直、廉洁、诚信和可靠的声誉，还是想让人觉得你是一个不可信赖、狡猾和不忠诚的人？对此，或许我可以用莎士比亚的话来说明你的愿望：

“他的言语是箴言，他的誓言是圣言；

他的爱忠诚，他的思想圣洁；

他的眼泪，是发自心灵纯净的圣讯；

他的心距离欺骗像天堂距离尘世那样遥远。”

由此可以看出：好名声是不容受到侵害的东西，同时它更能让你认识的人从心底里对你怀有好感并支持你，这是能否成功的决定性因素。事实上，一个好名声是走向成功的最好资本。所有的声誉都基于自信，当自信心减弱，声誉就会降低。

在一次普约委员会的会议上，委员们审查一项被称作“金钱信任”的决议，有人问摩根先生：“是否能获得商业贷款难道不是主要取决于资金或财产吗？”

“不，先生，”摩根回答，“最主要的是取决于他是否拥有一个好信誉。一个有好信誉的人来到办公室，当我知道他在这世界上已经身无分文的时候，我还是给他开了一张一百万美元的支票。”

是否有个好名声会有完全不同的结果。你的所作所为是否正如你承诺的那样，你说的话是否都是一言九鼎、决不反悔呢？商界人士不喜欢与那种总是在远处观望的人做生意，因为他们害怕遇到滑头、骗子，而那种总是在远处观望的人在自己得不到很大利益的时候，就会试图推翻之前所承诺的一切。

每件事的成功都依靠自信。别人对我们的信任是一种支持，使我们越来越强大。反之，别人对我们信心的缺乏会让我们变得虚弱，犹豫不决。

如果拥有雄心，就要大展宏图，就要珍惜自己的颜面，尊重自己的言行，不要削弱自己的地位，不要总是说些蠢话来干扰别人对你的评价，不要做蠢事和尴尬的事。

我们都是连在一条绳子上的，无论承认与否，别人对我们的看法都深深地影响着我们。别人对我们的印象很好，这种意识对自己会起到支持和刺激的作用，我们的自信心会随着别人对我们的信任和尊重而增长。而当我们有一个坏名声时，这个坏名声就会让人们对我们产生不好的看法，而这样的看法就像压在背上的一个重担，使我们无法直起身子，于是，我们就会不顾一切地想壮大自己，试着扭转人们的看法。

其实，建立一个好名声并不是一件难事，只要一点一滴地积累人们对你的好评。但是如果你总是令人失望，使自己信誉的杠铃倾斜，你将会发现要想挽救在别人心中每况愈下的印象必须下大功夫、付出额外的努力才行。这好比多年的工作成果在短短的几分钟内就会垮掉。一个人一个小时跌落的距离，需要几年才能爬上去。

生活和工作中，我们随处可以见到利用名字的交易，因为这些名字有极大的价值。在一个社会圈子中，一个伟大的名字就是诚实、正直的代名词，它可以代表很多东西，值得你去拥有。比如，我们经常地，特别是在西方国家，可以看到悬挂这样标志的商店：纽约的 X 先生，或蒂凡尼（奥特曼、帕克、蒂尔福德），前房屋持有者。经营者知道他们名字的价值，知道公众更信任这些人，这些店铺因与这些伟大的名字联系在一起而更加令人信赖。

有些事情非常微妙，可以鼓舞或者削弱人的气势。公司的特质能给雇员们增光添彩或者让他们暗淡无光，这种特质会渗入到雇员们的生活中。一些年轻人在退出低档次的公司建立自己的事业后，也会按照原来的模式行事。

我们都知道，有些时候即使很小的差错也会严重损害一个人或一个公司的信誉。外界对一个公司的种种猜疑，比如银行机构对它偿付能力的一个质疑，马上就会传遍所有银行，所有的投资者都会蜂拥而至要求结算，结果就会使它陷入财政紧张。

因此，你所任职的公司的声誉和品质对你未来的发展至关重要，因为声誉可以传播。举个例子，从纽约一些公司的雇员里挑选出品行正直、名誉清白的人，与那些来自低等的、虚有其表的公司的雇员混在一起，对于一个有洞察力的人来说，区分它们并不是难事。因为公司的品质、经理人和老板的思想观念都是可以感染人的。公司规范的制度管理会感染雇员，让他们能够迅速地拥有公司的特质。

**无论愿意与否，我们都被别人用他们的意愿衡量着、评价着。**不言而喻，任何人都愿意接受别人的好评，但同时，一个正常的人也不会漠视别人对他的看法。在没有受到伤害或者有明确的意图的时候，一个人不会公然抨击他人，因为，人人都很重视同胞们的好评。

对一个有责任感的年轻人来说，他唯一值得表扬的地方就是他能够仰望自己的理想，心目中有崇拜的英雄，当然他必须保证自己的理想是有价值的，对他的名誉不会造成损害。

建立一个好名声，其中重要的一步就是让他人接受自己，为自己的亲善形象打下基础。这将帮助你建立良好的信誉，在团体中站稳脚跟。一旦轻视团体中其他人的意见，很快你就会发现自己不再有信誉，也不再拥有他人善意的支持。

没有一个人能隐藏住他的真性情。无论走到哪里，他都会像展览会上的展品一样被人盯着看；就像公告栏上发布的消息一样，供其他人阅读。往往我们不能成为自己想成为的那个样子，而是别人认为的我们的样子。一千双眼睛和一千个评价在细读我们，衡量我们，评论我们。这些评论跟随着我们，不会轻易走开。

在我们的身上有些东西是会说出真相的，而且这些东西永远不可能学会欺骗或说谎。比如，犯罪的人之所以心虚，躲避人们的目光，是因为他害怕有人能从他的眼睛里读出恐惧，害怕与人对视的那一瞥会暴露自己的罪行。这样的人不能完全掩盖住自己的秘密，因为在他的身上有上千件事在试图揭露事情的真相，他不可能将所有这些都隐藏好。他可以叫嘴巴撒谎，但是眼神和行为永远不能，因为这两样东西是真相的表达者，就算要主人的性命，它们也永远不会背叛自己。

我们的身上充满了可以表现品质的记号。我们自发和习惯做的事就是对自己的一个整体展现。阿加西斯教授可以通过一块化石还原生活在百万年以前的动物的原貌，也就是在人类来到地球以前便存在的已经灭绝的动物；他可以说出这种动物曾经居住在哪里、它们的生活习性以及以什么维持生命等。

人们观察你每天的小动作，就能说出你是一个什么样的人，你是否自私，是否喜欢炫耀，或是小气、贪心、善耍手段。这好比不用吃掉整头牛我们也可以品尝出它的肉质。一个善于观察的人能通过这些动作认识到真正的你，他会了解到真正的你并不是一个伟大、诚实的人，他会知道真实的你其实很可怜、很渺小、很狭隘，真实的你并不是一个值得信赖的人。

如果你在小事上斤斤计较，你自己就可以确信自己不能成为别人心目中优秀的人。

性格既然是力量，一种强大的力量，那么这世界上就没有什么比性格更有影响力的了。缺乏这点的人很难胜利，很难在团队中获得爱戴。可见一个好名声是多么值得你去拥有。

## 赢法定律 31 ／ 保持你的嘴角上扬

一个年轻人遭受多次失败后并不气馁，仍旧坚持不懈地努力，而是以加倍的勇气一次又一次地参加比赛，这种精神强大而令人鼓舞。

——马登

普兰特斯·马福德曾经说过：“培养自己的思想，将获得无穷的力量。这种力量可以使人们远离各种悲伤，如失去财产、失去朋友、遭遇生活的逆境。坚强的内心可以帮助人们摆脱各种累赘、焦虑和烦恼。忘记这些，追寻愉快的事情，无畏的人就可以控制自己的心态。”

如果不训练自己远离低迷的状态、沮丧的想法和感觉，生活就会充满不确定，未来就没有胜利的保证。那样的话，你就只能像漂浮于水面的浮木，成为自己内心激流涌动的牺牲品。

尽管如此，大部分人似乎想当然地认为自己应该成为忧郁心情的牺牲品。这主要是因为他们从没认识到，治疗阴郁心态的解药其实就是自己。日复一日，拖着疲倦的步伐做着重复的工作，好像自己的命运就是做这些枯燥沉闷的苦活。再加上他们对生活没有期待，没有美好的愿望，因此，即使某天有机会提升自己，有机会减轻负累，驱除工作中的枯燥感，他们也将会失去最佳的“治疗时期”。因为这些人已经没有足够的激情来承担工作以外的劳动。他们疲倦地度过数载，仅仅是工作和生存环境中的奴隶而已。换句话说，是生活的劳累与环境的左右让他们没有了激情。

很多人终日生活在郁郁寡欢的状态中，穿着懒散破旧的衣服，拖着沉重的步伐，没有任何值得骄傲的事情，对别人的看法漠不关心。这些人让沮丧、懒惰、多疑、不自信的状态时刻影响着他们。他们屈服于成功和快乐的敌人，成为烦恼的牺牲品。他们没有更多的期望，没有远大的理想，没有为自己的未来制订计划，没有前进的方向。他们因不知如何克服忧郁而陷在失败的沼泽里。

此外，有些人会周期性地情绪低落，而且这种低落的情绪来得非常突然。大多数情况下，这是因为他们脑子里常常存在低落、灰心的情绪。这些人和他们脑里低迷沮丧的洪流建立起了稳固的联系，而一旦这种联系建立起来，大脑就会时常被各种阴暗、泄气的画面占据，因而，这些阴郁和沮丧就很容易打败他们。我认识一个人，他就被这种情绪折磨得痛苦万分，这种情绪现在几乎成了一个慢性病，就像癫痫一样时而发作。我曾亲眼见到他受这种抑郁魔咒的影响，面容大变，我几乎认不出他来。但是，一旦有一个开朗乐观的朋友叫他，并试图让他变得积极、乐观时，他那种阴郁的心态消失的速度就几乎和到来的时候一样快。

其实，心情抑郁是一种懦弱的疾病，只是有些人不愿意承认而已。如果说它不是一种不能轻松克服的懦弱疾病那么它又是什么呢？举个例子来说，如果别人说我们胆小、无能，那么我们就会有想把他打倒的心理，但是，我们又经常毫不抵抗地被这样的情绪击倒，让自己变得懦弱。我们像孩子一样屈服于消极的情绪，直到无助地被思想的恶魔控制，如同困于四面高墙内，难以突围。因此，没有什么比放纵自己，任由自己沉沦在阴郁沮丧、自我怜悯和自我怀疑的情绪中更影响效率、毁灭人格的事情了。如果允许这种懦弱成为习惯，最强大的人也会失去气概、失去活力，逐渐被腐蚀。

试想一下，如果军校的学生不想参加集训或学习，教官们会允许他们待在房间里吗？如果他们讨厌规章制度、散漫、无组织无纪律，他们会成为怎样的军人？要知道，军校里的生活就是无论愿意与否都要参加点名。

不仅如此，他们还必须通过教官一项项最严格的检验。比如，制服的扣子有没有扣，鞋子有没有刷，头发有没有梳，步伐或姿势是否拖沓，等等。此外，任何违反纪律的行为在教官眼里，在军校规章制度里，都是不可原谅的。这些要求军校的学生们都是知道必须去达到标准的，并且他们也期望自己能够做到。

在精神方面的训练也是如此。**如果不严格控制自己的情绪和感情，那么我们就只能为自己笨拙和无效的生活付出沉重的代价。**当你觉得一切似乎都是未知数时，你一定要与此种感觉抗争，不要任由自己陷入情绪的低谷，整夜地担心与焦躁，白天又胡思乱想坏事即将到来，否则这样只会让事情变得更糟。不要让你的生活变得混乱不堪，让怀疑将自己一步步推进沮丧的沼泽。你要做的就是拒绝任何打扰平静心态的事情，用自我激励的疗法抑制坏情绪进入大脑，从而保持快乐。你需要鼓励自己，对美好的事物产生向往，要摆脱悲观的念头，以及阴暗、丑陋的画面和令人沮丧、令人泄气的事情。你需要与朋友和鼓舞人心的事物建立联系，然后用它们来滋养你精神的王国。因为，他们会帮你撬起偏向忧虑的杠杆，将害怕、沮丧压倒在地。

痛苦、沮丧和焦虑均来自于负面的心态。我们必须改善这种心态，反复肯定自己，用神圣的快乐力量去积极地面对一切。另外，克服由于沮丧而引起的懦弱，最好方法就是找一个我们能独处并能与自己沟通的好地方，然后，我们不妨对自己说："我要向前、勇敢、激昂、快乐地活，我生来就具有这种权利。我很快乐，相信一切美好的事物。没有任何事情可以持久地伤害我。我要快乐、开心，不能让忧郁占据我的大脑。"

通常，当孩子或朋友身处于沮丧的泥淖里，因哀愁而饱受折磨时，你会去开导他们，那么，现在用同样的方式开导你自己吧！摆脱那些笼罩在你脑海中阴暗、丑陋的画面，洗刷掉所有沮丧的念头和建议，让不开心的事、错误的事、所有扰人的过去都随风而去。举起拳头对抗打扰你快乐平静生活的敌人吧！然后鼓起勇气把它们赶走。你还在犹豫什么呢？要知道，如果你和自己哪怕只有一次交心的谈话，你就会觉得向抑郁屈服、放弃希望的懦弱行为是可耻的。

**抑郁是一种精神病态的前兆，它不仅使生活倒退，还会摧毁自信和别人的信心。**这好比任何事都是平等的，人们对于我们的信任与我们能提供给他们的帮助成正比。病态的思想通常会扭曲事实，这会影响人的各种能力，随之制造出阴郁的氛围，没有人愿意处于这种环境中。我们都会避免与内心忧郁的人接触，就像避开那些可怕的留给人不快印象的画面一样。我们本能地喜欢开朗、乐观、充满阳光的人，愿意与微笑面对任何困难的人成为朋友。

向阴暗、背叛自己的情绪屈服纯粹是懦夫的表现。只要我们愿意，就可以克服。但是，我们经常听到受抑郁情绪影响的人表达他们的悲哀倾向，他们不知道如何面对这种情绪，完全屈服于这种状态，无法与之抗争。甚至有人灰心丧气地说："我们对撒谎有依赖性，喜欢道歉，甚至有谋杀的倾向，但是，任何想与之抗争的念头或意念都是无效的。"

很多人靠阅读有趣、立志或者激发灵感的书籍来驱赶抑郁的情绪。我认识一些人，他们通过阅读圣诗或参加救助活动来获得解脱。这些有创见性的读物有着神奇的鼓舞和治疗功效，书中的内容强而有力，积极而有建设性，将思想的敌人驱除。一个是光明，一个是黑暗，光明总比火柴对黑暗来得有效。黑暗不是现实，也不会永远存在，它只是暂时的无光的状态而已，光明才是真正有创造性的力量。如果能够学会将积极的想法装满脑袋抵抗低落消极的念头，摆脱烦恼便是一件轻松容易的事情。

一个总需要别人顾及他的感受、情绪易波动的人不是天生的领导者，他不会建设好自己的团队。所以，能够做自己的主人、控制自己不幸心情的人才会取得成功。

"他是自己情绪的牺牲品"，这句话可以用来描述数以千计的失败案例。那些没有学会控制自己思想和心情的人，那些随着情绪波动而内心起伏的人，就像是温度计里随气温变化而波动的水银一样。雇主们总是担心遇到心理不健康的人，担心他们有不同于正常人的怪癖行为，怕他们失衡与懦弱的表现会给公司带来麻烦。我认识一些有能力的年轻人，他们就是因受到消极的心理影响而阻碍了自身的发展。

如果你想摆脱消极、抑郁的情绪，不想做心情的牺牲品，就不要将自己同家庭成员们分离，也不要将自己与外界隔离。无论怎样，都不要做一个置身事外的避世者。要积极地参与到所有事情中，发挥自己的能力与特长，真正投入精力到你感兴趣的事情当中；要尽可能多与朋友联系，分享彼此的快乐，使自己开心地笑起来；要远离你原来的思想，不要捧着书本孤单地躲在角落里，不要将自己反锁在阴暗的房间里；要充满热情地投身于家庭计划、公司娱乐计划和好友的派对中，这样你会发现摆脱抑郁其实很简单。

不要徘徊在沮丧与不幸的环境中，不要让不好的画面停留在脑海里，这些只会加剧你的烦恼。不要沉迷于特立独行的事情，要坚定地相信，造物主按照他自己的形象创造了你，你是健康、快乐、充满智慧的人。

下次，当你觉得自己是个失败者，当你觉得工作没有意义时，不妨把目光转个方向，不再回头，朝另一条路坚定地走下去。如果你每次都认为自己是个失败者，这个念头便会逐渐使你成为失败者，因为你的想法就是你的生活模式。你若不能摆脱自己是失败者的想法，你想法中的自己就是个失败者。如果在心里承认自己失败，你便不会做任何有意义的事情去争取成功，好运气自然不会来到你身边。得不到别人所拥有的机会，是你自己消极的念头造成了这个失败的结果。

当你通过语言表达烦恼，谈论自己的麻烦、心病或者不幸，当将这些不悦一次又一次地说给他人时，这些你不断描述的画面和脑中不停想着的烦恼就会慢慢地实现。因为，你正在将这些沮丧的画面越来越深地铭刻在大脑中，使其越发难以抹去。

人们由于不懂得使用什么解药而饱受精神抑郁、情绪低落的折磨，事实上这些症状是完全可以治愈的。从精神抑郁的人的脸上可以看出他的灵魂被偷走，敌人正在占据主导地位。

当意识到这种低落的情绪会给精密的大脑和神经组织带来损害时，就要想尽办法将它扼杀在最初阶段。如果人们过着正常的生活，保持自己思维的正确方向，就如同没有必要犯罪的罪犯一样，任何人都没有必要抑郁或者沮丧，阴暗或者消极。

如果只想找到悲伤的原因，而不是与之抗争的话，思想的大门就会对所有的抑郁敞开。对麻烦耿耿于怀，对不幸喋喋不休，于是就滋养了忧郁的念头，忧郁就是因为有了这些滋养才会存活。如果采取积极果断的态度，坚定地关闭忧郁思想的大门，所有抑郁的大军就都将被你打败，它们不会反抗而会立即投降。所以，对于影响我们快乐和成功的敌人，只有一件事情可做，那就是扼杀它们；对于那些不快、沮丧、灰心的念头，只有一件事情可做，那就是摆脱它们，用积极的想法将它们驱逐出大脑。

我不相信这个世界上有人下了决心却无法消除糟糕心态这回事。当你决定不屈服于一时的幻想，不成为坏心情的奴隶，当意识到必须依靠自己的力量才能处理糟糕的心情，而不是让阻挡快乐的敌人来击倒你时，所有的物质和精神都将与你的意愿一致。

**当你早上醒来，觉得周围的一切看起来都很闷，什么事情都不想做，觉得生活毫无意义，机会也就随着你的这些敌人一起溜走。**此时，你唯一能做的就是要当场打败它们，并对自己说：“无论怎样，都要看到事情好的一面。抑郁的思想控制不了我，我要让这些弱小的敌人知道，我可以控制自己的思想，做自己的国王，今天能做到，以后也一定做得到。”

无论你的心情如何，试着让嘴角上扬，看看感觉如何。将微笑的嘴画出来，你会很乐意地说：“这真有效！”这是一个外科医生说的话。面对病人，即使是在办公室时他也时刻保持微笑。做出这个嘴角向上的曲线，好的感觉便会随之而来。

这位外科医生又说：“如果人们嘴角向下，再加上一定的力量，就可以挤出眼泪。相反，保持嘴角上扬，快乐便会挤走阴郁。对付阴郁思想的疗法是我在家里的经验成果。”他的太太经常忧郁，每当她感到沮丧时，他就会说服她稍微笑一笑，与她聊天，直到他们的谈话成了一个普通的家庭玩笑，这带来了很好的效果。所以，请支持自己的这种治疗方法，无论一天当中任何时候感到抑郁，都听从这个妇孺皆知的名言吧！那就是：保持你的嘴角上扬。

我认识一个人，长久以来一直受沮丧情绪的困扰，整日阴云密布。后来他依靠微笑疗法治愈了自己。他对自己说：“我已经倒霉得够久了。这种倒霉的习惯伤害我太久了，现在我要让这一切停止。无论如何，我要笑，要让嘴角上扬。”这种方法救了他。他坚持微笑直到彻底改变了心态，变得快乐而热情。随之，他的事业和健康也都有了巨大的改善。

一个经历了失去至亲痛苦的女人说：“除了我自己，再没有什么可以给与他人，所以我决定，再也不让自己的痛苦影响他人。在本该痛哭的时候大笑，面对任何不悦都面带微笑，我要让每个从我身边离开的人都愉悦并且乐观。让快乐制造快乐，我要自己快乐，而不是坐下来感慨命运。”

一个曾经富有的人在经济危机中变得落魄，只因为他花太多的精力去纠缠错误，花太多的时间去沮丧。

为此，约翰·华纳梅克在新年到来的时候给人们提出了这样的建议：“不要忧虑，如果只想着自己的错误，你就永远也不会快乐。”

没有什么事情比自己每天过得成功更富有意义的了。在每一天，在你早晨出发时，请下决心不让任何事情烦扰自己。长此以往，不快的小事就不会对你造成任何威胁。换句话说，早晨作的决定会给你巨大的帮助，帮助你战胜所有忧郁的心情，带走所有可能影响你的烦恼，让每天变得成功而有效。

## 赢法定律 32 ／把自己想象成自己想成为的人

你走了多远并不是问题，真正的问题是你面对的是哪条路。因为，面对生活的正确态度、正确方式才能使你进步。

——马登

你是否意识到这样一个问题：当你认为自己是一个失败者、一个无名小卒时，这种想法是能够毁灭你所追求的事物的。因为，你的自我意识正在毒害、扭曲你的成功。

到达一个巅峰的人通常在很久之前就幻想过自己成功时的画面。因此，可以这样说，思想总是走在计划的前面，而计划总是走在行动和成就的前面。如果计划受到阻碍，那么整个生命也会相应地变化。举个例子来说，当贫穷的氛围时刻跟随着你，你就只能生活在救济院；脑海里存着贫穷的思想会让你和贫穷的场所形影不离。

你是否认为自己是一个欠缺某些天赋或是在某些方面不足的人呢？那么不妨想象一下，把自己想象成一个充满男子气概或者女性魅力的人吧！因为，在潜意识里我们会向自己预想的状态靠近。

如果你希望在生活中胜出，那么你就必须随时保持胜利的想法。具体来说，就是你的态度必须是胜利的。**你对生活持怎样的态度，生活就会被你建设成怎样。**要是你认为自己一事无成，那么这个世界上就没有什么力量可以使你成功。任何事情都无法将你从对自己的谴责、宣判和自我否定中拯救出来。因此，唯有认为自己是最好的，为自己勾勒一幅完美的画卷，想象自己健康快乐、有能力、很成功，决不让渺小、不完美的自己进入大脑，这才是我们应该做的。

但是，生活中只有极少一部分人能认识到我们在向自己的预想和信念靠近。我们的生活正沿着自己脑海中的模式进行，我们对自己未来的幻想将成为思维的基点，随着不断地创造新模式，使自己向着期待的那样日臻完善，或者让恐惧和疑虑损坏它们。

一个伟大的艺术家曾经说过，他从不去看拙劣的作品，因为如果那样做了，就会对那些错误的艺术理念愈加熟悉，画笔便会捕捉到那些瑕疵。因此，我们如果对那些卑劣的事物、低俗的理想、草率懒散的处事方式太过熟悉，就会自然而然地降低自己的理想。但是，现实的情况是，很多人往往在认识到这一点之前，就已经被这些不断重复而形成的习惯所俘虏，无法释放自己，理想也随之粉碎了。

如果我们的想法或者动机自私、贪婪、利欲熏心，那么此种模式就会在生活中重复，变成本性。如果怀有仇恨和嫉妒的心理，思想便会像磁铁一样吸引更多的仇恨和嫉妒。这会导致这种仇恨和嫉妒的方式深深植入我们的生命里，增强我们报复的能力。而阴郁、沮丧和不健康的思维方式便会很快织入生命之网。同时，失败、疑虑和沮丧也会以同样的方式融入我们的生活，这样导致的最终恶果就是，映入脑海的场景会变为客观现实。比如，印度的苦行僧用意念将他们认为占据了自己身体的恶魔集中在身体的某个部分，如胳膊或腿，很快他的肢体就残废无用了。如果能利用这种庄严的意念将“恶魔”完全驱赶出体外，崇尚健康和完美，那该多好啊！

如果人们只知道实现愿望的力量强大无比，那么这个世界上的失败就会少许多。

由此可见，训练自己将思想集中于美好、完整的事物，并把自己的希望复制到生活中，然后以这样的方式来支持自己，是一件很值得去做的事情。我们应该使自己的脑子充满丰富、有益和美好的想法，绘制健康、繁荣、舒适、快乐的画面来填满整个思想世界。正是因为我们的想象不足，我们的思想才如此匮乏、枯竭、狭隘、吝啬和悲观。

如果想增加你的力量，你就绝对不要轻视自己，不要将卑微、低俗的想法和自己联系在一起，要把自己看成是一个精力充沛、强壮能干的人。换句话说，要假设自己已经是最充实、最完美的，把自己想象成自己想成为的人，想象成别人希望你成为的人。

对信念坚定的程度决定个人成就的大小。我经常听到教徒们感叹圣经要求我们要像上帝一样完美。圣经的旨意是让你拥有完美的生活，让你拥有完善的思想，但是如果故意留存有缺陷的理想，让它们在生活中成真，那么这就是你给自己生活规划的模式。在生活中，你可以想象自己是上帝要求的完美的人，让自己在理想中变得完美，而不是带有邪恶和污点的那种人。

如果你现在还在一个小公司任职，处在一个不显眼的职位，不能做一些更重要的事情，那么，你很可能是被自己狭隘的思想限制住了，你没给自己一个做大事的机会。如果你想向上高升，如果你想生活得更舒适，那么你要做的第一件事就是幻想你在更高的位置，构筑自己的伟大抱负。因此，你要做的就是养成这样的习惯，幻想自己在期待的位置上，处于自己渴求的环境中。如果幻想自己是一个侏儒，你就不可能成为一个巨人。

生活中的每一个场景都是你塑造的。如果你的概念是对的，生活就不会错。如果那些野心勃勃渴望成功的人花很多时间在失败的生活方式上，在平凡的态度上，那么，他们的成就就不可能高于他们的思想。

想象自己有缺陷，想象自己很弱小，这种习惯会严重损害自信心。自信，是对自己有力的信任，是一笔巨大的财富，是塑造我们生活的极其重要的力量。我们之所以匮乏、脆弱、狭隘，我们的成绩如此之低的原因就是我们对自己的能力和可能性太过苛刻，我们给自己的成就所设的限制太过狭隘。

如果将你置于一个不快乐的环境氛围中让你的力量无法发挥到极致，如果你想欣赏美好的事物，如果你坚持自己的观点，向着光明苦苦奋斗，如果你正直诚恳，你就会找到出口。所有这些对你来说都是最重要的事情，渴望、向上、奋斗这样的词汇便是最好的诠释。

**你走了多远并不是问题，真正的问题是你面对的是哪条路。因为，面对生活的正确态度、正确方式才能使你进步。**

我们每个人都是一个各部分相关联的整体，所以一个自然的表情就能反映出内心所想。因此，人们可以从你的脸上、你的行为、你的谈吐中读出你的想法和生活标准。通过这些可以读出你的品行，你的理想——你纯粹的理想或是不纯粹的理想都会在这里反映出来。对此，最好的解决办法就是：消灭本性中那些不幸倾向，切断它们的营养，停止对它们的鼓励和供给。

当想象一个模范人物时，你会惊讶地发现，你很快就向你的理想、模范靠近了。所以，无论现实多么残酷，都要坚持把自己想象为成功的人，生活在自己的理想中；不论你有什么缺点、缺陷或缺失，都要坚持自己的理想形象。把自己想象成造物主，坚持他所提出的完美人类的理念。把自己想象成完美、坚强、有活力，充满男子气概的形象，把自己想象成幸运的人。用理想将自己包围，用你那渴望成真的坚定信念来充实自己，将它们充满你的大脑，它们就会借助排斥力，把相反的思想挤出你的大脑。物以类聚，如果你的脑海里坚持着爱的思想，那么仇恨的想法就会离开。爱与恨不可以共存，光明与黑暗也不能同时出现，如果你的脑海中坚持那些快乐的、充满希望的、积极的、鼓舞人心的、对美好事物充满渴望的想法，那么那些忧郁的思想就不能在脑海中停留。一旦治疗忧郁恶魔的解药进入大脑，恶魔就会立即被一扫而空。

如果所有的母亲都把这个构建理想自己的习惯灌输给她们的孩子，我们的文明就会发生大变革。我们渴望年轻人对于自己的学业、工作、未来、在群体中的定位有一个习惯性的高尚的理想，这种崇高的理想可以很好地抵御阻挡他们道路的各种诱惑，使他们免受不良伙伴的侵害，不让他们做出低俗邪恶的行为。如果知道正确思考的魔力，那么我们很快就能成为心中所想的圣人了。

我们在工作中的麻烦正是给自己设立低劣可鄙的模范。对自己的定位必须高于一般职员的标准，否则就只能做一个普通职员。因此，你必须构想你处在更高的职位，必须坚定决心达到这个目标，否则你永远也做不到。决不要让怀疑逗留在脑海中，因为当你培养这种情绪的时候，它就会把你带入那种状态。如果把消极的情绪聚集到一起，例如怀疑、恐惧、懦弱，他们就会制造出一股逆流，将你的进取心磨灭。因而，最好的解决办法是：必须敢于把自己想象成领导者，敢于构想自己在更大的地方发展，有更大的成就和影响力。永远构想自己在一个更高、更远的位置，绝对不要害怕偏离理想，但是记住，你必须用坚定的信念和决心，以及坚持不懈、永不退缩、永不言败的行动来支持你的理想。

每一个人可能都有过理想被挫败的经历，但当目标与理想的现实接轨后，你就会觉得理想是如此美妙。当站在事业的入口处，雄心勃勃，反应灵敏，渴望各种美好的事物时，你不仅希望持续下去，而且希望有提升，希望成名，希望能够代表一些人或一些事，这至少可以说明，你的内心还有一颗渴望成功的心，有为理想而奋斗的决心。当理想还在初级阶段很难实现的时候，很多人由于看待事物还不成熟，就会产生选择放弃的念头，然后任凭自己随波逐流，最终也只能成为一个无名小卒，理想自然就夭折了。

很多人都充满幻想，因为它光鲜诱人。当我们走入社会，那些学校里学到的理论依旧在我们的脑中，这样的后果是，当走进现实生活中，面对艰难生活的时候，多数人就无法坚持自己的理想了。于是生活的压力、每日枯燥繁重的工作就将我们弄得疲惫不堪。而且，此时我们会惊讶地发现，曾经的理想正在逐渐迟钝，随之标准也下降了。具体来说就是，一开始是无意识下降，随着时间流逝我们认识到这种变化，最终只能承认这种变化。

要想避免这种情况发生，我们需要坚定、持续地努力去保持理想的清晰完整，保持雄心勃勃的进取心。在这期间，我们会遭遇一段艰难时期，因为通常思想倾向于物质化。换句话说，如果允许以自我为中心，那么标准就会逐渐下降，理想也会越来越灰暗，因为我们被物质所迷惑。

因为对我们理想中的人和我们想做的事存有崇高的理想可以带给我们广泛的、激动人心的影响，所以，我们要坚持相信自己的高尚生活，坚持认为自己抱负的崇高性，对自己的性格、名誉、地位保持最理想的状态，坚持执着地追求，这样就没有任何事情能比这些给我们带来更多的满足。

如果对自己可能达到的效率存有崇高的理想的话，相比那些脑子什么都不想、只知道勤奋埋头苦干的人，我们就更可能努力地去获取多的效益。如果拥有崇高的理想、高尚的情操，如果已经开始努力或正在努力，最终你就会胜出。因为，目标总是和最强烈的愿望和最辛勤的努力联系在一起。毕竟，拥有理想才能提高努力的质量，才不会让你的抱负因疲惫而退缩。

**机会只青睐那些意志坚定、有抱负的灵魂，那些有勇气、有毅力、有恒心、决不放弃的灵魂，而决不会青睐那些懦弱、沮丧、目光狭小的人。**如果你已经尽自己最大的努力去实现理想，不论现实多么黑暗，总有一天，在某一个地方，就会有一条适合你的路出现。

如果一个人从不向前看，从不向上攀登，他就永远不会脱颖而出。一个人的心态必须延伸，不仅向前，更要向上。这种延伸会自然地把你从毁灭中拯救出来，阻止你的生命变得迂腐庸俗。如果没有这种向上向前的理想，生活便没有热情，也没有激情，只是平凡而乏味。因为，低俗的理想会使你生活在枯燥与诅咒中。有这样一个事例可以证明 ：“展翅高飞”是欧战中同盟国经常对飞行员下的一道指令，要求那些“空中飞人”在侦察敌军航线时必须保持飞机的高度在危险区之上，这样才可远离敌军飞机射过来的子弹。“展翅高飞”同样适用于我们。它告诫我们要向上，急速上升，向上追逐理想，努力让视野与理想平齐。因为距离越遥远，理想就会越模糊。

处于团体的核心，生活在理想之中的人会变得越加强悍，生活也会越加优雅。如果忽视这些，只是一味地生活在物质世界里，就会越加卑微与堕落。我们本性中最细腻、敏感的情感，如情绪，它和理想息息相关。如果只生活在物质中，本性就会变得死板，冷酷，没有同情心；而生活在理想中的人就纯真得多，年轻得多，更富有同情心，因为本性与真善美的事物贴得更近。

越在乎自己的缺陷，我们就会越发无能且不快乐。而想象自己强大，你就会强大。换句话说，至少比想象自己渺小的时候更强大一些。想象自己渺小，你就变得渺小，甚至不知去尊重自己。想象自己崇高或者对自己的能力有崇高的信念，这些都会帮助我们了解生活更深刻的意义，做出更有价值的事情。如果有这种信念，就不需要向平庸的人或邪恶的行为卑躬屈膝。崇高的理想和远大的抱负是人具有良好品质的保证。

人类历史上，世界从未像现在这样要求人们变革理想，就算美国也从未有过像今天这样去影响世界的理想。**一个对美好事物充满热情、充满渴望、期待向上向前的人是幸运的，具有远大抱负的人是幸运的，生活在理想中的人是幸运的。**“理想让我们从平庸中脱颖而出”，因此，决不允许自己沉溺在懦弱、失败和不开心的环境中。要坚持自己对能力、上帝和信念的理想，相信自己生来就应该健康快乐、积极地去实现这个理想。克里斯特说过：“如果能实现理想，我会带上所有的人。”

在这个世上最伟大的事就是将理想变为现实。那么，让我们都为理想积极、健康、坚持不懈地奋斗吧！它将成就我们伟大的一生。